交通运输类"十三五"创新教材

内河船舶船员基本安全和特殊培训教材

内河油船
安全知识与操作

U0650764

中国海事服务中心组织编审

主编 ◎ 姚昌栋

大连海事大学出版社

图书在版编目(CIP)数据

内河油船安全知识与操作 / 姚昌栋主编. -- 大连：
大连海事大学出版社，2020.12
内河船舶船员基本安全和特殊培训教材
ISBN 978-7-5632-4053-1

Ⅰ.①内… Ⅱ.①姚… Ⅲ.①内河船—油船—交通运
输安全—教材②内河船—油船—船舶操纵—教材 Ⅳ.
①U674.13②U698

中国版本图书馆 CIP 数据核字(2020)第 231599 号

大连海事大学出版社出版

地址:大连市凌海路1号　　邮编:116026　　电话:0411-84728394　　传真:0411-84727996

http://press.dlmu.edu.cn　　E-mail:dmupress@dlmu.edu.cn

大连金华光彩色印刷有限公司印装　　　　　大连海事大学出版社发行

2020年12月第1版　　　　　　　　　　　2020年12月第1次印刷
幅面尺寸:184 mm×260 mm　　　　　　　　　　　　印张:11.5
字数:288千　　　　　　　　　　　　　　　　　印数:1~3000册

出　版　人:余锡荣

责任编辑:杨　洋　　　　　　　　　　　　　责任校对:李继凯
版式设计:解瑶瑶　　　　　　　　　　　　　封面设计:解瑶瑶

ISBN 978-7-5632-4053-1　　　　　　　　　　　　　定价:55.00元

内河船舶船员基本安全和特殊培训教材 编委会

主　任　王　勇

副主任　朱耀辉　黄党和

编　委（排名不分先后）

谢建义	郭党华	黄增辉	郭云峰	葛卫兴	江一斌
田云凯	张晓云	董帮友	陈结华	刘超群	陈晓翔
沈　健	郁百成	李小平	吴玉申	马志坚	刘沁源
王建军	陈　佳	王希行	刘长青	高增云	张彦辉
申益群	李富玺	王方金	张芳亮	姬　鸾	

前　言

根据《内河船舶船员适任培训和考试大纲（2019版）》，中国海事服务中心组织在内河船舶运输领域有着丰富教学和培训经验的专家在2012年培训教材的基础上重新编写了"内河船舶船员基本安全和特殊培训教材"，并组织实践经验丰富的海事管理机构专家和船公司的专家对教材进行了审定。

在本套教材编写前，中国海事服务中心组织参编专家对内河船舶运输现状进行了广泛的调研和深入的讨论，确保教材内容符合船上实际，反映最新航运技术和与航运相关的最新法律、法规、规范与标准，并在表达方式上通俗易懂，符合内河船舶船员业务学习和技能培训的需要。

本系列教材包括《内河船舶船员基本安全知识与技能》《内河油船安全知识与操作》《内河散装化学品船安全知识与操作》《内河客船安全知识与操作》《内河滚装船安全知识与操作》《内河船舶包装危险货物运输管理》《内河高速船安全知识与操作》。

《内河油船安全知识与操作》由南京油运海员培训中心姚昌栋主编；江苏海事局唐春辉、高革人，中国海事服务中心刘长青主审。江苏航运职业技术学院任云烨，南京油运海员培训中心赵家禹、刁雨玲、张柱龙、康红、陈洪生、王新桥、皮小波参与了本书的编写。全书由姚昌栋负责统稿。

《内河油船安全知识与操作》全书内容共分八章，第一章为内河油船基本知识，第二章为油船的危害及预防措施，第三章为职业健康与安全预防，第四章为油船消防，第五章为应急反应，第六章为货物操作与管理，第七章为防止内河油船造成环境污染，第八章为内河油船安全管理。本书适用于内河油船任职船员的特殊培训，也可供航运企业内部培训使用。

在教材编写过程中得到了各海事机构、航运院校、船员培训机构、航运企业等相关单位的关心和大力支持，特致谢意！由于时间仓促，书中难免存在错误和疏漏，欢迎广大读者和专家批评指正。

中国海事服务中心
2020年7月

目　录

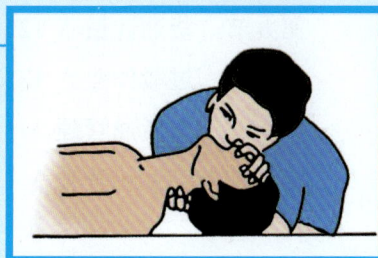

1

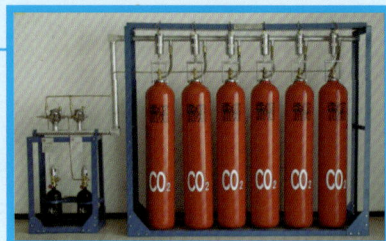

第一章

内河油船基本知识

第一节 ● 内河油船的运输现状和特点

油船是一种专用液货船。《钢质内河船舶建造规范》中规定：油船系指适合载运散装油类的货船。

通常所称的油船，多数是指运输原油和成品油的船。

油船是随着油类货物水路运输的不断需求，而由最初的改装、改造，到专门设计、建造出现的一种专用液货船。

油类的运输是随着石油化工业的发展而发展起来的。

早期的石油是由桶装、用干货船运输的，自19世纪60年代开始用帆船载运桶装石油，自此才逐渐演变为用船运输石油。

我国是石油资源较为丰富的国家，运油船队不断壮大。目前，我国已拥有万吨级及30万吨级油船。2002年8月31日，大连造船厂建造30万吨超大型油轮，标志着我国造船史进入新的里程。

内河是大陆内水域的总称，我国幅员辽阔，大江大河贯通东西，支流沟通南北，江河湖泊相连，形成了天然水网，内河航道通航里程13.3万千米，形成了以长江、珠江、黑龙江、京航运河为主体的内河航运体系。其中长江航运条件最好，它的通航里程为2 838千米。

由于我国对国际能源市场的依赖程度逐年提高，海运进口原油数量不断增大，经内河水路运输中转的石油产品的品种和数量也不断增加，内河油船的运力不断提升。内河油船正朝着大型化、专业化、运输方式多样化方向发展。

内河油船是在内河从事装运石油及其制品的船，受航道的限制，一般都在万吨以内，只有长江下游可达到万吨以上。内河油船运输是指使用油船通过内河等天然或人工水道，运送油品的一种运输方式。它是内河水上运输的一个组成部分，主要承担大数量、长距离的运输，是在干线运输中起主力作用的运输方式。

在国家"十三五"规划和产业结构调整的大方针下，内河油船面临巨大的市场投资机遇，行业有望迎来新的发展契机。

内河油船运输具有成本低、运量大、距离远、节省土地资源等有利条件。

第二节 ● 内河油船的基本术语

油船是散装油类的货船，为了保证运输的安全，下面介绍与油船运输有关的术语。

（1）合格设备：经有关当局，如政府部门或船级社所认可的型号设备，并有书面证明该设备能在特定的危害气体环境中安全使用。

（2）烃气：系指纯粹由碳氢化合物组成的气体，如CH_4、C_2H_6、C_3H_8。原油是烃气的最大来源。

（3）石油：原油和从原油中提炼而成的液态烃产品的统称。

（4）原油：从油田里面开采出来没有经过加工的液态石油。

（5）成品油：原油经过加工得到的液态产品，如汽油、煤油、柴油等。

（6）石油气：石油中散发出来的气体，主要成分是烃，还含有少量的其他气体（如硫化氢和各种烷基铅等）。

（7）酸性原油：含有硫化氢和硫醇的原油。

（8）扩散：两种物质可以互相穿透隔膜或微孔障壁，使物质间发生的自发性的混合。

（9）化学干粉：用于灭火的抵制燃烧的化学粉末。

（10）可燃性：着火和燃烧的能力。

（11）易燃性：燃烧的难易程度。

（12）可燃范围（爆炸范围）：可燃下限至可燃上限之间的烃气在空气中所占的浓度范围。

（13）可燃下限：可燃混合气中烃气浓度能发生燃烧或爆炸的最低浓度，也称为爆炸下限。

（14）可燃上限：可燃混合气中烃气浓度能发生燃烧或爆炸的最高浓度，也称为爆炸上限。

（15）自燃：当某种物质的自身温度升高到足以燃烧，并未有火花或火焰来点燃的燃烧。

（16）挡火网：镶有一层或多层可防止火星蹿入可燃区或通风孔的抗腐蚀的金属丝编制的密网。

（17）除气：为了达到一定的目的，如热加工、入舱作业等，把足够多的新鲜空气通入油舱、分隔间或容器中，从而使那些密闭舱室的氧气浓度达到安全值，并将一切有害气体的浓度降低到安全范围内的过程。

（18）明火：系指点燃的香烟、烟斗以及电气和其他能引起火花的设备等。

（19）热加工：系指能够产生起火火源或足够高的温度致使可燃混合气体着火的作业，如电焊、气焊、气割、喷灯等。

（20）惰气：系指化学性质不活泼的、不能支持燃烧的缺氧气体。

（21）泡沫：灭火使用的气泡集聚体。

（22）接地：系指设备与大地主体的电气连接，以确保该设备与大地等电势。

（23）本质安全：系指不论是电路中产生的火花，或者由于在通常操作（如电路开、关）中或由于事故（如短路或接地不良）而发热，在规定的试验条件下均不会点燃规定的可燃气。

（24）倾装：系指一种装卸货油和压载水的方法，通过管路或软管将货油或压载水从舱口或其他甲板开口装入舱内的方式。这一过程伴随着液体的自由下落。

（25）舱顶空档：系指油舱中液面以上空间的高度。

（26）清扫（扫线）：系指从油舱或管线中泵出货油的最后操作。

第三节　油船的类型与构造

油船在外形和布置上很容易与一般的干散货船区别开来，作为船舶人员首先必须了解油船的类型。

一、内河油船的分类

(一)按载货油种类划分

1. 原油油船

原油油船能装运原油、渣油等，其结构特点是有较为严格的防火、防爆结构要求；货舱设置几道纵横分隔舱壁，用于减少自由液面；设置专用的货油管系和货泵系统；还必须设置加温系统、洗舱系统等。

2. 成品油油船

成品油油船能装运汽油、柴油等，其结构特点类似原油船，但其一般不设置加温系统，其吨位也较小一些。

(二)按船体结构划分

1. 兼用船

油矿船和油散矿船属于兼用船，可以载运油、矿砂和煤炭，其设置双层底和双舷侧。

2. 油驳船

油驳船具有原油船的结构和管系，一般设有专用的货泵系统，没有自航能力。

3. 双底船

双底船的结构特点是设置双层底，虽然造价较为昂贵，但一般情况下，发生搁浅、碰撞不会造成货油的外泄。

二、内河油船的设计与构造

(一)油船总体方面

对于内河油船，均应按《钢质内河船舶建造规范》的要求建造，船长大于80 m的油船还应配备《安全装载手册》。

现代油船的构造是驾驶台和机舱均设在尾部，这样设计的优点有：可以把货油区域与生活、服务、机器等处所安全地分隔；货区甲板上的管路系统可保持连续性；油船的构件完整，货油舱内纵横构件均成一个框架，以保证船体的强度。

甲板和船底多采用纵骨架式，货油舱区域为双层底结构。

船体腐蚀比较严重，尤其装载汽油等轻质成品油时结构腐蚀更加严重，油舱在建造时，舱壁构件上会涂上一层涂料，以增强防腐蚀能力。

(二)油船舱室方面

由于载运、装卸散装液体货物的需要，油船舱室的划分不同于其他类型的船舶。

1. 货油舱

货油舱是由纵横水密舱壁分隔而成的，货油舱口结构应能防止在开启或关闭舱口盖时产生火花，为减少因搁浅或碰撞事故造成污染事故，采用双层底和双层舷侧或中高甲板的结构形式。

2. 货油泵舱

货油泵舱应位于货油区域之内或附近，并应设有从开敞甲板上易于进出的通道，严禁与机舱直接相通，以防止易燃、易爆气体进入机舱。

3. 隔离空舱

为了防止烃气渗漏和防火防爆的需要，货油舱与机舱（现代油船均以泵间隔离）、干货舱、起居舱室之间，以及载运闪点在65 ℃以下的石油产品与燃油舱之间，均需设置隔离空舱。

4. 其他舱室

其他舱室的设计详见《钢质内河船舶建造规范》。

(三)油船管系方面

1. 货油装卸管系

油船应设置固定的货油管路，且只能敷设在货油区域之内，应涂以橙色标记以区别于其他管系，货油管系应有能将管内和泵内的货油排至货油舱、污油水舱或岸上的设施。

货油装卸过程中，与接岸管均应装设截止阀，与软管连接处应设有货油收集盘。

2. 货油舱的透气装置

每个货油舱均应设有透气装置，并与其他舱室的空气管完全隔开。

货油舱的透气装置的功能有：在正常航行中，由于货油舱内温度变化产生的少量油气、空气都能够流经压力／真空阀。

在装油或卸油过程中产生的大量油气、空气应能通过。这时油气出口应满足下列要求：允许蒸汽混合气自由流通或排放蒸汽混合气，节流速度不小于30 m/s；其布置应使蒸汽混合气垂直向上排出。

3. 货油舱的液位测量装置和防溢设施

每个货油舱都应装有适宜的测定货油舱液位的装置；观察孔可作为测量货油舱液位的代用装置；在封闭处所内严禁布置有油气逸出的测量装置。

应设置货油舱的货油高位听觉和视觉报警装置，以便货油被灌装到95%的液位时，能发出警报。

4. 货油加热管系

加热货油的蒸汽管和凝水管应敷设在露天甲板上，且只能通过货油舱的顶部进入货油舱。

每一货油舱加热管路的进、出口处均应设有截止阀或旋塞，每一货油舱的凝水支管出口处应设有检查加热盘管有否泄漏的阀或旋塞，该阀和旋塞的开口应位于开敞甲板上。

5. 舱底水、压载水管系

货油区域以外的管系与货油区域内的管系应相互独立。

货泵舱的舱底水吸入管不应进入机器处所，一般应设置报警装置，以便在舱内液位达到预定高度时进行报警。

货油区域内的压载舱应有独立的压载管路，压载泵应设在货泵舱内或货油区域内的其他适当处所。

压载管路可以在货泵舱内通过活动短管与货油管路连接作应急排放之用，但应在压载管路的接管上装设止回阀和截止阀，在货油管路的接管上装有截止阀。

6. 货泵舱的通风

货泵舱和在货油区域内的压载泵舱，应设有固定的机械抽吸式通风系统。该通风系统应不与其他处所的通风系统相连接。

对货泵舱通风时，应保证：对货泵舱换气不少于20次/小时；通风机应能在货泵舱的外面进行操作，并在该舱室的出入口附近设置告示牌，说明至少在通风系统工作15 min以后方可入内。

(四)油船的电气设备

1. 气体危险区域

气体危险区域系指爆炸性气体环境存在或可能出现的数量足以需要对电气设备在结构、安装和使用上采用特别防护的区域。

2. 危险区域分

（1）0区：系指持续存在或长时间存在爆炸性气体环境的区域。

（2）1区：系指在正常操作情况下可能出现爆炸性气体环境的区域。

（3）2区：系指在正常操作情况下不大可能出现爆炸性气体环境的区域，即使出现，也可能仅偶然发生并且存在时间短。

3. 危险区域或处所中的电气设备

危险区域或处所原则上不应安装电气设备和敷设电缆。如确实需要，则应符合《钢质内河船舶建造规范》的有关规定。

便携式设备应为合格型防爆设备。

4. 其他

在危险区域或处所禁止安装插座。在非危险区域室外安装的插座应为气密（或水密）

带开关联锁式，使开关在接通位置时插头不能插入和拔出，且联锁开关应能分断所有的极或相。

围壁和半围壁危险处所通风机的驱动电动机应设在通风管道外面。

厨房内的电炊设备，应为全封闭型，其防护等级应不小于IP44，电源电缆和电炊设备应固定安装，禁止采用可携式电炊设备。

居住舱室禁止使用可携式电气设备（包括可携式电炊设备和电热设备）。

油船（驳）禁止挂饰彩灯。

（五）油船的接地

在危险区域或处所中的所有电气设备，不论其工作电压如何，其金属外壳均应可靠接地。

油船（驳）不允许在透气口附近设置避雷针。

油船（驳）上的各种钢质桅索均应与船体有可靠的电气连接。

油船（驳）不得随意安装家用电器，若确有必要安装，应安装在危险处所以外的处所。家用电器在安装时应采取相应的安全措施，以确保家用电器所带的温控器、控制器等不产生火花或电弧。家用电器应不采用插头插座连接，其电源应采用接线盒与电源固定连接。窗式空调器或分体空调器的室外机禁止面向危险区的围壁上安装。

第四节 ● 货油的特性

油船运输时，为了保护人命的安全和船舶的安全，保护水体环境不受污染，在货品装船前熟悉货油的理化特性，如比重、密度、易燃易爆性、挥发性、毒性等，对安全运输很有必要。

油船运营中所载的货油（指所有的油类物质）包括：

（1）原油，即油田中开采出来的天然石油。

（2）石油产品，即原油加工获得的产品。

（3）散装或桶装的油类物质。

一、石油的理化性质

石油也称为原油，是现代交通的主要能源，飞机、船舶、火车、汽车都离不开石油。石油是以液态形式储存于地下岩石孔隙中的一种可燃有机矿产，是一种黏稠的、深褐色（有时有点绿色的）液体。地壳上层部分地区也有石油储存。它由不同的碳氢化合物混合组成，其主要组成成分是烷烃，此外石油中还含硫、氧、氮、磷、钒等元素。不过不同的油田的石油的成分和外貌有较大的区别。石油主要被用来生产汽油、柴油、煤油等燃料油，是目前世界上最重要的能源之一。石油也是许多化学工业产品，如溶液、化肥、杀虫剂和塑料等的原料。现阶段88%开采的石油被用作燃料，12%作为化学工业的原料。由于石油是一种不可再生原料，许多人担心石油用尽会对人类带来严重的后果。石油因其价值高昂，又被称为"黑金"。

1. 石油中的烃类组成

（1）烷烃。烷烃是组成石油的主要组分之一，随着分子量的增加，烷烃分别以气、液、固三种状态存在于石油中。

（2）环烷烃。环烷烃是石油的主要组分之一，也是润滑油组成的主要组分。在石油中所含的环烷烃主要是环戊烷和环己烷及其衍生物。

（3）芳香烃。芳香烃也是石油的主要组分之一。其在轻汽油（小于120 ℃）中含量较少。

（4）非烃类化合物。石油中除了含各种烃类以外，还含有相当数量的非烃化合物，尤其在石油重馏分中的含量更高。石油中的非烃化合物主要有含硫、含氧、含氮化合物以及胶质、沥青质。

2. 颜色

原油根据产地和成分的不同，其颜色非常丰富，有黄褐色、棕褐色、深棕色和黑色。原油的颜色是由它本身所含胶质、沥青质的含量决定的，通常原油的颜色越深，它所含杂质越多，相对密度（比重）越大，含低沸点成分越少。而烃类本身为无色物质，原油之所以有颜色是由于其中含有杂质的缘故。

3. 气味

原油有难闻的气味，主要是由于原油中含有硫化氢/硫醇的成分。通常含硫量越大，气味越浓。

4. 相对密度（比重）

石油密度的大小与它的成分有关，低分子量烃含量高，密度就小。

密度：单位体积的质量。

比重：同温度下、同体积的原油与水的重量之比。

一般情况下，比重与密度的数值相同，比重没有单位。

我国规定：货油的相对密度为同体积的20 ℃时的油与4 ℃蒸馏水的重量之比。

货油的比重一般为0.75～0.95，汽油的比重为0.70～0.79，石脑油的比重为0.862～0.892，煤油的比重为0.8～1.0，柴油的比重为0.80～0.85，重油的比重接近或略大于水。

5. 溶解性

原油甚难溶于水，能溶于有机溶剂中（酒精、苯等），但原油中会包含少量水分，使油舱舱底会有积水，这些积水是原油中的水析出所形成的。

6. 凝固点

凝固点是油品失去流动性时的最高温度（由液态变为固态时的温度），也叫凝点。

凝固点的大小与石油中高分子化合物含量有关，尤其与石蜡的含量多少密切相关，即石蜡含量越高，凝固点越高。

石油产品是多种烃类的复杂混合物，每一种烃类都有自己的凝点。因此它不像均匀的单体物质，具有一定的凝点。当温度降低时，油品并不立即凝固，要经过一个稠化阶段，在相当宽的温度范围内逐渐凝固。

我国柴油的牌号中按凝固点分的：轻柴油有0号、-10号、-20号、-35号四种牌号，重柴油有10号、20号、30号三种牌号。

7. 含蜡量

石蜡是一种固态烃，它存在于原油、馏分油和渣油中，熔点为30～35 ℃。

按含蜡量可将原油分为：

（1）少蜡原油——原油中含蜡量在1%以下；

（2）含蜡原油——原油中含蜡量在1%～2%；

（3）高蜡原油——原油中含蜡量在2%以上。

含蜡量越高，原油的凝固点就越高。

8. 含硫量

含硫量越高，石油质量越低。

根据原油中硫的含量可把原油分为：

（1）低硫原油——原油中含硫量在0.5%以下；

（2）含硫原油——原油中含硫量在0.5%～2.0%；

（3）高硫原油——原油中含硫量在2.0%以上。

硫是石油中的有害物质，容易产生硫化氢、硫化铁、硫酸铁、亚硫酸或硫酸，严重腐蚀机器、油管等设备，对人体健康造成伤害。

中国原油含硫一般不高，进口油中，伊拉克、伊朗所产的都是含硫或高硫石油，委内瑞拉原油含硫量达到了5.5%。

9. 黏度

黏度是液体内部分子间摩擦力的大小或内部阻碍其相对流动的特性。黏度是评定油品流动性的重要指标。

影响黏度的重要因素：温度和压力。

对于液态货品，温度升高，黏度下降，反之亦然；液体黏度随压力变化很小，一般不作考虑。表示黏度时必须指明是什么温度下的黏度。

对于气态货品，温度和压力的黏度的影响比较大，要标明是什么温度和压力下的黏度。

对于油品来说，黏度高，流动时的阻力大，为了降低黏度需要消耗的能量多。

按测定方式不同，黏度有三种：

（1）动力黏度：用毛细管黏度计测定。

（2）运动黏度：动力黏度和密度之比，它不能直接表示黏度的大小。ISO（国际标准化组织）推荐用运动黏度表示油品的黏度。我国液压油、机械油的牌号也采用运动黏度。

（3）恩氏黏度：200 mL待测液体在规定的温度下流过黏度计所需时间和200 mL蒸馏水在20 ℃时流完所需时间之比。

10. 膨胀性

大多数物质都具有热胀冷缩的特性，石油也不例外。石油随温度的升高而膨胀的特性称为膨胀性。

11. 闪点

闪点系指在特定的标准条件下，某种液体能释放出蒸汽形成可燃的蒸汽空气混合物的最低温度。或在规定条件下，可燃性液体加热到它的蒸汽和空气组成的混合气体与火焰接触时，能产生闪燃的最低温度。

原油的成分复杂，闪点不固定，在－12～110 ℃。

根据做试验的方法不同，闪点可分为两种：

（1）开杯闪点：在敞开的容器中测量，蒸汽表面向大气敞开，会有部分气体损失，测量结果高3～5 ℃。

（2）闭杯闪点：在密闭的容器中测量，数字精确。以后如果不加以说明，闪点都是指闭杯闪点。

闪点是衡量货品燃烧难易程度的重要指标。货品闪点低，在环境温度下挥发出的货品蒸汽就多，发生燃烧的可能性就大，危险增大。

我国《油船安全生产管理规则》中将石油分为三级。

一级——闪点为28 ℃以下的石油，如苯、汽油、石脑油、某些原油。

二级——闪点为28 ℃及以上至未满60 ℃的石油，如煤油、某些原油。

三级——闪点为60 ℃及以上的石油，如柴油、燃料油、润滑油等。

12. 着火点

着火点原油加热到闪点以后继续加热，其产生的可燃性的混合气体一经点燃能够持续燃烧的最低温度。

原油的着火点在2～154 ℃。

13. 氧化性

在常温下，原油能和空气中的氧发生缓慢的氧化作用，使其中的不饱和烃形成不稳定的过氧化物；并渐渐发生聚合作用，使原油本质发生变化，出现黏度和沥青质增加等现象。

二、石油产品的种类及特性

(一)石油产品的种类

石油产品品种繁多，一般我们将石油产品分为石油燃料、石油溶剂与化工原料、润滑剂、石蜡、石油沥青、石油焦等6类。其中，各种燃料产量最大，约占总产量的90%；各种润滑剂品种最多，产量约占5%。

1. 汽油

汽油是消耗量最大的品种。汽油的沸点范围（又称馏程）为30～205 ℃，密度为0.70～0.78 g/cm³，商品汽油按该油在气缸中燃烧时抗爆振燃烧性能的优劣区分，标记为辛烷值70、80、90或更高。辛烷值越大，性能越好，汽油主要用作汽车、摩托车、快艇、直升机、农林用飞机的燃料。车用汽油的生产方式有：①石油蒸馏所得直馏汽油；②低辛烷值烷烃重组成高辛烷值的重组汽油；③以烯烃为原料聚合成高辛烷值的聚合汽油；④使烯烃和异烷烃化合而得的烷化汽油。商品汽油中添加有添加剂（如抗爆剂四乙基铅，俗称汽油精）以改善使用和储存性能。因环保要求，今后将限制芳烃和铅的含量。

2. 喷气燃料

喷气燃料主要供喷气式飞机使用。其沸点范围为60～280 ℃或150～315 ℃（俗称航空汽油）。为适应高空低温高速飞行需要，这类油要求发热量大，在－50 ℃不出现固体结晶。煤油沸点范围为180～310 ℃，主要供照明、生活炊事用。

3. 柴油

柴油沸点范围有180～370 ℃和350～410 ℃两类。对石油及其加工产品，习惯上将沸点或沸点范围低的称为轻，反之则称为重。故上述前者称为轻柴油，后者称为重柴油。商品柴油按凝固点分级，如10、－20等，表示低使用温度，柴油广泛用于大型车辆、船舰。

由于高速柴油机（汽车用）比汽油机省油，柴油需求量增长速度大于汽油，一些小型汽车也改用柴油。对柴油的质量要求是燃烧性能和流动性好。燃烧性能用十六烷值表示，愈高愈好，大庆原油制成的柴油十六烷值可达68。高速柴油机用的轻柴油十六烷值为42～55，低速的在35以下。

4. 燃料油

燃料油用作锅炉、轮船及工业炉的燃料。商品燃料油按黏度大小分为不同牌号。

5. 石油溶剂

石油溶剂用于香精、油脂、试剂、橡胶加工、涂料工业，或清洗仪器、仪表、机械零件。

6. 润滑油

从石油制得的润滑油约占总润滑剂产量的95%以上。其除润滑性能外，还具有冷却、密封、防腐、绝缘、清洗、传递能量的作用。产量最大的是内燃机油（占40%），其余为齿轮油、液压油、汽轮机油、电器绝缘油、压缩机油，合计占40%。商品润滑油按黏度分级，负荷大、速度低的机械用高黏度油，反之用低黏度油。炼油装置生产的是采取各种精制工艺制成的基础油，再加入多种添加剂，因此具有专用功能，附加产值高。

7. 润滑脂

润滑脂俗称黄油，是润滑剂加稠化剂制成的固体或半流体，用于不宜使用润滑油的轴承、齿轮部位。

8. 石蜡油

石蜡油包括石蜡（占总消耗量的10%）、地蜡、石油脂等。石蜡主要做包装材料、化妆品原料及蜡制品，也可作为化工原料生产脂肪酸（肥皂原料）。

9. 石油沥青

石油沥青主要供道路、建筑用。

10. 石油焦

石油焦用于冶金（钢、铝）、化工（电石）行业做电极。

除上述石油商品外，各个炼油装置还得到一些在常温下是气体的产物，总称炼厂气，可直接作燃料或加压液化分出液化石油气，可作原料或化工原料。炼油厂提供的化工原料品种很多，是有机化工产品的原料基地，各种油、炼厂气都可按不同生产目的、生产工艺选用。常压下的气态原料主要用来制成乙烯、丙烯、合成氨、氢气、乙炔、碳黑。液态原料（液化石油气、轻汽油、轻柴油、重柴油）经裂解可制成发展石油化工所需的绝大部分基础原料（乙炔除外），是发展石油化工的基础。

(二)石油产品的特性

1. 挥发性

在常温下（20℃，试验室为22℃），常压下（大气条件下）石油液体表面的分子不断地脱离其表面而转变为气态，石油的这一特性称为挥发性。与其他液态物质一样，石油的挥发性受到温度和压力的影响：温度越高，挥发越快；压力越高，挥发越慢。石油不会因温度和压力变化自行从气态转变为液态。石油挥发出的气体称为石油气或油气。

石油按挥发性可分为：

（1）易挥发性石油，闭杯法试验闪点在60℃以下，如原油、煤油、汽油等。

（2）不易挥发性石油，闭杯法试验闪点在60℃以上，如重油、燃料油等。

石油蒸发的油气与空气混合后，遇火即可燃烧。但油气在空气中浓度过高或过低，均不能持续燃烧。石油的燃烧是石油气的燃烧，并非石油液体的燃烧。若石油气在封闭的空间燃烧，气体膨胀、压力升高，便会发生爆炸。

2. 扩散性

通常油气比空气略重，易沉积于低洼处。无气流的情况下不会扩散，盖于石油液体上方。有气流的作用时会产生扩散，在5 m/s的风速下，扩散很慢；在船上工作时，要注意防火、防爆、防中毒。若在10 m/s的风速下油气可迅速扩散。

3. 易燃易爆性

石油的闪点低、点火能量小、燃爆威力大、易燃烧。石油燃烧的是石油挥发的气体，而不是液态石油。如果在密闭的空间燃烧，气体膨胀受限制，会导致压力升高，引起爆炸。

4. 膨胀性

石油产品具有热胀冷缩的特性。温度升高，体积增大，则货油舱内货品蒸汽的压力会升高，严重时会导致油品泄漏，甚至产生爆炸事故，所以装运易燃液体的容器至少留有2%的空档。夏天容器的外表面应洒水降温（如油驳温度较高时要洒水降温）。

5. 流动性

石油的流动性与其黏度和凝点有关。黏度越小则流动性越好；温度越高流动性亦越好。黏度大的油品流动性差，储运中应保温或加温，以利于装卸，但加热过高会影响油品质量，还会损坏船体。装重油时温度不超过90℃，否则会损坏船舱。

6. 毒性

大多数石油及其蒸汽都具有不同程度的毒性，吸收后会引起中毒，如苯含量较高的石油，在船上应注意通风防止中毒。船员工作时要注意做好相应的防范措施。

7. 其他特性

带电性：石油装运中易产生静电荷，会导致火灾爆炸事故的发生。

石油蒸发气分层性：油气的密度不同，散发至大气中的高度不同，轻质烃气在上面，重质烃气在下面。

蒸发的油气不易凝滴：石油蒸发成油气，不会像水一样在自然环境中实现"液态到气态，气态到液态"的转变。

第二章

油船的危害及预防措施

油船运输的油品具有易燃易爆性、毒害性、污染性、腐蚀性等。熟悉这些危害性，对油船货物运输和货物操作中做好安全防范措施具有重要意义。

第一节 ● 货油的危害及预防措施

一、爆炸的危害

油船的爆炸不是独立存在的，都有燃烧伴随着。

1. 燃烧

货油的燃烧是其特性之一。燃烧是一种发光发热的化学反应。

石油燃烧时燃烧的不是液态石油，而是石油挥发出的气体（烃气、油气）。

石油气燃烧不是任何情况下都可以进行的，它必须要同时具备三个条件，如图2-1所示：

（1）可燃物——油船上的货油挥发出的石油气或烃气。

（2）助燃物——氧气或油船及货油周围的空气。

（3）温度——着火源如火焰、明火、电火花或静电火花等。

图2-1 燃烧三要素图

燃烧条件：可燃物、氧气、温度三者共同存在，相互作用，每个要素达到一定的量才能燃烧。也称为燃烧三要素。

油气与适量空气混合燃烧产生大量热量，使油品温度升高，蒸发加快，石油气增多，如果不设法阻止，燃烧会一直进行下去。要使燃烧停止，必须除去三个要素里的任何一个。

在油船上控制燃烧的首选措施是控制具有点火能量的火焰、火花或静电火花。

油船上的电焊、气割、气焊等热工作业发出的高温足以点燃石油气。

2. 爆炸

爆炸是物质由一种状态迅速转变为另一种状态，并在极短的时间内放出大量能量的现象。爆炸时，压力急剧上升会对周围物体产生破坏作用，产生爆炸声和冲击波。

爆炸一般分为物理性爆炸和化学性爆炸。

物理性爆炸：是由物理因素（状态、温度、压力）变化而引起的爆炸。这类爆炸通常是由于设备内部介质的压力超过了设备所承受的强度，致使容器破裂，内部受压后，物质冲击而引起的，如锅炉、气瓶的爆炸。物理性爆炸前后物质的性质和化学成分均不改变。

化学性爆炸：是由物质发生激烈的化学反应引起的爆炸，化学性爆炸实质上就是高速度的燃烧，它的反应时间短，仅为百分之几秒或千分之几秒，如油舱内油气的爆炸。

油船爆炸时，燃烧仅是化学变化，爆炸是舱内压力升高引起的物理变化。

油船爆炸的过程：若油舱内某处油气被点燃，火焰会迅速扩散，油舱内气体受热膨胀，压力升高，由于油舱等舱室处于封闭状态，气体膨胀受到限制，压力会进一步升高，会导致爆炸产生。

由于油舱被点燃没有可预见性，所以油舱爆炸是没有预兆的。油船爆炸的直接后果往往是船毁人亡。

二、毒性的危害

石油具有一定的毒性，石油的毒性随产地和所含成分不同差异很大，所挥发出来的油气的容许浓度无统一规定。

1. 毒物与中毒

石油及石油产品对人健康所造成的危害主要是石油及石油气中有毒成分造成的。

毒性：一种物质进入人体引起人体的病理变化、造成损伤的能力。通常在动物实验的基础上划分。

在运输过程中，油品进入人体后与人体组织发生生化作用，并在一定的条件下破坏人体的正常生理机能，引起某些器官和系统发生暂时性或永久性病变，这种病变叫中毒。中毒的发生，与油品本身的性质、侵入人体的途径及数量、接触时间、身体状况、防护条件等多种因素有关。

2. 油品的毒性

油品的毒性通常用中毒临界值或称容许浓度表示。

中毒临界值（TLV 容许浓度）：正常工作时，有毒气体在空气中对人员安全的最高浓度。

中毒临界值单位：ppm（体积浓度百万分之几）。

通常采用时间加权平均浓度来作为安全对策和气体检测器性能的标准。

该浓度对于每周5天、每天8小时工作的大多数人来说是安全的。不是指所有人安全，如个别人体质较差、较敏感仍有发生中毒的可能。

油船上每种有毒气体的中毒临界值都是不相同的。如石油气的中毒临界值是300 ppm，一氧化碳的中毒临界值是25 ppm，硫化氢的中毒临界值是5 ppm，苯的中毒临界值是1 ppm。

油船上可能引发中毒的有毒物质：液态石油、石油气、苯和其他芳香烃、硫化氢、惰气中的有毒气体、缺氧等。

3. 毒物进入人体的途径

毒物进入人体的途径是呼吸道、食道和皮肤，食道进入毒物，大多是误吞入的，故意吞入的极其罕见。如果从食道误吞入毒物，可采用送医院治疗和导泻的方法将其排出体外，一般不主张用呕吐法，因为原油及其制品这些液态物质一旦少量进入肺部，就可能造成严重后果。皮肤进入也是一种途径，本来人的表皮是一个较好的屏障，但是如果是脂溶性毒物将可通过皮肤进入，非脂溶性毒物可以通过破损的皮肤进入人体。现在汽油中含苯量约在5‰左右，不超过10‰，所以机舱清洗零件不要用汽油清洗，因为它既可通过皮肤进入人体，又可能引起燃烧爆炸。呼吸道进入是最主要、最危险的途径。因为许多货物都会挥发出油气来，和空气混合后，将随空气一起从呼吸道进入人体，毒物再通过肺泡进入血液，随着血液循环遍布全身，达到一定浓度将使人中毒。石油气的毒性和石油中的烃的成分有极大关系。苯、甲苯、二甲苯这些苯族毒物存在于原油、汽油、石脑油中。

三、腐蚀的危害

货油中都含有一定量的硫分和水分，在一定条件下硫分可生成硫酸、硫化氢，而水中往往含有起氧化作用的盐，这对船舶结构材料产生腐蚀，降低船体结构强度。

硫酸在常温下可破坏舱体材料表面的防护漆，甚至对舱体材料的铁质产生腐蚀，产生氢气，氧化铁（铁锈）和硫酸铁等使舱体材料遭到破坏。同时货油中的一些成分还会腐蚀人的皮肤，使人产生皮炎。

四、对环境的危害

油船在装卸货、洗舱、除气等作业过程中会对周围的水体环境和大气环境造成污染。

油船由于碰撞、搁浅、触礁、爆炸等会造成大量货油进入水体；油船作业会因操作和管理不当而造成跑、冒、漏、溢导致少量货油进入水体；洗舱水和机舱、泵舱污油水会因人为排放进入水体。这些入水的油将在水面形成油膜，使得空气中的氧不能进入水体，使水体缺氧；大面积的油污除了使得水体溶解氧减少外，还会使水体生物死亡，使得岸边植物枯萎。少量溶入水体的油类物质，虽然暂时不会杀死水体生物，但会影响水质。内陆淡水是陆上一切生命之源，被油污染的水，必然会影响人类健康、动物及植物生长，最终会危害人类。

货物装卸期间、航行中挥发及洗舱和除气排出的货物蒸气以及柴油机燃烧排放的废气进入大气中，不仅会破坏臭氧层使气候变暖、农作物减产、紫外线辐射增强、皮肤病发病率增加，而且会影响空气质量，使大气中的氮氧化物、硫氧化物浓度增加，毁坏森林，酸雨发生率增加，侵蚀地表、土壤，影响植物生长。

五、货油危害的预防措施

货油具有易燃易爆性、毒性、腐蚀性、污染性。为了确保人身的安全及船舶运输的安全，人们采取了一系列的控制货油危害的方法和措施。

1. 石油气的控制

油舱中充入惰性气体，氧含量控制在 8 % 以下，可防止舱内油气被点燃造成危害。

装油过程中将油舱排出的油气经管路回收送到岸上储罐中，防止油气排入大气中。

油气回收是指在装卸油的过程中，将挥发的货油蒸气收集起来，通过吸收、吸附或冷凝等工艺，使油气重新变为液态油品，以减少油气的污染，达到回收利用的目的。

2. 人员安全控制

为防止人员进入封闭空间或含有油气的舱室发生吸入油气中毒，在这些舱室中安装了强制通风装置进行通风。并采用了监测技术，对这些舱室进行连续检测，并在超标时进行报警。这些监测主要检测烃气含量、有毒气体含量和氧气含量。

3. 防静电危害

为防止惰气中因存在水滴而产生静电，在惰气系统中设置干燥剂装置，用硅胶物质来吸收惰气中的悬浮水滴。有的船上还设置了消电装置，对进入甲板区域工作的人员进行人体消电。

4. 结构隔离

为了保证船舶安全，在船体结构上提出了隔离舱的要求，目的也是为了防止石油气带来的危险。如货油舱与机舱和上层建筑之间必须设有干隔舱，若甲板上设有人舱室或工作间，则该舱室与油舱之间必须设有干隔舱。为防止油船发生搁浅或碰撞，货油泄漏时污染水体环境，要求建造双壳油船。

第二节 ● 油船静电的危害及预防措施

油船在运输易燃、易爆的石油时，除运输本身蕴藏着危险外，在装卸、清洗、维修等作业过程中，也存在各种危险，这种危险通常是由静电所引起的，叫作静电的危害问题，或静电的不安全因素。

静电：静电并不是静止不动的电荷，而是附着在物体上很难移动的集团电荷。

静电是一种常见的带电现象，日常生活中，用塑料梳子梳头发或脱下化纤衣服时，黑暗中可见放电的闪光，这都是静电引起的。

特点：无所不在，无时不有，能量较小，电压较高，它来无影、去无踪，在船上却频频扮演"杀手"角色，导致易燃易爆物意外发火、爆炸，令人防不胜防。

一、油船静电的危害

1. 电击

静电电击就是带电人体接触物体放电，或带电物体向人体放电，在人体中流过电流而引起。如在干燥的天气里开门时，手会被门锁"电一下"。电击对人体有害，但损害的程度与流过人体的电流数值、时间、路径、电流频率、年龄、身体状况等因素有关。

2. 引起火灾

在可燃气体危险场所，静电放电会点燃可燃气至闪爆，继而引起火灾。油舱内可燃气体会因静电放电而被点燃，从而使油船爆炸。

二、静电产生的途径

1. 静电产生的原理

静电危险基本上是通过三个阶段形成的：电荷分离、电荷储集、静电放电。这是构成静电起火的三要素。

（1）电荷分离

两种不同物质相互接触和摩擦时，在界面上发生电荷分离现象，一种物体中带负电荷的电子就会越过界面，进入另一种物体，形成电荷层，静电就产生了。

界面是指在两种固体之间，或在固体与液体之间，或在两种互不相溶的液体之间的界面。

油船上能使异性电荷分离的情况如几种：

①当两种液体（如油与水）流过管道或致密的过滤器时；

②固体物质在液体中沉淀或互不相溶液体的澄清过程（如铁锈在液货中的沉淀）；

③细小的颗粒或液珠从喷嘴中高速喷出的过程（如蒸汽蒸舱作业）；

④在固体表面上泼溅或激烈搅动某种液体（如洗舱作业或往货舱中装液货的初始阶段）；

⑤某些合成化纤材料之间经过剧烈摩擦后，随之又将其分开（如手上戴着聚氯乙烯手套在聚丙烯绳上滑动）。

（2）电荷储集

电荷储集：分离的异性电荷，由于某种原因不能中和或中和的速度很慢，造成电荷聚集。

影响电荷储集（电荷中和）的因素：被分离物质的导电性。

（3）静电放电

就是物体内储存的静电荷会像气体一样释放出来，发光、发热、发出破裂声。

静电放电带来的危害：放电时将电能转变成热能，作为火源，引燃可燃物。

在紧靠突出物附近区的电场强度，要比其附近的总体电场强度要大，因此放电现象一般都发生在紧靠突出物的部位。有时只在突出物与其靠近的空间之间发生放电现象，而不触及到其他物体。这种单极放电现象，在任何时候都会在油船作业中发生。

两个相邻电极之间的放电现象，可能发生在以下几种不同的物质之间，如往油舱内吊放的取样器具与带电的油液之间；浮在带电液体表面未曾接地的物体与附近的油舱结构之间；悬在油舱半空的未接地设备与附近的油舱结构之间。

对于油船上来讲，静电的产生、积累并不可怕，最可怕的是静电的放电和引燃。

2. 静电产生的途径

（1）货油静电产生途径

当油含有相同数量的正电荷和负电荷时，油液呈电中性。但当油液与固体物质接触时，会打乱电荷的分布，使得靠近油液／固体交接面处重新分布了一层正负电荷按层对应等量的分布层，或称电偶层。由于是对应等量，没有失去或增加电荷，所以该电偶层仍呈电中性。

油液具有较强的附着力，使得带电的油液电偶层黏附在固体表面。当液体相对固体流动时，另一部分电荷随着油液流动被带走，往往黏附的电荷与流走的电荷极性相反。由于电荷的分离，油液电中性被破坏，变成带静电的油液。

这一原理在油和水接触时也同样适用。

①货油入舱

货油入舱必须通过管路系统，油液在管道中流动或通过过滤器时，在很靠近管子表面或滤网表面处出现电荷分离，使得油液带静电，管路和滤网也会带电，但其符号与油的静电相反。

为了在货油装载的阶段控制静电的产生，一般采取如下办法，即限制静电储集性油类的入舱流速，直到舱内的泼溅和液面搅动情况完全停止。在空油舱开始装载的阶段，流向每一油舱支管的液体线流速不得超过1 m/s，电荷缓冲时间至少有30 s。

②油水相混泵送或扰动

如同油液在管路中流动一样，油水相混在泵送时会使水滴在油液中到处运动，直至入舱后，水滴才在重力作用下向舱底沉积，水滴的这一系列运动会产生大量静电荷，其带电的程度取决于油液的电导率大小、水滴通过油液的速度、泵对油水混合扰动的程度。

在装油完成且水滴下沉到舱底之后，水滴所带的电荷就会通过船体结构消散掉，在油中却留下相反极性的电荷，它将进一步增加油中已经由在管路中流动所产生的电荷。如果再从油舱底部吹入气体，使已经沉落到底的水和其他杂质（如锈渣）被搅浮起来，这样使静电荷又重新分布到油舱各处，使油液中总的剩余电荷增加。

③油的飞溅或喷雾

如果油被溅起或喷出，也可能会带上静电。其产生静电的机理同前，当不带电的油雾油滴在油舱结构上撞击接触时，便产生"电偶层"，在撞击后反弹离开舱壁结构时，便产生了电荷分离，使油雾油滴和油舱结构都变成了带电体，并极性相反，所以飞溅的油雾油滴会积聚大量电荷。对于喷雾的静电产生机理也是同样的。因此，通过插入舱口的软管来装油时，极易造成泼溅而产生静电危害。

（2）非货油物质产生静电

①自由流落入舱内

从舱顶进行装载和加压载作业，能使带电的液体分裂成细微的液珠，并溅入油舱。这种情况会产生带电的油雾，同时也提高了舱内的石油气浓度。

②水雾

将水注入油舱的过程中，例如清水洗舱，喷射入舱的水流会造成带有静电的水雾，这种水雾均匀地分散在整个被洗的油舱之中。该静电在电荷数和电荷性质上，均因油舱而异。

③蒸汽

喷射蒸汽能产生一种带静电电荷的浮云状气团。这种气团的效应和可能带来的危险与上述的清水洗舱产生的水雾效应和危险相类似。但比较起来喷射蒸汽所造成的电荷电位要高得多，其达到电荷电位高峰值所需的时间最短。基于这样一种原因，只要油舱内存在可燃气，就不得往舱内喷射蒸汽。

④惰气中的悬浮微粒

在惰气中悬浮的细微颗粒也有带电的可能。这种电荷分离原是在燃烧过程中发生的。这种带电的颗粒能够通过洗涤塔、风扇和送气管道进入油舱。虽然惰气中悬浮微粒带电不算多，但与洗舱水雾所带的电荷情况相比，其电荷电位要高出许多。在完全惰化的条件下，点燃可燃气的可能性不大。但舱内含氧量由于吸入空气增高时，这种点燃可燃气的可能性是存在的，这一点必须加以考虑。

⑤服装和鞋袜

人体能够由于鞋袜或所站的地面材料而与大地高度绝缘，加之人体动作使人体与衣物、衣物与衣物之间产生摩擦而产生电荷（这一点在穿着化纤衣物时更为突出），从而使人体成为带电体。人体所带的电荷，会由于人体动作的剧烈程度，动作时间的长短，人体与衣服间、衣服与衣服间的实际分离而使得电荷不断增加。当人们在脱衣服或鞋底与地面分离时，就会发生放电，或是在接触到被绝缘的金属物体时发生放电。

长期积累的经验表明，人们所穿着的衣服鞋袜的静电放电不会构成重大的危险，原因是它们所产生的电荷的电位不高，放电的电场强度不强，在极少情况下才可点燃可燃气。尤其在航行环境中，船体表面和人体穿着的衣物会受到盐分和湿气沾染（特别是在湿度很大的天气），这就减少了其电阻，增强了电荷的传导，这将大大降低人体静电危险。

（3）测量设备操作时产生静电

在油船上的设备操作产生的静电主要是指测量操作过程中方法不当而产生的静电。

①油舱中的固定设备

油舱中的固定设备包括靠近油舱顶部安装的一些永久性设备，如固定式洗舱机或高油位报警和探测器。当一个金属探测器远离油舱的其他结构而靠近带高电荷量的油液表面时，在其端部将会产生一个高电压梯度。装载静电储集性油的过程中，这种高电压梯度在油面逐渐迫近时，就会引起静电放电。

如果将上述设备装在靠近舱壁或靠近舱内的其他金属结构，就会使它处于孤立探测器的位置，从而减低其端部电压梯度。另一方面也可以在设备的下端与油舱之间加设一支架，使逐渐升高的油面首先遇到的是探测器设备的边缘，而不是其端部。在某些情况下还有另一种解决办法，就是这些设备完全用非导电材料制造。然而在那种仅限于装卸原油的油船上，就无须采取这种办法。

②测量设备

A. 接地与接合

在油船中的许多设备都需要接地或使两个不同电位的物体进行结合使其保持等电位。

接地：就是在一个导体与整个大地之间建立一段低电阻的电流通路。接地也可以通过物体与地面或水面的紧密接触自然形成，也可以人为地将物体与大地接通电路来完成。船上设备的接地就是与主船体金属结构的连接。

接合：就是在两个或多个导体之间建立一个适当的电流通路，以保证电流连续性。接合也可能在两个或多个导体之间完成而不进行接地。但经常也有这样的情况，物体接地后，大地本身成了电流通路而完成了物体间的结合。结合可以借金属部件之间的螺栓连接构成电流通路来完成，也可在两者之间借额外附加的结合导体来完成。

b. 设备

无论什么形式的测深、舱顶空当测量或采样等设备，在有静电危险的可燃环境中使用时，任何时候都应绝对防止吊入未接地的导体。在把设备吊入舱之前，应将一切金属零部件全都紧密结合在一起，并与船体连接接地（接合），直到从舱内完全取出这些设备为止。

测量操作用的设备应便于接地。例如，金属卷尺缠绕的转盘和支承该转盘的支架上应装有螺栓，以便能将结合电缆用螺帽拧紧在螺栓上，该螺栓应能使支架与金属卷尺之间的电流畅通无阻。接合电缆的另一端应装有弹簧夹，以便在使用卷尺时将其夹在舱顶空当开口处的边缘上。

装油的过程中或刚装完油的时候，非导电性液体（静电储集液体）的表面可能具有较高的电位。当有金属物体与液面靠近时，就可能在两者之间发生放电现象。这种放电现象在无惰化条件下，有可能引发起火。所以在装载这类油品时，如在舱内可能存在任何可燃性混合气体，则绝对不能用金属设备进行测深、舱顶空当测量和采样等作业。

在每一油舱装载完成后和开始进行以上的测量操作之前，应间隔30 min的时间（有些国家要求2 h）。这是为了等候油液中的水珠和颗粒沉降聚集，从而使电位下降，电荷消退。

3. 静电的放电形式

物体一带上静电，有时尽管所带的静电量不多，但是电位却很高，有数千伏甚至数万伏之高。特别在生产现场，有时竟达数十万伏的高电位。如果达到这样的高电位，物体内储存的静电荷就会像气体那样释放出来，出现发光、破裂声响等放电现象。静电的放电是由于电场的能量使带电体周围空间的气体电离而产生的。静电放电一旦发生，在带电物体和接地物体之间的离子就会流动，使带电物体上的静电得到中和。静电放电时稍加注意，能通过感觉器官察觉出来。

静电放电基本上分为电晕放电、刷形放电、火花放电三种形式，如图2-2所示。

电晕放电　　　　刷形放电　　　　火花放电

图2-2　静电放电的三种形式

（1）电晕放电

电晕放电一般发生在电极之间相距较远、带电体或接地体表面的突出部分。因为在这些尖端的电场强度较强，能将附近空气局部电离，并且伴有嘶嘶的声音和火光。

这种放电不稳定，能量小，强度低，一般不危险，也叫尖端放电。

（2）刷形放电

这种类型的放电特点是两极间的气体因击穿造成放电通路，但不集中在一点，而是有很多分叉，分布在一定的空间范围内。此种放电伴有声光，因为放电不集中，所以在单位空间内释放出的能量也比较小。

（3）火花放电

两电极间的气体被击穿造成通路，这时放电电极有明显的集中点。放电时有短促的爆裂声，发出啪啪的声音，在瞬间能量集中释放掉，因而危险性最大。当两个电极均为导体，相距又较近时，往往会发生这种火花放电。

总之，电晕放电能量最小，危险性也较小。刷形放电具有一定的危险性，有时也能引燃可燃性气体。火花放电能量较大，因而危险性最大。

绝缘体带有静电时，较易发生刷形放电，也可能发生火花放电。金属电极或金属电极与大地之间容易发生火花放电。

4. 静电的预防措施

静电要引起燃烧或爆炸必须同时具备两个条件：第一，必须有足够大的静电放电能量；第二，静电放电空间必须有可燃性的混合气体。两者缺一都不会引起危险。潜在静电危害的三要素如前所述，因此，只要破坏必备条件或三要素中的任何一个，就能有效控制静电可能引起的危害。

（1）防静电的原则

①设法减少静电产生。

②加速泄漏，防止电荷积聚。

③防静电放电着火，避免电击、爆炸事故。

（2）油船静电的防范措施

①控制流速。按油品闪点、输油管径来确定安全流速。实践和调查表明，减少静电电荷的积聚，用大管径、低流速的方式装卸是较好的办法。

②避免水、空气与油品以及不同油品的混合。实践证明，油品内含水量如达5%，会使起电效应增加10～50倍。

③控制油面上方空间的气体含氧量。为了防止油舱内静电引起爆炸，目前最好的办法就是将油舱惰化，应该强调，在任何情况下，只要舱气中含氧量低于8%，进行任何操作通常都不会有燃烧、爆炸的危险。

④规定静置时间。所谓静置时间是指油舱装油完毕后，需要停止一段时间舱内作业（例如测量、采样等），以等待油品中静电电荷通过舱壁消散，这个消散时间或等待时间就是所谓的静置时间。

⑤保持良好接地。油船上产生静电是不可避免的，若要将产生的静电及时消除掉，这就需要将某些与船体不连接的设备在操作使用中接地，使其在使用中产生的静电消除。例如，洗舱机若是固定在甲板上或悬吊在油舱内，应使其与船体有良好的接触；若是移动式或便携式洗舱机就必须预先接好所有的软管和接头，并检测导电性，确保良好接地后才可送入油舱。

⑥防止人体带电。人体带电对油船的危害也非常大，油船上工作人员穿着的化纤衣服、绝缘胶鞋等经摩擦后容易使人体带电。人体带电还与活动方式有关。所以预防人体带电的最好方法是穿防静电鞋、防静电工作服，戴防静电手套，舱室内采用导电性地板，以

此可减少人体产生的静电。

第三节 ● 油品安全说明书(MSDS)简介

一、油品安全说明书（MSDS）的简单介绍

MSDS 即物质安全数据表，亦可译为化学品安全技术说明书或化学品安全数据说明书。MSDS 是一份危险物质的详细的安全数据说明书。

油品安全说明书主要内容包括：危险物质的理化参数，危险特性，毒性参数，接触限制，健康和环境危害，安全运输、贮存和使用注意事项，泄漏应急处置，急救措施以及有关的法律法规等方面的信息。

油品安全说明书主要作用：使用户明了危险物质的有关危害，在运输、储存、使用、处置的过程中能主动进行防护，从而减少职业危害、预防危害事故发生并减少对环境的负面影响。

二、我国的油品安全说明书的基本格式要求

第一项：化学品及企业标志。
第二项：成分组成信息。
第三项：危险性概述。
第四项：急救措施。
第五项：消防措施。
第六项：泄漏应急处理。
第七项：操作处置与储存。
第八项：接触控制/个体防护。
第九项：理化特性。
第十项：稳定性和反应性。
第十一项：毒理学资料。
第十二项：生态学资料。
第十三项：废弃处置。
第十四项：运输信息。
第十五项：法规信息。
第十六项：其他信息。

三、油品安全说明书在船舶运输中的应用

供货商在开始装载前，为要装载货物或燃油的油船提供油品安全说明书。在MSDS中应指明拟装载货物或燃油的所有成分中，具有危险性或有毒构成成分的类型和大致浓度，尤其是H_2S和苯。

提供了MSDS，并不保证所装载的特殊货物或燃油中的所有危险或有毒成分已得到确认或已经归档。而没有提供MSDS也并不说明不存在危险或有毒构成成分。作业人员应备有适当的程序，以确定他们所预计的可能含有有毒成分的货物中是否存在有毒构成成分。

船舶应向收货人提供欲卸载货物的MSDS。该船舶还应告知码头和货舱检查员或验船师，所运载的前票货物是否含有任何有毒物质。

船舶相关工作人员应按要求熟悉本航次所载货油的MSDS中所述的特性及发生危急时所采取的应急措施，特别是物质安全数据表中的货物特性、货物危害、防护措施、应急措施等内容，并将其张贴在公共场所，便于让所有人员熟悉和参考。

柴油安全技术说明书

1. 化学品名称

化学品中文名称：柴油

化学品英文名称1：Diesel oil

化学品英文名称2：Diesel fuel

2. 危险性概述

健康危害：皮肤接触为主要吸收途径，可致急性肾脏损害。柴油可引起接触性皮炎、油性痤疮。吸入其雾滴或液体呛入可引起吸入性肺炎。其能经胎盘进入胎儿血液中。柴油废气可引起眼、鼻刺激症状，头晕及头痛。

环境危害：对环境有危害，对水体和大气可造成污染。

燃爆危险：本品易燃，具刺激性。

3. 急救措施

皮肤接触：立即脱去污染的衣着，用肥皂水和清水彻底冲洗皮肤。就医。

眼睛接触：提起眼睑，用流动清水或生理盐水冲洗。就医。

吸入：迅速脱离现场至空气新鲜处。保持呼吸道通畅。如呼吸困难，给予输氧。如呼吸停止，立即进行人工呼吸。就医。

食入：尽快彻底洗胃。就医。

4. 消防措施

危险特性：遇明火、高热或与氧化剂接触，有引起燃烧爆炸的危险。若遇高热，容器内压增大，有开裂和爆炸的危险。

有害燃烧产物：一氧化碳、二氧化碳。

灭火方法：消防人员须佩戴防毒面具、穿全身消防服，在上风向灭火。尽可能将容器从火场移至空旷处。喷水保持火场容器冷却，直至灭火结束。处在火场中的容器若已变色或从安全泄压装置中产生声音，必须马上撤离。

灭火剂：雾状水、泡沫、干粉、二氧化碳、砂土。

5. 泄漏应急处理

应急处理：迅速撤离泄漏污染区人员至安全区，并进行隔离，严格限制出入。切断火源。建议应急处理人员戴自给正压式呼吸器，穿一般作业工作服。尽可能切断泄漏源。防止油液流入下水道、排洪沟等限制性空间。小量泄漏可用活性炭或其他惰性材料吸收。大量泄漏应构筑围堤或挖坑收容。用泵将泄漏汕液转移至槽车或专用收集器内，回收或运至废物处理场所处置。

6. 操作处置与储存

操作注意事项：密闭操作，注意通风。操作人员必须经过专门培训，严格遵守操作规程。建议操作人员佩戴自吸过滤式防毒面具（半面罩），戴化学安全防护眼镜，戴橡胶耐油手套。远离火种、热源，工作场所严禁吸烟。使用防爆型的通风系统和设备。防止蒸气泄漏到工作场所空气中。避免与氧化剂、卤素接触。充装要控制流速，防止静电积聚。搬运时要轻装轻卸，防止包装及容器损坏。配备相应品种和数量的消防器材及泄漏应急处理设备。倒空的容器可能残留有害物质。

储存注意事项：储存于阴凉、通风的库房。远离火种、热源。应与氧化剂、卤素分开存放，切忌混储。采用防爆型照明、通风设施。禁止使用易产生火花的机械设备和工具。储区应备有泄漏应急处理设备和合适的收容材料。

7. 接触控制/个体防护

呼吸系统防护：空气中浓度超标时，建议佩戴自吸过滤式防毒面具（半面罩）。紧急事态抢救或撤离时，应该佩戴空气呼吸器。

眼睛防护：戴化学安全防护眼镜。

身体防护：穿一般作业防护服。

手防护：戴橡胶耐油手套。

其他防护：工作现场严禁吸烟。避免长期反复接触。

8. 理化特性

外观与性状：稍有黏性的棕色液体。

熔点(℃)：–18

沸点(℃)：282～338

相对密度(水=1)：0.87～0.9

闪点(℃)：38

引燃温度(℃)：257

9. 主要用途：用作柴油机的燃料。

10. 稳定性和反应活性

禁配物：强氧化剂、卤素。

11. 生态学资料

其他有害作用：该物质对环境有危害，建议不要让其进入环境。对水体和大气可造成污染，破坏水生生物呼吸系统。对海藻应给予特别注意。

12. 废弃处置

废弃处置方法：处置前应参阅国家和地方有关法规。建议用焚烧法处置。

13. 运输信息

运输前应先检查包装容器是否完整、密封，运输过程中要确保容器不泄漏、不倒塌、不坠落、不损坏。运输时运输车辆应配备相应品种和数量的消防器材及泄漏应急处理设备。夏季最好早晚运输。运输时所用的槽（罐）车应有接地链，槽内可设孔隔板以减少震荡产生静电。严禁与氧化剂、卤素、食用化学品等混装混运。运输途中应防曝晒、雨淋、防高温。中途停留时应远离火种、热源、高温区。装运该物品的车辆排气管必须配备阻火装置，禁止使用易产生火花的机械设备和工具装卸。运输车船必须彻底清洗、消毒，否则不得装运其他物品。船运时，配装位置应远离卧室、厨房，并与机舱、电源、火源等部位隔离。公路运输时要按规定路线行驶。

第三章

职业健康与安全预防

第一节 ● 油船的油气中毒急救

一、油气中毒的途径

石油及石油产品对人身健康所造成的危害主要是石油及石油气中有毒成分造成的。在油船上，人员中毒几乎全是由于接触了各种石油和石油气而发生的，因此船舶操作人员必须了解油气中毒的途径，以便做好相应防范工作。

1. 呼吸道吸入（如图 3-1 所示）

测量油舱液位或舱顶空当时，站位错误，站到测量孔下风侧或脸部正对测量孔而导致从测量孔冲出的有毒（害）气体被操作人员所吸入；进行除气作业或装载作业时，在货油舱甲板上工作，吸入由排气口排出的高浓度油气或惰气而造成中毒；进入油舱进行清洁、检查等工作，由于缺氧或吸入油底脚挥发出的重质烃气而发生中毒；进入泵舱工作，由于货油泵等漏泄而使泵舱充满油气，加之泵舱通风不良，使进入泵舱工作的人员中毒。

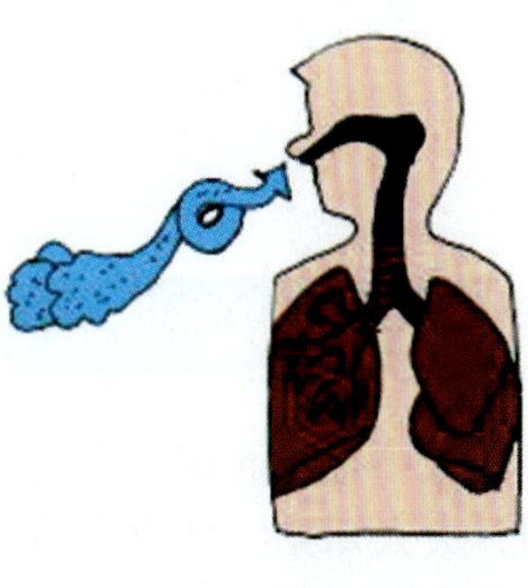

其他方面的原因，例如由于启用机舱通风机不当，而使机舱工作人员呼吸高浓度的排风油气；人员在房间睡觉，没有关闭迎甲板侧窗而吸入有毒油气；在救助他人时

图 3-1　呼吸道吸入

不得法而成为第二个中毒（受害）者；油船失火时消防员在扑火场吸入有毒烟气／烃气的混合气而中毒；油船失事弃船时，吸入水面上浮油而造成中毒；货油或燃油加温后蒸发的油气积聚，致使在附近工作的人员中毒，等等。

2. 皮肤接触（如图3-2所示）

多种石油产品，尤其是挥发性较高的，对皮肤均有刺激性，它能脱去皮肤上必不可少的油脂，引起皮炎。长期、反复地与一些石油产品接触能导致严重的皮肤病。石油对眼睛的刺激也很大。

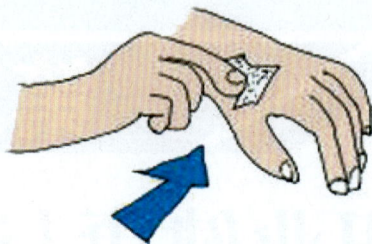

图3-2　皮肤接触

为了避免或减少与石油直接接触，配备适当的劳保用品是必要的，尤其是手套和护目镜等。在油船上作业不得裸露身体，作业完后应洗澡清洁；工作服上沾污的油迹应清除掉。

3. 误吞入（如图3-3所示）

在一般油船作业中吞入大量液态石油的险情是很少见的。吞入液态石油对人身体的毒性倒不是非常大，但是会引起剧烈的不适感和恶心、呕吐。在呕吐中，就有可能将液态石油带入肺部，从而引起严重后果，特别是吞入汽油和煤油这类高挥发性石油产品时，情况更为严重。

图3-3　误吞入

二、油气中毒的诊断

油气中毒，通常是指丧失正常的大脑功能，出现像醉酒一样的举动，中毒加深时行走蹒跚，失去知觉。高浓度的中毒还能导致瘫痪、丧失知觉甚至死亡。

通常典型的中毒，其病情可分为三个阶段

潜伏期：是毒物进入人体初始到出现第一个症状（感觉）的间隔时间。这些症状通常在接触毒品后很快出现，但在有些情况下可能推迟几小时才出现症状。在极少数情况下，某些特殊的化学毒物中毒，症状将在几天后才会出现。

活动期：是出现中毒迹象和症状的时期。在许多情况下，对大量不同的有毒物来说，这些症状是相同的，因此只需用普通方法来进行治疗。某种毒物可能与人体接触处发生局部作用或被接触处吸收而出现全身中毒症状。这能造成局部皮肤刺激，也能通过皮肤吸收而产生全身症状或特有的中毒症状。对进入人体的其他途径，虽然在接触到眼睛时，可能很少出现全身症状，也是同样适用的。

中毒的一般症状包括头痛、恶心和呕吐、嗜睡、精神不佳、不省人事、惊厥和疼痛。

严重中毒症状是：脉搏快而微弱，皮肤苍白或发青、呼吸严重困难和长期不省人事。

后期：在大多数中毒事故中，尤其是接触程度很小的，通常经过几小时后，症状会消失。如果吸收的毒物量较大或毒性很大或接触的时间较长，症状可能持续几小时甚至几天，病人的情况可能因并发症而恶化。最常见的并发症有窒息、肺水肿、支气管炎、肺炎、心力衰竭、肝功能衰竭、肾功能衰竭。在中毒后期，虽经治疗，仍可能造成死亡。

三、油气中毒的急救

船上急救是指对伤员进行必要的治疗，或者为了能将伤员转移到船上医务室或舱室内按中毒病症做进一步治疗。船上任何一位船员都可能发现伤员，每一位船员都应了解急救的程序和对不省人事的伤员的抢救姿势以及人工呼吸的基本知识，以便挽救伤员生命，直到医生到达医疗救助港或船为止。

作为船长，其责任是保证任何人不得再进入有毒的密闭处所，除非他是一名受过训练的抢救人员，并按照指令行动。中毒的伤员应在船舱内安静休息至少24 h，并观察其是否有并发症。

(一)急救程序

1. 当发现有人中毒时

（1）保护好自己，以免成为下一个受害者；

（2）尽快将受害者移出危险区或消除受害者身边的危险源；

（3）如怀疑现场内存在有毒气体或烟雾，应使用呼吸器。

2. 如仅有一名不省人事的受害者(不考虑全体受害者)

（1）立即对不省人事的受害者进行治疗；

（2）请求援助。

3. 如不省人事的受害者不只一个

（1）请求援助；

（2）对最严重的受害者进行治疗。（其顺序为：呼吸／心跳停止者先；不省人事者后。）

4. 如受害者在密闭处所

（1）不得进入密闭处所，除非是一名受过训练的抢救队员，并按指令行动；

（2）请求援助并报告船长。

进入密闭处所的救援人员必须假设密闭处所中的空气有毒。抢救队员必须佩戴呼吸器方可进入，同时还应尽快给受害者戴上呼吸器。必须迅速将伤员转移到离密闭处所最近的安全区。

(二)对于不省人事的受害者的急救

1. 检查呼吸和心脏功能

检查呼吸时，如图3-4所示，应尽量向后仰以缓解气道的受阻，检查人员应尽量靠近受害人的鼻子和嘴，以便能检查呼出的气息。

检查心跳时，如图3-5所示，可以在腕部和颈部测脉搏。颈动脉一般是比较有力的，如感觉不到或微弱，说明循环不良。

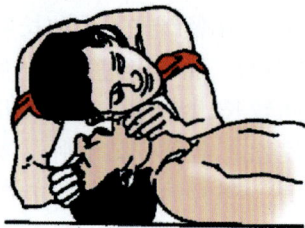

图3-4　检查呼吸　　　　　　　　　图3-5　检查心跳

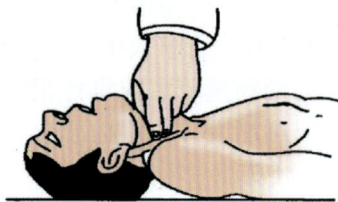

2. 没有呼吸但心脏跳动

气道：进行人工呼吸最重要的步骤是形成一个畅通的气道，采取这一简单的措施后可能出现自然呼吸。将受害者脸部向上放在一个坚硬的平板上，一只手放在受害者的颈部下面，另一只手放在前额。用一只手将颈部提起，另一只手将前额往下压，使头部向后仰起。这将使颈部拉长并使舌根从喉部的后部移开，在整个人工呼吸和心脏按压过程中，头部应始终保持这种姿势。如果只有一名抢救人员，应用卷起的毯子或用类似的物品垫在病人头颈部。如气道仍受阻，应立即用手将异物从嘴或咽喉部清除干净或将舌头拉出。

呼吸：如受害者头部后仰以后，没有迅速恢复充分的自然呼吸，应采用口对口或口对鼻方法进行人工呼吸。无论采用何种方法，保持气道畅通是首要的做法。

有些情况下不宜采用口对口人工呼吸法，如吸入硫化氢、烃气、石油气，这时再采用此法就有可能使抢救者中毒受害，所以应采用仰卧法进行人工呼吸。

3. 没有呼吸、心跳停止

对于呼吸和心脏都已停止的病人，应在进行人工呼吸的同时进行心脏按压术。如循环不能恢复，则大脑缺氧，受害者将在6 min内受到脑损伤，并有可能死亡。人工呼吸可将含氧空气送到受害者的肺部，在肺部的氧则由循环的血液输送到大脑和其他器官，而有时，有效的心脏按压术将人为地临时恢复血液循环，一直到心脏开始跳动。

(三)人工呼吸和心脏按压操作方法

1. 人工呼吸的操作方法

人工呼吸法是心肺复苏术中常用的方法之一。用人工的方法，使空气有节律地出、入肺部，以供组织代谢所需的氧气，并排出二氧化碳，这种方法被称为人工呼吸法。它是呼吸衰竭或呼吸停止时最重要的抢救措施，适用于溺水、触电、窒息、煤气中毒、药物中毒、呼吸肌麻痹等突发性的呼吸停止时的抢救。常用的人工呼吸法分为口对口人工呼吸法、仰卧压胸法、口对鼻人工呼吸法、俯卧压背法和举臂压胸法五种，其中以口对口人工呼吸法效果最好。

（1）口对口人工呼吸法（如图3-6所示）

病员平卧位，解开衣领，清洁口腔，操作者托起病人的下颌，使头部后仰、张口，另一手捏紧病员的鼻孔。操作者深吸气后，将口紧贴病人的口吹气，使病人胸部扩张，然后放松病员鼻孔，吹气者的口就离开，由于肺弹性回缩，病人可被动地呼气。如此反复进行，每分钟16～18次。

必须注意的是进行口对口人工呼吸时应防止受害人的中毒对抢救人员的潜在威胁，例如，硫化氢中毒、石油气中毒、烃气中毒等，不宜采用口对口人工呼吸，可选用仰卧法人工呼吸，有条件时也可以使用氧气复苏器。

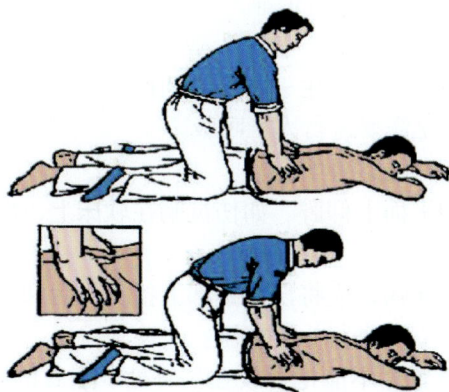

图3-6　口对口人工呼吸

（2）仰卧压胸法（如图3-7所示）

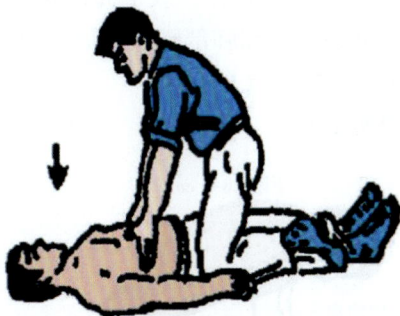

图3-7　仰卧压胸法

病员仰卧，腰背部垫枕，使胸部抬高，把病员头转向一侧，两手平放，急救者跪跨在病员两侧的下胸部，拇指向内，其余四指向外，向胸部上后方压迫持续2~3 s，使胸廓缩小，将空气压出肺部，然后放松，使胸部自然扩张而吸入空气，如此反复按压和放松，每分钟16～18次。

（3）俯卧压背法（如图3-8所示）

图3-8　俯卧压背法

此法适用于溺水者的急救，使病员俯卧位，腹下垫枕，头向下略低，面部转向一侧，以防口、鼻触地，一臂弯曲垫在头下，另一臂伸直，急救者跪跨在病员大腿两侧。反复按压背部，每分钟16～20次。

（4）仰卧举臂压胸人工呼吸法（如图3-9所示）

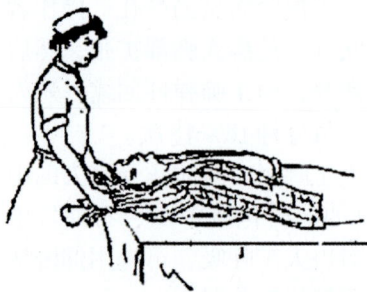

图3-9　仰卧举臂压胸人工呼吸法

病人仰卧，操作者骑跪在病人头部后方，双手握住病人腕部，尽力使病人双臂外伸、举起，然后触地，从而使病人胸廓扩大和肺部膨胀、形成吸气。然后依相反方向将病人两臂放回病人胸部，并加以压迫、形成呼气。

2. 心脏按压法（如图3-10所示）

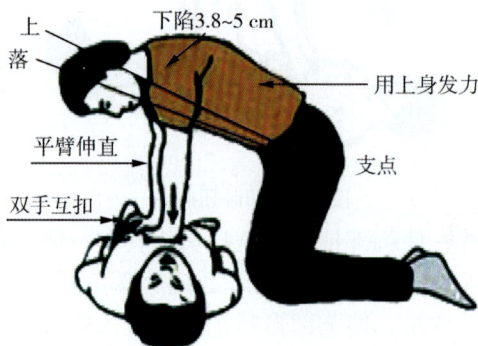

图3-10　心脏按压法

心脏按压法是发生心跳骤停时依靠外力挤压心脏来暂时维持心脏排送血液功能的方法。

进行心脏按压时，虽然可以产生一些人为的换气，但不足以使血液得到足够的氧，因此每当实施心脏按压时总是需要进行人工呼吸。

（1）心脏按压的准备和注意事项

①将伤员置于坚硬的平面上仰卧。如伤员躺在软床上，应在伤员的背部垫一块硬木板或其他类似的支撑物。

②保持伤员上呼吸道通畅，应将伤员颈部上抬，头后仰；首先用拳击打伤员的心前区1～2次，如心脏未复跳，立即进行心脏按压。

③注意按压的正确位置，不能把手放在剑突处（上腹的肋骨末端，如图所示）。按压剑突可能会撕裂肝脏而导致严重的内出血。

④按压时急救者的手指绝对不能放在病人的肋骨上，否则有可能压断病人的肋骨。

（2）心脏按压的正确操作方法

①用手触到胸骨的末端，然后往伤员头部方向距该处约4 cm的按压处（如图3-10所

示），取跪姿紧靠在伤员身旁，仅用一只手掌根部放在按压处的上面，然后把另外一只手掌放在第一只手的上面。

②身体前倾，使急救者的肩部基本垂直于病人胸部上方。

③手臂保持伸直并以基本垂直的角度下压使成年病人胸骨向下约4～5 cm。

④当有两名抢救人员时，心脏按压频率为每分钟60次。只有一名抢救人员时，每分钟80次。这个速度一般足以维持血液流动，也有足够的时间使心脏充满血液。按压应匀速，不间断，施压和放松要有节奏。在任何情况下，按压中断不得超过5 s。

（3）检查心脏按压术是否有效的方法

①检查瞳孔反应：接触光亮时瞳孔缩小表明大脑获得足够的氧和血液。如果瞳孔仍放大并对光亮没有反应，则可能不久会发生或已发生严重的脑损伤。

②检查脖颈脉搏：在实施心脏按压术和人工呼吸后的第一分钟（在此之后是每5 min）检查伤员的脖颈脉搏，如能感觉得到有脉搏，表明心脏按压有效果，或已恢复有效的自然心跳。

③表明心脏按压术有效的其他迹象：a.抢救人员每次向病人肺部吹气时胸腔都出现扩张；b.每次按压胸部时都能感觉到脉搏；c.肤色恢复；d.自然呼吸；e.恢复自然心跳。

④如果没有医生，应连续不断地进行人工呼吸和心脏按压，直至伤员心脏重新开始跳动、恢复呼吸，或者将伤员转交给医生或其他负责应急救护的健康人员继续进行抢救。

⑤如果病人深度昏迷，没有自然呼吸和瞳孔放大并凝止15～30 min，表明病人大脑死亡，再做恢复呼吸的进一步努力，通常也是无效的。

第二节 进入封闭场所的安全措施

一、封闭场所范围

油船的主要封闭舱室包括以下舱室但不局限于：货油舱、双层底、燃油舱、干隔空舱、压载舱、货油泵舱、货物压缩机室、锚链舱、箱形龙骨、保护层间处所、锅炉燃烧室及水腔、柴油机曲拐箱、污水柜等，如图3-1所示。

货油舱：由纵横水密舱壁分隔而成，货油舱口结构应能防止在开启或关闭舱口盖时产生火花，为减少因搁浅或碰撞事故造成污染事故，采用双层底和双层舷侧或中高甲板的结构形式。

燃油舱：用于装载机舱设备所使用的燃油。

压载舱：用于装载压载水。

锚链舱：用于存放锚链。

干隔空舱：为了防止烃气渗漏和防火防爆，货油舱与机舱（现代油船均以泵间隔离）、干货舱、起居舱室之间，以及载运闪点在65 ℃以下的石油产品与燃油的舱室之间，均需设置隔离空舱。

货油泵舱：货油泵舱应位于货油区域之内或附近，并应设有从开敞甲板上易于进出的通道，严禁与机舱直接相通，以防止易燃易爆气体进入机舱。

双层底：位于舱底板与船底之间。其主要作用有：船舶发生碰撞时保护货舱，防止造成污染；可兼作压载舱用；加强船体强度。以前内河船有单底船、单壳船等，现在全部要求双底双壳。

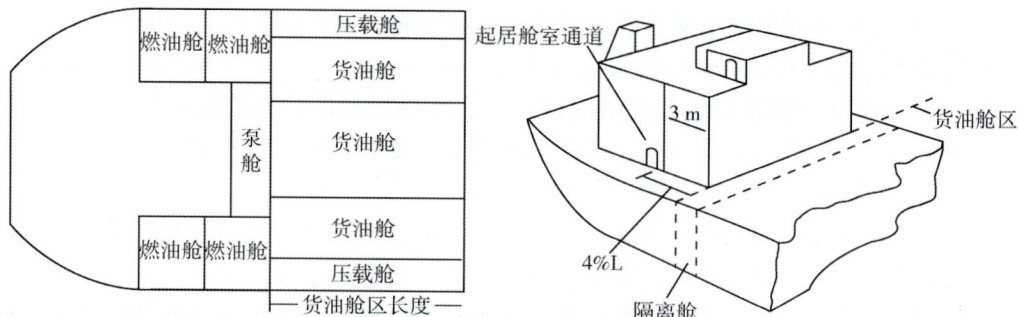

图 3-11　油船的主要封闭舱室

二、封闭舱室危险性

油船空舱或其他封闭场所在封闭一段时间后，舱室里的气体中含氧量存在潜在或明显缺氧，并有可能由于各种原因易燃易爆气体、惰性气体、毒性气体也进入封闭处所，这是造成船员进入封闭舱室具有危险性的主要根源。

船舶工作人员贸然进入封闭的舱室，常会面临窒息或中毒死亡风险，因此受到国内外的普遍重视。我国交通部早在1986年就发布文件，对此做了初步的规定。在国际上，《国际海上人命安全公约》（SOLAS）明确规定，对于实施国际安全管理规则的船舶，应将进入封闭舱室的安全防范作为特殊操作。

封闭舱室产生可燃或有毒气体的原因：

（1）舱柜涂层成片剥落；

（2）加热盘管破裂；

（3）管系或阀门开裂；

（4）货泵或阀门破损；

（5）货舱透气管破裂；

（6）舱内有货物残存，特别是舱壁上涂层有砂眼或缺陷时，残存在砂眼或缺陷中的货物也会产生气体。

三、进入封闭场所应采取安全防范措施

(一)必要条件

（1）做好进舱前的准备工作，准备工作应满足入场许可的签发条件；

（2）取得入舱许可证，由船长签发批准；

（3）建立应急预案；

（4）完成船舶安全卡和安全检查表；

（5）进行入舱作业风险评估；

（6）作业时严格遵守安全作业操作规则。

（二）充分条件

在船员入舱作业前，船上需要提供符合要求的设备和必要的准备：

（1）监测设备包括：测氧仪、测爆仪、测毒仪等。

（2）通风设备包括：电动风机、轴流风机（在船厂轴流风机使用较多）。

（3）通信设备包括：对讲机，另外在入舱工作时携带榔头、锤子和其他设备，在无线电盲区或对讲机损坏时可作为联系器材敲打联络。

（4）个人防护用品设备包括：安全帽、逃生呼吸器、救生索、隔绝式呼吸器（有一套隔绝式呼吸器必须放在该封闭处所的舱口的边上，供应急使用），如在舱内高空作业，应备有防坠绳或防坠网。

（5）应急救援用具设备包括：

①担架，放置在封闭舱室的舱口，因为在封闭舱室内进行作业是一项复杂和艰苦的工作，必须考虑到突发事件的发生，如油气中毒、滑倒跌伤、高空坠物压伤、摔伤等情况的出现。

②吊篮，有条件的话可以配备救生吊篮，是入舱人员发生意外时的救人用具。当入舱人员在舱内发生骨折等一些不宜拖拉的伤害的时候，可以用吊篮把人员固定好送出来，这样可以避免受伤人员的二次损伤。

③复苏器和呼吸器具。一旦入舱人员发生意外，可在最短的时间内得到救援。

（6）作业照明用具的要求：照明充足，设备防爆，使用24 V电压照明。

（7）询问入舱工作人员的身体状况是否适合入舱工作，如有必要更换入舱人员。

（8）要知道在什么样的情况下紧急撤离。

（9）只要条件允许，打开一切孔口，以供通风和光线。

（10）有安全进出设施和其他必要的设备，并保证所有设施的正常运行和劳动者能够正确使用。

四、进入封闭舱室发生危险时的处理措施

当进入封闭舱室的人员发生危险，无法自救时，按应急预案部署守护人员应当立即报警，并实施应急计划。包括加强通风，派人配备隔绝式呼吸器后进入相应的处所救人，其他救护人员在室外协助拖拽；医疗救护队做好医疗急救准备。必要时，拆除门窗和连接管道，甚至切割船体开孔救人。

核实船舶安全卡和安全检查表，对各项内容进行认定。

（一）船舶安全卡

进入油舱、货泵舱、双层底、燃料舱、压载舱、隔离舱等处所。

（1）安全措施：得到了船长或负责人的同意，并经安全检查表逐一检查后得到确认。

（2）船长或值班负责人采取如下措施以保证安全：

①彻底通风；

②气体检测合格，即氧气、可燃气体、毒气浓度符合安全要求；

③当紧急情况须进入该处所，怀疑其氧气、可燃气体或毒气浓度不符合安全要求时，进入人员应佩戴空气呼吸器。

（3）防护措施：

①穿好防护服、戴上安全帽、穿上防滑耐油鞋；

②熟知《船员安全作业规则》；

③紧急情况下进入封闭处所，应系带安全绳。

(二)安全检查表

进入之前，应由船长或值班负责人和进入人员检查下表所列部分。

第一部分：船长和值班驾驶员的检查

（1）是否彻底通风；

（2）是否进行气体探测；

（3）有人员在舱内期间是否持续通风；

（4）舱口是否有人守望；

（5）守望人员和入舱人员是否有联系的办法；

（6）照明是否足够；

（7）紧急进入时，照明灯具和其他设备是否是认可型号的。

第二部分：进入该处所的人员检查

（1）是否领取了入舱许可证；

（2）第一部分是否已经检查完毕；

（3）是否知道紧急情况时或通风机失灵时应立即撤离；

（4）是否知道与舱口守望人员的联系方式。

第三部分：值班负责人与进入人员共同检查

（1）是否熟悉所有器具；

（2）是否携带了应急逃生呼吸器；

（3）紧急进入危险处所是否戴上空气呼吸器；

（4）紧急进入危险处所使用的呼吸器是否经过常规检查和检验；

（5）联系方法是否实验；

（6）作业时感到不舒服，是否知道撤离。

进入舱内作业的人员应该在进入前把已检查完毕的表格交值班负责人查看，直到相应安全措施都准备妥当、获得许可才允许进入。入舱工作人员要严格遵守安全作业规则，熟知操作的先后次序、关键动作的要求和目的。在保证自身安全的情况下，保质保量地完成工作。

(三)应急预案

尽管我们在进入封闭舱室前期做了充分的准备工作，假如由于某些不可预控的原因，进入封闭空间的船员发生中毒伤害（这种情况较多），那我们该如何对陷入封闭空间的中毒人员进行急救呢？须按照应急预案实施：

（1）把被困者救出封闭舱室，并移至空气新鲜的处所；

（2）再次强调下舱救援者必须使用呼吸器和救生索，不是指定的救援人员，不能下舱；

（3）尽可能地通风，有条件的另带呼吸器下舱给中毒者使用；

（4）把中毒者移出舱外时宜用救生索和吊篮，不宜抱、背、用担架抬；

（5）外面拖拉救生索的人员应有多人协助；

（6）当伤者被救出舱外后，观察伤者的呼吸状况，采取相应的措施。

伤者不能呼吸时采取的措施：

（1）进行人工呼吸，采用口对口或口对鼻人工呼吸法；

（2）如果是有毒物质导致的中毒，采用仰卧法人工呼吸。

伤者有呼吸时采取的措施：

（1）立即给伤者戴上独立式或空气管式呼吸器，帮助伤者呼吸；

（2）创造空气清新环境，也可用风扇吹风。

第三节 ● 进行维修保养工作的安全防范措施

一、船舶进厂修理作业要求

油船应当按照中华人民共和国船舶检验局制定的《船舶清除可燃气体检验规则》的要求清除舱内油气，由船舶检验部门或其认可的机构检验，确认符合消防安全要求并出具检验合格证书。

（一）洗舱除气

全船货油舱（包括管系阀门）、燃油舱进行有效的清洗，保持通风，使舱内混合气体中的可燃气成分始终处于十分安全的范围内。货泵舱及隔离空舱，以及含油污水舱，舱底油脚均已除净，并保持通风。

除气是用新鲜空气取代舱内的烃气或惰气等有毒或缺氧气体的作业。

1. 除气的目的和标准

（1）为洗舱除气：当采用过贫舱气状态下洗舱时，要进行通风除气，使舱内可燃气浓度下降到可燃下限的10%以下，以确保洗舱的安全。

（2）为进厂或入舱修理除气：当要进坞修理或临时要进舱修理之前，通过除气使舱内氧气浓度达到18%以上；可燃气下降到可燃下限的1%以下；有毒气体浓度下降到阈限值以下。

（3）为改装货种除气：这种情况有必要时还要洗舱，然后再进行除气，并使可燃气浓度下降到爆炸下限的4%以下。

（4）为商检验舱除气：除气的标准自然要达到入舱的条件，同上述（2）。

2. 除气的方法

根据船舶设备的不同，除气的方法也有所不同。内河船上常用的除气方法有：固定式风机除气、移动式风机除气和自然通风或压水法除气。

（1）固定式风机除气

近年有些油化两用船，将固定式的风机装在船首，而将固定的风管布置在甲板上，各舱支管自通风总管引至各舱顶部。这种装置除气操作最为方便。

（2）移动式风机除气

内河油船常用的移动式风机有水压驱动式、压缩空气驱动式。水压驱动式风机对油舱进行除气操作时，可以使用两种方式。一种是向油舱内鼓入空气，使舱内气体不断稀释，排出舱外；另一种是抽吸舱内气体，让空气进入油舱进行置换。两种方式的共同点是吹入或抽出管均应通入油舱底部，否则达不到除气效果。

（3）用自然通风或压水法除气

这是最为简单的两种除气方法。采用自然通风除气时，必须打开待要除气的那个油舱的所有舱盖，考虑到自然通风的除气方法效果较差，因此必须保证有充裕的时间。用压水法除气时，则需要注意船舶的吃水和平衡。

3. 除气的准备和注意事项

（1）按风险评估要求进行除气风险评估。

（2）要做好除气计划。根据除气的目的和本船除气设备的情况，确定好除气的方式、除气的时间，以及除气要达到的标准。

（3）做好除气设备的准备工作。不同的除气方式，所需要准备的设备也有所不同。

（4）不管用何种方式除气，相同的准备工作及注意事项有：

①挂出除气通知牌，告知全体船员除气开始，关闭门窗。

②将空调系统改为内循环，防止有毒气体进入生活区。

③除气的地点必须在港方指定的地点进行，并避开航行和停泊船舶多的水域，严禁其他船舶旁靠。

④除气的设备如风机等必须与船体之间有良好的接地。

⑤控制好排气口（或洗舱孔）的数目，以使气体排出时有足够的速度，尽快飘离甲板区域。

⑥在检测舱内烃气或氧气浓度时，必须在风机停止后，让舱内气体静置 10 min 以上方可进行测定。测定时还要注意在不同的高度和位置进行。若测定的结果不合格，则必须再次进行通风。

⑦备好灭火的器材。

(二)气体检测

在进厂之前，经过洗舱除气，然后要进行气体检测工作。

1. 测量氧气含量

要使用手提式测氧仪检测舱内的含氧量。一般要求在21%，事实上只要不低于18%即可。

2. 烃气检测

经过通风除气后，使用测爆仪检测舱内的烃气浓度。由两个人持两台测爆仪同时进行测试。每个舱的测试点在平面方向上选择不得少于两处，每处应测试上、中、下三个位置。特别要细致测量那些通风不良的死角、油管吸口、洗舱"盲区"和船体复杂构件处。在各测试点的读数中选最大者作为该舱的测试值。安全标准为可燃气体爆炸下限值的1%以下。

气体检测可在舱口检测。检测人员不进入油舱，也能在舱口测量；如进入油舱测试，舱口要有专人监护。测试人员必须佩戴呼吸器，并备妥必要的照明设备、救生索等安全用具。检测人员在检测后要进行外观检查：即进入舱内检查舱壁、舱底、构件、管路、阀件等，这些部位应无油泥和含有舱垢或其他可能产生可燃气体的油渍物质。

3. 毒气检测

若舱内所装货物为含苯等有毒成份的石油制品，还应使用化学试纸或检气管检测舱内的有毒气体浓度，确保其不超过规定的中毒临界值。当装载货物为酸性原油或某些含有硫化氢的成品油时，还应检测硫化氢的含量，其含量都不超 5 ppm。

4. 使用气体检测器具的注意事项

（1）在使用时，严格按照说明书要求的程序进行操作。

（2）检测时，测爆仪应使用能够测量爆炸下限值以下可燃性气体浓度的仪器，如催化灯丝型可燃性气体检测仪。

（3）检测时，停止舱内通风，使舱内气体处于最平静的状态，并在风机停止 15 min 左右的时间才可测量。

（4）舱内严禁拆装仪器和更换电池，以防发生意外。

（5）气体检测时，应假定舱内为危险状态，严禁抽烟等，杜绝一切火源。

二、维修保养工作的安全防范措施

1. 机械动力工具

必须注意的是，虽然机械动力工具在正常情况下，不被航海业认为是属于热工作业的定义，但这些活动很有可能会产生火花，因此应在作业程序许可控制下，或者在船舶安全控制系统下加以实施。

应遵循下列预防措施：

①作业地点应没有油气释放或不积存可燃气体为前提，并应没有可燃性物质；

②作业地点应除气，用可燃气体指示仪测得的读数应不超过 1% LFL；

③船舶沿终端站停靠时，不应使用机械工具，除非获得终端站代表的明文许可；

④船舶不得进行货油、加燃料、压载、洗舱、除气、驱气或充惰作业；

⑤必须布置足够的消防设备，并备妥立即可用。

2. 手动工具

对于钢制品维修保养工作，使用敲锈锤和铲刀、刮刀这样的手动工具是许可的，也无须热工作业许可证，但这种工具的使用必须限制于不与货油系统连接的甲板范围和设备。

作业地点必须处于除气状态并清除了可燃性物质。船舶必须未在进行任何货油、燃需、压载、洗舱、除气、驱气或充惰作业。

非铁质的所谓"无火花"的工具，只不过引起火花大致略少些而已，而且这种工具比较软，使用效能不如同等的铁质工具，在其工作面或边缘很可能嵌入混凝土、沙、石之类物质的微粒，当与铁器或其他硬金属撞击时也能引起火花。因此并不提倡使用非铁质工具。

3. 维修和保养前的注意事项

在维修和保养货舱、管线、泵、阀、加热管及与货物和压载系统相关的设备前，应遵守以下事项：

①维修保养的区域和设备没有货物并清洗干净。

②保证足够的通风。

③切断设备的电源。

④所有的管线、阀已密封、绑扎并与关联的部分隔离。

⑤维修人员有足够的保护设备。

⑥使用合适的工具/设备。

⑦热工作业应依照程序要求。

⑧进入封闭区域应依照封闭场所要求。

三、外来修理人员的管理工作

油船停泊在泊位，需要外来人员进行修理时，船上的负责人员必须事先向码头代表通报，双方应根据具体的作业性质就应该采取的安全措施达成协议，应获取工作许可，并需要详细注明应遵守的各项安全标准和应完成的具体工作项目，许可证的有效期不超过12 h。

油船修理工作由外来人员承担时，外来承包者除应向港口主管机关申请许可外，另外还应获得码头主管人员的准许，以考虑油船在港修理时影响到码头安全的有关事宜，明确安全职责和义务。应确认外来修船人员必须熟悉并严格遵守的有关操作规程，并指派专人对外来修船人员的作业进行安全和质量方面的监督。

第四节 ● 热工作业和冷工作业的安全操作

一、热工作业

(一)热工作业概要

（1）热工作业：它所产生的火花或温度能够点燃可燃性气体，包括：电气焊、气割，热工铆接，钻、磨，用喷灯烧、烤，铜焊、锡焊，以及使用内燃机和非本质安全型的不被认可的设备等，如图3-12所示。

（2）港内热工作业：如果需要，在港内进行热工作业前必须获得港口当局的许可；在货物作业、压载作业、洗舱、除气、驱气、惰化期间及加装燃油期间，禁止进行热工作业。

（3）热工作业的分类。

图3-12 热工作业

A类热工作业系指在机舱内的如下作业：工作间的热工作业；轮机长指定的场所进行的热工作业；在其他处所，使用手电钻、电砂轮、电刷子等产生热源和火花，但不与燃油舱或燃油管线相关的作业。

B类热工作业：在生活区后部的开敞甲板上，船舶动态和作业许可的状况下所进行的热工作业。

C类热工作业：除了A类和B类场所以外的热工作业，包括在机舱内与燃油舱或燃油管线相关的作业。

(二)热加工作业前的准备工作和注意事项

（1）需进行热工作业的场所、舱室和油舱，必须经过了充分的洗舱、除气和通风。

（2）气体检测结果将在下列限制以内：烃气最大1% LEL、氧气体积比最小不低于 20.8%。

（3）使用船上便携式检测器对作业现场附近的气体进行不间断的监测。

（4）清理干净工作区域的易燃物（至少保证 10 m 以内），而且舱室内的锈垢、油渣被彻底清除。如在货舱内，其加热盘管、货油管路和扫舱管路等已用蒸汽或其他有效方法进行了冲洗，有关的阀门应确认关闭。

（5）需要考虑到断开工作区域的探火系统并通知驾驶台值班驾驶员和集控室。

（6）至少在现场准备两个手提化学干粉或二氧化碳灭火器（封闭场所不得使用）。

（7）开启消防泵，并保持消防管系压力，在工作场所接好两根皮龙管。

（8）在作业区域附近保持有专人值守。

（9）确信有足够的通风设备可将烟气抽走，并保持连续通风。

（10）封闭舱室的热工作业必须保证相邻和对角舱室达到烃气和氧气含量的热工作业要求，包括其邻舱，如燃油舱和货油舱等。

（11）在电焊、烤烧、切割之前，涂料应尽可能铲除以减小发烟。

(三)热工作业的风险评估和许可证签发

对该项热工作业进行风险评估并制定相应的预防措施。

如果是在港区进行热工作业，必须了解和遵守当地的规章，一般情况，应经主管机关批准，尤其应获得"除气证书"后才能按照规定的程序进行热工作业。

货油泵间由于其位置的功能，设计和操作形成了其特殊的危险，所以进行特殊的预防是完全必要的。泵间含有大量的通往船舶各处的货油管系，这个系统的任何渗漏都可能引起可燃气体或有毒气体迅速发生。除非严格遵守正规的维修保养、检查、监视程序，否则货油泵间也存有大量的潜在发火源。根据以上原因，在泵间进行的计划热工作业，无论是在装载或压载状态下，不予批准明火作业。

（1）A类热工作业不需要热工作业许可证，但必须要在工作前征得轮机长和船长的同意，热工作业要按热工作业程序进行。在锚泊期间如需进行焊接作业，必须遵守港方有关规定或征得港口当局同意方可进行。

（2）B类热工作业须在船舶动态和作业许可的状况下，经轮机长和船长认可后签发，热工作业要按热工作业程序进行，热工作业许可证有效期不可超过 6 h；在港内装货、卸货、压载作业、洗舱、除气、驱气、惰化期间及加装燃油期间禁止热工作业。

（3）C类热工作业船上没有批准热工作业许可证的权力。在最特殊的情况下，当在本质上认为作业是为了船舶安全或者在船舶的紧迫的操作能力不能够等到下次计划的厂修时，对有计划的C类热工作业，船长须向安技部总经理报告即将进行的详细情况，安技部经理直接签署或授权船技部经理及其代表签发热工作业C类许可证，许可证将以书面的方式发给船上，船舶在获得热工作业C类许可证后才能进行作业。热工作业许可证有效期应不可超过 6 h。

二、冷工作业

(一)冷工作业定义

冷工作业是指它所产生的火花不可能点燃可燃气体。该项作业通常包括：锤打、刮铲、敲锈，使用气动工具和其他认可工具；拆装冷工铆接、拆装，掏舱（包括清除舱内残渣、锈垢和沉积物等），如图3-13所示。

图3-13　冷工作业

在所有的船只冷工作业许可证，应该用于但不仅限于下面冷工的工作：A：开放的燃料油/柴油/滑油管道，阀门和法兰的机房；B：开放的任何管道，阀门、法兰在有害和危险地区，如货泵间、货油舱。

不应在任何仪器或电缆线上实施冷工作业，也不应打开任何防火或防爆罩壳，不应破坏与标准仪器相关的特殊安全特性，直至切断相关仪器或电缆线的全部电源。在冷工作业完成且上述安全措施完全复原前不得恢复电源供电任何此类作业，包括更换灯具都只能由经授权认可的人员实施。

(二)冷工作业条件

作业条件：气体检测合格，即测氧、测爆、测毒合格。其中可燃性气体浓度低于爆炸下限的5%。

(三)冷工作业的准备工作和注意事项

（1）进行该项工作前应做好风险评估，并针对不同的内容做好准备工作。

（2）作业防护要求：敲锈要佩戴护目镜和手套，防止飞溅起的油漆块或锈渣进入眼部。

（3）清舱：如果是进行清舱、淘舱等作业，该项工作即是有关封闭场所内的工作，应按照其有关规定进行。大副应做好组织工作，如先洗舱、测氧、测爆、测毒，通信联络商定，即舱内要有人携带并管理使用对讲机，甲板上要有专人照料。舱内应有足够的光源，事先应备足空桶，用于装载油渣等。若船上备有空气吊，最好使用。甲板上应备足垃圾袋来装载吊上来的油渣等物质，使用的工具应放在帆布袋内吊放入舱。在作业人员出来时，在出口附近要备妥吸油毡或棉纱等。工作期间，保持连续通风。

舱内作业人员如感到不适，比如有头痛、头晕或恶心等异常反应及其他情况时，必须采取安全措施，比如停止其工作并撤离，必要时将其抬出油舱，在甲板上进行必要的抢救。

一般认为，冷加工作业属于一般高温工作，仅能产生较少的火花。但是在货舱内进行上述作业时，烃气浓度同样不应超过LEL的1%。

第五节 ● 油船用电安全

由于某些液货本身或与其他液货（物质）反应后易燃，或对电气设备有腐蚀作用，所以油船电气设备在设计和管理上必须考虑：电气设备跳火或短路，从而引起液货蒸汽燃烧或爆炸；腐蚀性液货及其蒸气对电气设备的腐蚀、破坏，也会导致电气设备跳火、短路，从而引起易燃易爆蒸汽起火或爆炸。

一、对电气设备的规定和要求

电气设备应尽量减少易燃货物发生火灾和爆炸的危险。当某种货物有可能对电气设备中采用的（零部件）材料造成破坏时，则应对所选用的导体、绝缘体、金属部件等的材料特性予以适当考虑，且这些部件应加以保护，以防与易燃的气体或蒸汽相接触。电气设备和电缆不得安装在液货舱和货物管系的危险区域。

对闪点超过 60 ℃的特殊货物或明确规定范围的货物，可以允许采用浸没的货泵电动机及其电缆。应在易燃气体与空气混合状态及在低液位状态时，设置切断电动机和电缆通电的装置。当电气设备会产生电弧或火花和热点，当货物可能被加热到其闪点以下时，货泵舱、液货舱开口 3 m 之内，及货泵舱入口或通风口 3 m 之内，均应列为危险区域（部位）。在这类部位中，装设的电气设备应为安全型的设备。当货物加热到高于闪点时，此要求也适用。

对于闪点不超过 60 ℃的货物，除安全型的系统和回路之外，在下述危险区域(部位)允许采用的电气设备如下：

（1）液货舱及液货管系不允许设置额外的电气设备；

（2）邻接整体液货舱或者其上方或下方的留空处所的过路电缆，应设置在气密接头厚钢管内；

（3）电测深仪、计程仪和外加阴极保护的阳极或电极，应设置在气密围蔽处所内，装在独立液货舱处无附加保护的过路电缆，充气型或防爆型照明装置，所有开关和保护装置应布置在非危险区域（部位）；

（4）应由气密舱壁或甲板把驱动货泵及任何有关辅助泵的电机和货泵舱及泵舱处所分隔开来。

独立液货舱应与船体外板进行接地连接。须用两根线以上，接地线的截面积须在22 mm以上。所有装有垫圈的货管接头和软管接头，都应进行接地连接。

二、对仪器仪表的要求

油船用的仪器仪表必须是防爆型的。防爆型的仪器仪表有以下几种：

（1）本质安全防爆型仪器：指在正常运转中出现故障时，从电路上产生的电火花和热能数很小，不会导致点燃可燃性气体的仪表。

（2）耐压防爆型仪器：指在仪器内部即使发生可燃气体爆炸，不仅能承受其压力，且不能引燃外部气体的全密封式仪器。

（3）内压防爆型仪器：指在机壳内部注入了清净空气，可以防止可燃性气体浸入内部结构的仪器。

（4）提高安全度的防爆型仪器：指在不允许产生火花和过热的部分，为防止这类现象，在结构上或在温度上升上特别采取了提高安全度结构的仪器。

三、便携式电气设备的安全要求

1. 便携式灯具

概述：包括灯具在内的所有便携式电气设备必须经主管当局认可并必须在付诸使用之前仔细检查可能存在的缺陷。尤其应注意保证绝缘完好和电缆连接牢固，并在设备整个使用期间保持这种状态。还须特别注意防止软质电缆（游动使用的导线）遭受机械性的损伤。

连接软质电缆（游动使用的导线）的灯具和电气设备。

在危险区域使用的便携式灯具和电气设备必须是经过认可的类型。应特别注意避免软质电缆或游动使用的导线遭受任何机械性的损伤。

必须禁止在货油舱内和相邻的处所或油舱甲板上使用连接游动导线的便携式电气设备，除非该设备在使用的整个期间符合以下要求：

（1）准备使用这种设备与导线的舱室内部或舱室上方符合热工作业的安全条件；

（2）各相邻舱室也都符合热工作业安全条件，或者业已经驱气使烃含量体积比少于2%并已惰化，或者完全充满了压载水，或者这些条件的任何组合；

（3）通往不符合热工作业安全条件或未按前述要求驱气的其他各舱室，所有的各种油舱开口均已关闭和保持关闭；或者

（4）这种设备，包括全部游动导线，是本质安全型的；

（5）这种设备被装在认可的防爆外罩内部，任何软质电缆应为认可类型、格外坚固耐用、具有接地导体，并以认可的方式与防爆外罩永久性地连接。

另有某些型号的设备，只被认可在货舱甲板上使用。

上述要求不适合于与信号灯、航行灯或认可类型的电话机连用的软质电缆的正当使用。

2. 气动灯具

虽然认可类型的气动灯具可以使用于危险区域，但为了避免在其器具上储集静电，应遵照下列预防事项：

（1）供气系统应装有存水弯管；

（2）供气软管应用低电阻材料制成；

（3）固定安装的部件应接地。

3. 手电筒、灯具和电池电源的便携式设备

油船上必须只能使用业经主管当局认可的适用于易燃环境中的手电筒。

超高频/甚高频（UHF/VHF）便携式无线电对讲机必须是本质安全型的。

手表、微型助听器和心脏起搏器之类的小型电池电源不认为是有效火源。

除非被认可适合在易燃环境中使用，否则，便携式收音机、磁带收录机、电子计算

器、使用电池的照相机、拍照的闪光灯部件、手提电话和无线电寻呼机，均不得在货舱甲板上或可能存在可燃气体的地方使用。

三用量油尺（如UTI）为电池驱动的电子装置，应经验证适用于易燃大气环境。

4. 防爆照相机

船舶和终端站在不同的情况下，会遇到各种不同类型的照相机，例如影片摄制组或私人照相或属于游客或工作人员个人的录像设备。可用的照相设备范围广泛，在决定使用某种特定照相机是否安全时，应参考以下一般指导说明。该指导说明仅涉及起火危险，并未考虑在某些港口强制限制照相机的使用问题。使用电池的照相机设备可通过闪点或电动部件，例如光圈控制器和胶卷绕卷机械装置的操作产生引火火花。因此，这种设备不应在危险区域使用，除非其业经验证适用于危险区域。

这样的照相设备可供使用：没有闪光灯，或没有使用电池或电源驱动的部件的照相设备，例如无闪光灯的塑料一次性照相设备类型，这类照相机可认为能安全适用于危险区域；一次性照相机可使用内置闪光灯，但必须注意保证不在危险区域使用这类照相机；另外，也可使用由发条机械装置驱动的照相机，或者带有用于设置光圈和绕卷胶卷的直接机械装置的照相机，这类照相机也被认为适用于危险区域。

5. 其他便携式电器设备

未经认可类型的任何其他电气设备或电子设备，无论是电源驱动还是电池驱动，在危险区域范围内，均不得被启动、打开或使用。这包括但不仅限于无线电设备、计算器、照相设备、手提电脑、掌上电脑以及由电力驱动，而未经认可适用于危险区域的任何其他便携式设备。

鉴于这类设备的现实可用性及其广为使用，应采取适当措施防止其在危险区域的使用。必须告诫工作人员严禁使用未经认可的设备，且在终端站应设立告知游客使用便携式设备具有潜在危险的制度。终端站还应保留在港口区域入口或终端站内其他相应范围内，要求存放任何未经认可的设备部件的权力。

四、安全用电常识

(一)触电原因

由于缺乏安全用电常识或对电气设备的使用管理不当，触电事故时有发生。在客观上电气设备的绝缘损坏使不带电的物体带电，是发生触电的最大隐患；而环境条件对造成触电有着重要影响。人体任何两点直接触及（或通过导电介质连通）不同电位的带电体都可能发生触电事故。钢质船舶整个建筑是一个良导体，且空间狭窄，设备密布，人体经常碰触到电气设备的金属壳体或构架。加之高温、潮湿等恶劣环境条件，容易造成绝缘损坏，或安全接地因腐蚀或锈蚀而失去保护作用等。因此，船舶属于触电危险场所。

(二)人体触电电流及安全电压

触电对人体伤害的程度与通过人体电流的大小、种类、路径和持续时间有关，电流的大小决定于人体两点的接触电压和人体电阻。人体电阻由（体内电阻）和（皮肤）组成，体内电阻基本稳定，约为500 Ω。接触电压为220 V时，人体电阻的平均值为1 900 Ω；接触电压为380 V时，人体电阻降为1 200 Ω。因此人体电阻不是固定的常数，而且实际触电时的人体电阻和电流还与人体的触电部位、接触面积和接触紧密程度等有关。

危险的触电电流通过人体，首先是使肌肉突然收缩，使触电者无法摆脱带电体，以致麻痹中枢神经，导致呼吸或心脏跳动停止。能使人感觉到的最小电流值称为感知电流，交流为1 mA，直流为5 mA；人触电后能自己摆脱的最大电流称为摆脱电流，交流为10 mA，直流为50 mA；在较短的时间内危及生命的电流称为致命电流，如100 mA的电流通过人体1 s，足以使人致命，因此致命电流为50 mA。在有防止触电保护装置的情况下，人体允许通过的电流一般可按30 mA考虑。

所谓安全电压是指对人体不产生严重威胁的接触电压。根据触电时人体和环境状态的不同其安全电压的界限值不同。国际上通用的可允许接触的安全电压分为三种情况：

（1）人体大部分浸于水中的状态：其安全电压小于2.5 V；

（2）人体显著淋湿或人体一部分经常接触到电气设备的金属外壳或构造物的状态：其安全电压小于25 V；

（3）除以上两种以外的情况，对人体加有接触电压后，危险性高的接触状态：其安全电压小于50 V。

我国则是根据发生触电危险的环境条件将安全电压分为三种类别，其界限值分别为：

（1）特别危险（潮湿、有腐蚀性蒸气或游离物等）的建筑物中，为12；

（2）高度危险（潮湿、有导电粉末、炎热高温、金属品较多）的建筑物中，为36；

（3）没有高度危险（干燥、无导电粉末、非导电地板、金属品不多等）的建筑物，为65。

可见"安全"电压是相对的，在某种状态或环境下是安全的，当状态或环境发生变化时就可能是危险的。特别是触电作用时间是触电安全的重要因素，即使是可摆脱的电流，若未能摆脱，也会由于电流的热效应、化学效应等，使人体发汗，电阻下降，以及发生一系列的病理变化，仍会造成伤亡事故。

(三)触电急救注意事项

就近拉断电源开关，否则应该用干燥不导电的衣物器具使触电者迅速脱离电源，人体各部分都不可直接触及触电者，避免连带触电。并注意防止触电者脱离电源时的碰伤或摔伤。

将触电者置于通风温暖的处所，对呼吸微弱或已停止呼吸但心脏有跳动的要实施人工呼吸抢救，呼吸和心脏都已停止的要实施人工呼吸和人工心脏挤压抢救。

五、触电安全防护措施

(一)预防触电措施

（1）经常检查、维护电气设备的绝缘和壳体的安全接地，以消除触电隐患。

（2）禁止带电检修设备，特殊情况下须使用绝缘合格的工具和护具进行带电操作。

（3）必须按照操作规程及正确的操作方法对电气设备进行操作。

（4）非安全电压便携式电气设备及其电缆、插头等的绝缘容易损坏，安全接地芯线容易折断而不易觉察，使用前必须仔细检查。

（5）若电气设备发生火灾，不能直接用消防水龙灭火，以避免触电。对电气设备最好用惰性气体（二氧化碳）灭火器灭火，既避免触电或产生有毒气体，又对电气设备无有害的腐蚀作用。

(二)保护措施

（1）保护接地：将电气设备在正常情况下不带电的金属壳罩或构架等，与地做良好可靠的金属连接，一旦发生这些部件带电时，使站在地上的人体的接触电压和人体电流近于零。

（2）工作接地及保护接零：电力系统的中性点接地就是工作接地。在低压电力系统为防触电，电气设备的罩壳等与系统的零线连接，即为保护接零。当电气设备某相绝缘损坏碰壳时，通过零线构成单相短路。因这种单相短路电流较大，可使电气设备的继电保护开关或熔断器断开，从而既避免了人身触电，又迅速切除了故障设备，保证了其他电气设备的正常运行。即使在保护电器断开之前触及外壳，也由于人体电阻远大于回路电阻而使人体电流极小而避免了人身触电。

(三)油船上工作操作及安全要求

燃烧和爆炸须同时具备三个基本条件：①有可燃性气体；②有空气或氧气；③有火源或危险温度。据此可采取相应的措施，使这三个条件不同时存在，则危险区将不发生危险。但是任何粗心大意、管理不善、措施不当、违反操作规程等，都可能造成燃烧或爆炸的条件。燃烧和爆炸是同一化学反应，当空气中所含可燃气体达到一定的浓度比例时，由于氧化反应的传播速度极快，则燃烧将变成爆炸。爆炸和燃烧都产生大量的光和热，但爆炸还伴随由于气体急剧膨胀而发出的巨大声响。

其他危险区域或处所混合气体的浓度虽然难以人为控制，但是火源和危险温度是可以加以管制、限制和控制的。严格管制和限制任何人为的明火或金属碰擦等发出的火花；严格防护或限制电气设备产生的或可能产生的火花和高温。电气系统中的各种触点，包括正常开闭的触点，也包括故障触点，如绝缘的短路点、线路破断点和松脱的连接点等，都能产生或可能产生火花。电气设备中有正常高温元件，如电灯等；也有非正常高温，如接触不良的大电流连接点等。因此，原则上在危险区域不准安装电气设备。在危险区必须使用的电气设备应是合格的防爆型结构，或者采用安全火花型或称本质安全型的电路或设备。

本质安全型电路或设备在正常或故障情况下，所产生的火花能量不足以点燃可燃性气体。点燃可燃性气体需要一定的火花能量和足够的瞬时火花功率。在一定的能量下，空间集中、时间集中的尖端火花放电，其瞬时功率最大，最易点燃。本质安全电路或设备都是用来进行测量、监视、控制、通信信号等的弱电电路，没有高压和大电流，电路与其电源间有短路隔离保护等措施、多为无触点的半导体器件，因此不会发生大的火花能量和火花功率。例如监视和检测货油舱的油温、油位、惰性气体含氧浓度等的电路或设备均为本质安全型。

不论是固体、液体或气体，任何两种不同物质的摩擦、紧密接触–分离、受压、受热或感应都能产生正负电荷分离的静电现象。液体的流动、过滤、搅拌、喷雾、飞溅、冲刷、灌注、剧烈晃动等过程，都可能产生十分危险的静电。为避免货油舱内静电火花引起爆炸，除前述的充入惰性气体外，在技术上对货油注入的流速、洗舱水压力和流速等都有严格的限制和规定，以减少静电的产生。货油管路应连续间隔地可靠接地，法兰连接的管段之间也要用金属导线可靠地连接，以便及时泄放静电，因为静电积累电压过高会在突出部位产生火花放电。

人体和衣着也会产生危险的静电。穿脱毛料与合成纤维衣物时，由于摩擦和接触–分离所产生的静电电压可高达数千伏至数万伏，足以引燃周围的爆炸性气体。人体是静电的良导体，人体处于带电的静电空间时因感应而成为一个独立的带电等位体，人体与地或与周围物体之间达到一定的电位差时就会产生放电。因此在静电危险场所的工作人员应穿导电性良好的服装和鞋袜。在货油舱甲板上禁止穿脱衣物。由生活居住区进入货油舱区前，手应触摸专设的用来消除静电的金属板，以防止人体带静电进入危险区。

船上工作人员只有了解上述各种威胁船舶安全的可能因素，才能有针对性地对船舶电气设备及系统进行检查、检测和维护，遵守操作规程和安全要求，防患于未然。

第六节 ● 检测仪表

一、气体检测仪表

(一)测氧仪

测氧仪如图 3-14 所示，是用来测量封闭空间所含氧气百分比浓度的仪器。新鲜空气中氧气的含量按体积算占 21% 左右。如果氧气浓度低于 18%，人就会逐渐感觉到不适。为了安全起见，只要进入封闭的场所，就必须要在进入之前进行测氧。

测氧仪按使用方式可分为固定式和便携式；按原理分有磁感式、电化学式、光学型、氧化锆型等。尽管测氧仪型号很多，其原理和操作方法也不尽相同，但具体的操作也有很多共同之处。现以电化学式为例介绍如下：

图 3-14　测氧仪

1. **测氧仪使用方法**
（1）检查外观是否完好，传感器是否在有效期内。
（2）打开电源开关，检查电压是否正常。
（3）在新鲜空气中用调节旋钮检查报警值（18%），并将读数调整到 21%。
（4）吹口气试验测氧仪的灵敏度（人呼出的气体含氧量为 16~18%）。
（5）选测量点。一般每个舱至少要选两个以上的点，每个点要测上中下三处，还要注意死角。
（6）将传感器伸入被测处，读数稳定以后，响应时间小于 30 s（单一式一般为 10 ~ 15 s），记下读数，拔出传感器。

2. **使用注意事项**
（1）每次测完均应在新鲜空气中使表盘读数恢复到 21% 后，方可测下一点。
（2）传感器不能吸入液体。
（3）如舱内刚通过风，必须等风机停机后静置 10 min 以上方可测量。
（4）一般不做零点调节。必要时只能采用氮气来做零点调整。

(二)测爆仪

可燃气体检测仪是用来检测舱内混合气体中烃气百分比浓度的一种仪表。其根据工作原理可分为红外光学式、电化学式、催化燃烧式等。通常在油船上使用较多的是催化燃烧式的测爆仪。

(三)催化燃烧式测爆仪

催化燃烧式测爆仪是专门用来测定空气中烃气浓度是否低于可燃下限的一种仪表。这种可燃气体检测仪是利用惠斯顿电桥的原理进行工作的，如图3-15所示。

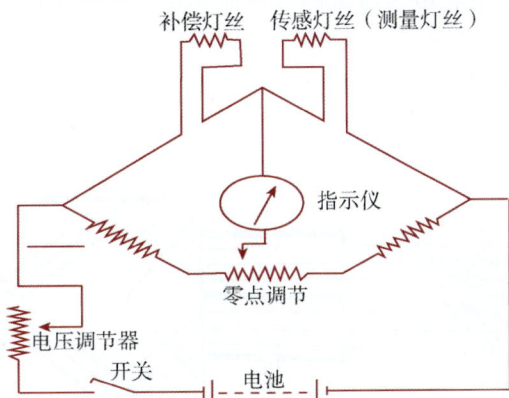

图3-15　催化燃烧测爆仪工作原理图

这种仪器的测量范围是可燃下限以下的可燃气浓度。表盘中的刻度是爆炸下限的0～100%。例如，实测时表盘指针读数是30%，舱内的可燃气真实要看被测气体是哪种货物，这种货物蒸气的爆炸下限是多少。如果是苯，爆炸下限为1.2%，那么此时该可燃气的真实浓度为：

30%×1.2% = 0.0036（3.6‰，千分之三点六）

该仪器一般同时具有声光报警功能，而且报警值的大小可自行设定，一般设在爆炸下限的25%。

1. 使用方法：

①检查仪表外观及采气管路是否完整、漏气。

②打开开关，检查电池电压。电压不够会发出报警，应充电或更换电池。

③除气：在新鲜空气中开机进行吸气和排气，使传感灯丝处在原状态。

④使用调零旋钮试验一下报警器，并将指针调到零点。

⑤选点：确定被测场所测量位置，一般舱室至少要选两个以上的点，每个点要测上中下三个位置。

⑥检测：将采气管伸入被测处，当指针在表盘上的移动稳定后，便可记下读数，响应时间小于30 s（单一式一般为10～15s）。

2. 注意事项：

①当被测场所的氧含量低于18%时，不能使用该表测量。

②每次测量前都应先除气，使指针回零后方可再测下一点。

③当被测场所刚刚通风时，要在停止风机后最少静置10 min后方可测量。

④采气管不能吸入液体。

⑤这种仪器在使用一段时间后应用标准的样气（如LEL50%、LEL12%、LEL8%的可

燃气）进行校验。

⑥当被测气体浓度过高超出爆炸下限时，指针在摆向满刻度后会立即返回零位。这时应注意，此时的气体浓度并非是零，而是在爆炸下限之上。

3. 非催化炽热灯丝型及折射率式测爆仪

非催化炽热灯丝型测爆仪是用来测定烃气浓度在1%以上的烃气含量的一种仪器。这种仪表的操作与催化灯丝型测爆仪差不多，不同的是当烃气浓度很高时，也不会影响这种仪表的使用。

折射率式测爆仪是利用光束通过不同介质所产生的折射不同、气体浓度不同所产生的光折射不同的原理制成的，如图3-16所示。

非催化炽热灯丝型和折射率式测爆仪在内河油船上目前使用得不是很多。

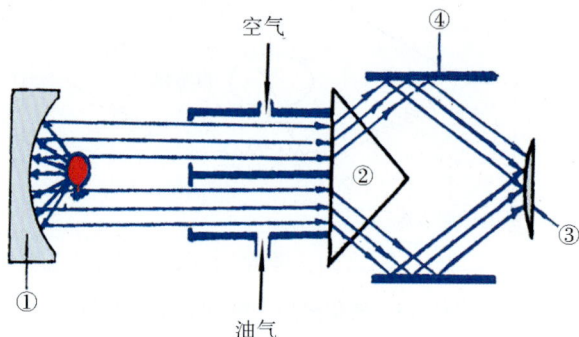

图3-16 折射率式测爆仪原理图

(四)测毒仪

测毒仪的型式有很多，有便携式简易测毒仪（测毒管），如图3-17所示；有便携式单一气体测毒仪，如R10氯气检测仪、GW-2H硫化氢检测仪；有便携式复合气体检测仪，如GX-111、BF90等四合一。

图3-17 测毒仪

1. 便携式简易测毒仪

简易测毒仪由RAE手泵（活塞泵或挤压泵等）延长管（如图3-18所示）及相应的测毒管组成。这种测毒仪操作简单，成本低廉，目前在船舶上使用非常广泛。

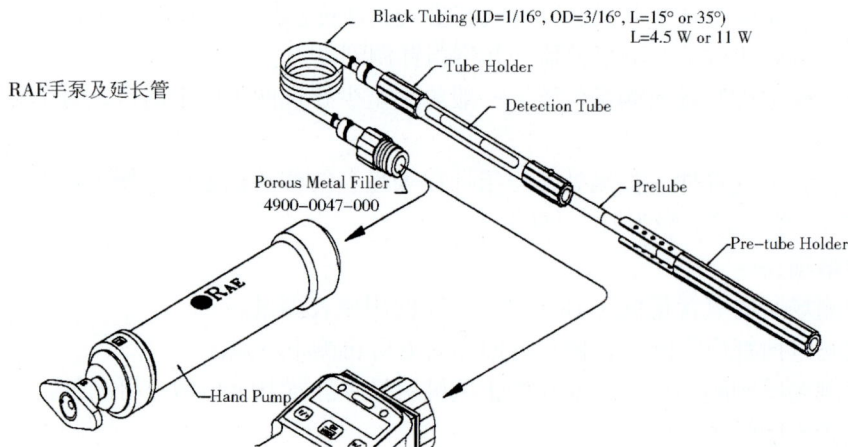

图3-18 简易测毒仪

其使用方法如图3-19所示：

①RAE手泵在使用前，应检查手泵的气密性，将未撬开的测毒管插入手泵吸入口，手泵无法拉动，说明手泵气密性良好。

②如果需要连接延长管，需检查延长管与测毒试管之间的气密性；

③将测毒试管两头撬开，按照测毒试管上所表示的方向将测毒试管与延长管连接。

④将带有延长管的测毒试管放入需检测的场所中。

⑤向外缓缓拉动取样泵手柄，直到手柄到1/2个行程或1个行程（50或100 ml）。

⑥根据测毒试管上的显示，读取有毒气体的含量。

⑦手动取样泵的检查主要是检查取样泵进口的气密性以及取样泵内部活塞的气密性。

⑧测毒试管只要在有效期内，便可根据测毒试管的指示进行测量。

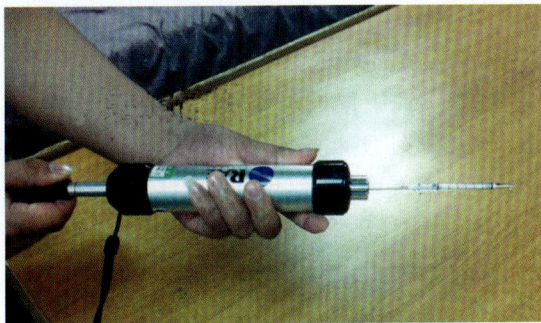

图3-19　手泵的使用

2.便携式单一有毒气体检测仪

单一式毒气检测仪品牌很多，如硫化氢检测仪、氯气检测仪、氨气检测仪、磷化氢检测仪等，这些单一式毒气检测仪的用法与单一式测爆仪相仿，在船舶上使用不多，这里不再赘述。

3.便携式复合气体检测仪（如四合一可测毒气）

这种仪器可灵活配置多种气体传感器，因而可以同时检测几种气体，操作简单方便，在船舶上使用较多，现以GX-111型复合气体检测仪为例，如图3-20所示，介绍用法如下：

图3-20　GX-111型复合气体检测仪

（1）使用前检查

①在新鲜空气中按"功能"键开机，如外接报警器没有连接，显示屏显示"远程警告

报警未连接；

②设备自动校零后，正常显示为：21.0%，0%，0ppm，0ppm，依次为O₂，CH(有的厂用Ex)，H₂S,CO；

③按下"电压/温度"按钮，检查电压和温度；

④按下报警测试开关，"报警测试"，确认正常的报警设定。

（2）使用和测量方法

①开机检查完毕后，连接好取样管与滤器，检查气体检测仪流量是否正常。

②将取样管放于准备好的检测场所中。

③仪器将自动检测场所中的有毒气体、氧气含量以及可燃气体含量。

（3）标定和校验方法。

①氧气校验，在新鲜空气中仪器自动校验氧气到20.9%，在99.99%N₂标准校验气体中，待读数稳定时，通过调节O₂-Z旋钮使读数为零。

②可燃气体校验，在新鲜空气中仪器自动校验可燃气体为0%，在标准校验气体中，待读数稳定后，通过调节CH₄-S旋钮使读数与标准校验气体读数相同。

③H₂S和CO校准，在新鲜空气中仪器自动校验H₂S和CO读数为0 ppm，在标准校验气体中，待读数稳定后，通过调节H₂S-S旋钮和CO-S使读数与标准校验气体读数相同。

（五）手工量油尺

在内河油船上手工量油尺被广泛使用。通常在使用量油尺测量油舱的液位时，可以使用一种叫作测油膏的试剂，将牙膏状的测油膏均匀地涂抹在钢尺上，放入油面之下，随之接触油的部分测油膏的颜色会发生变化，这样就可测得空档值。若将一种试水膏涂抹在量尺上，当量尺伸到舱底时，接触到水的部分试水膏就会改变颜色，这样又可测得货油底部残水的高度。

手工量油尺的使用方法如图3-21所示：

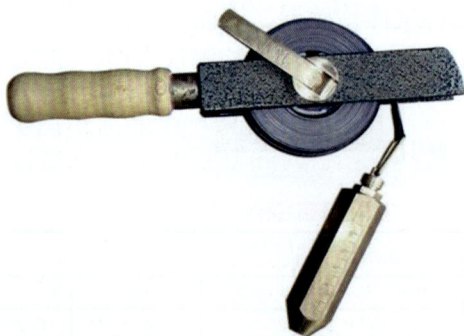

图3-21 量油尺

（1）在测量孔附近将手工尺用连线接地；

（2）在尺子铜棒或尺带上抹上试水膏或测油膏（也可不抹）；

（3）站侧上风，拧开测量孔盖；

（4）将尺子慢慢下放到测量孔内，直到铜棒碰到舱底（凭手的感觉）；

（5）拉出尺子，观察读数，擦拭油迹。

注意事项：

内河船舶船员基本安全和特殊培训教材

（1）穿好防静电服，站侧上风，防止吸入油气；

（2）测量前，要让货物静止30 min以上。

使用量油尺一定要做好防静电工作，特别要注意量油尺要保持良好的接地。

(六)便携式液位测量仪(UTI)

UTI是一种测量货舱液货空当、温度及油水界面的测量仪，如图3-22所示。目前油船上应用比较普遍。

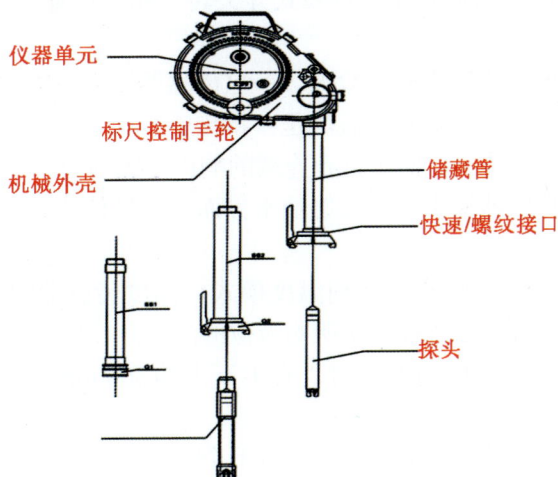

图3-22　UTI测量仪

1. 基本原理

如图3-23所示，UTI一般都设计成密封式，通过端部探头来检测液位和液温。当传感器探头处于环境空气时，蜂鸣器每2 s发出一声响声；当传感器探头与任何石油产品接触时，蜂鸣器发出连续的响声；当传感器探头接触到水时，蜂鸣器发出间歇的响声。UTI由内部的9 V电池供电，电量消耗较低，能够确保长时间的使用；如果指示电量不足应及时更换电池。由于模块化的设计，其维护较为容易。UTI传感器探头由一根不锈钢管和不能取出的感测探头组成，传感器探头包括一个超声波液位传感器，一个温度传感器和一个导电的电极。空当和油水界面测量的电导率是不可调整的，而温度测量可以在装置中校正。

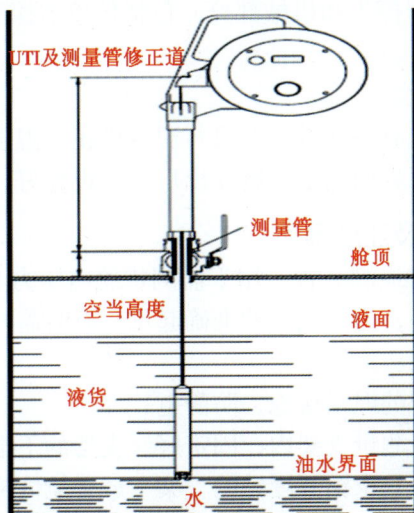

图3-23　UTI侧量仪的基本原理

2. UTI 的使用

密封 UTI 必须和与其配套的密封截止阀配合使用。具体步骤如下：

①首先确认密封截止阀处于关闭，拧下上面的旋帽。

②清除密封截止阀和 UTI 连接面的灰尘和油脂，保证良好接地和零点参考位精度。

③检查保护管是否自如（有的没有保护管）。

④将 UTI 的快速接头插入截止阀。转动打开截止阀。

⑤如果测量空档或油水界面，将模式开关转到相应位置，蜂鸣器每 2 s 会发出一次响声，表明探头功能良好。

⑥旋转手柄将传感器探头放入舱内。一旦传感器探头与货物接触，蜂鸣器就变为发出连续的响声。为精确测量，正确的做法是：将传感器探头向上拉一点直到蜂鸣器的连续响声停止，再慢慢地放下传感器探头直到连续的响声再次响起，然后读取读数。

⑦进一步放下传感器探头直至接触油水界面。一旦传感器与水接触，连续的蜂鸣器响声变为间歇的响声。

⑧如果要测量温度，将开关转到温度模式。温度传感器的位置和测量带的零点相一致，以使测量带的读数刻度直接显示所测液位的温度。

⑨当达到所要测量温度的液位时，在上下大约 300 mm 液位范围内摇动传感器探头，直到显示的温度读数稳定。

⑩读数稳定后记录其读数值，然后进行下个液位温度的测量。

测量完成后，将开关转到零位，卷起测量带直到传感器探头收入贮存管，此时测量带的读数要少于 420 mm（有的 320 mm）。

关闭截止阀，脱开 UTI 的快速接头，拧紧截止阀的旋帽。

3. UTI 尺的使用注意事项

①收尺时必须有两人配合，一人收尺，一人擦拭迹，确保测量带的清洁。

②确保传感器探头完全进入存放管。

③存放于干燥的环境中。

④通过测量传感器探头管与快速接头之间的电阻，定期检查接地的连续性（至少每 6 个月一次），其数值不超过 10 Ω。

⑤定期全面清洁传感器探头和机械部分，包括传感器探头存放管、测量带、卷筒和尺架等。

⑥在非危险区更换电池。

⑦如更换传感器探头或有关元件，要进行温度校正。温度校验的推荐周期为 6 个月。

⑧装置测量空当和油水界面的敏感度在出厂前已设定好，不能调整。

（六）温度计人工测量方法及注意事项

现代油化船舶均有遥控遥测装置，用于监测货舱内压力和货物温度的变化。这些遥控遥测装置有时有一定的误差，为了计量的准确起见，有时需要用温度计人工测量。

温度计手工测量的方法：

①先将温度计测量支架的绳索接地，防静电；

②再把水银温度计插入测量支架内，固定好（支架的下端是一个圆筒形容器）；

③站在侧上风口，将装好水银温度计的支架下放至舱内测量位置；

④等待5～10 min后提出货舱观察温度读数；

⑤每一测量点要分上中下三处检测。

注意事项：

穿好防护服装，站侧上风口，防止吸入货物蒸气。

测量前，货物必须在舱内静止30 min以上。

(七)常用的固定式液位测量装置简介

1. 机械浮子式液位测量装置

它由浮子、浮子导管、不锈钢尺、张紧轮、张紧卷筒及钢尺盒、机旁记录仪和远距传输器组成（如图3-24所示）。

其工作原理是：在测量油位时，摇动钢尺盒使浮子下落至舱内油面上，由于钢尺盒带有自动收紧的装置，使得收紧的张紧力加浮子的浮力与浮子和钢尺二者的重量相平衡，再通过传动轴将此时钢尺放出的长度传输到机旁记录和远距传输器。当油位上升或下降时，浮子也随着上升或下降，钢尺卷筒也随之自动收紧到新的平衡。而传动轴则一直将钢尺伸缩情况连续传输给记录仪和远距传输器。这种装置不仅可以测出液位，也可测出舱顶的空当。

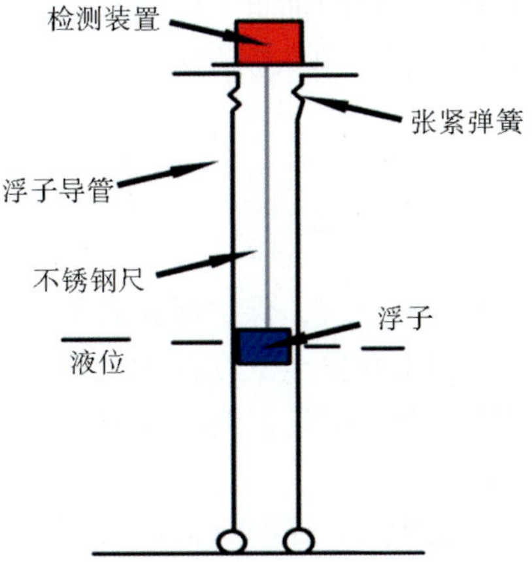

图3-24　机械浮子式液位测量装置

2. 磁电式液位和温度测量装置

这是一种液位和温度两用测量装置，目前使用较为广泛。其液位测量的核心元件是浮子液位传感器和先导开关。浮子传感器内部装有永久磁体，它随货物液位的升降而升降（浮动）；先导开关内有两片断开的同磁性磁片，这两片磁片能在浮子永久磁体的作用下闭合接通，并送出一个液位信号。先导开关在导管内可上下移动，当它进入浮子传感器的区域时，磁片立即就会闭合，浮子液位就能反映出来。

此外，这种装置采用TM型晶体管温度传感器，还可测量不同液位的温度。

3. 雷达式舱顶空当测量系统。

雷达式舱顶空当测量系统也是一种多功能的测量仪器。这种设备的探测部分能发射电磁波或超声波，然后通过接收船舱舱底和货物液面反射回来的信号，确定两者之间的反射时间差，从而计算出液位和舱顶空当的高度。由于货油黏度的不同，雷达波对其穿透的能力也不同，货油温度低而黏度大时，雷达波穿透能力下降，穿过所需时间也就增加，由此又可测算出货油的温度。

第七节 ● 防护设备

一、防静电服

油船防静电服是由专用的防静电洁净面料制作。此面料采用专用涤纶长丝，经向或纬向嵌织导电纤维，具有高效、永久的防静电能力。缺点是吸汗能力差，穿着不舒适。在选用防静电服时要注意能否防静电，要看衣袖上有无防静电标记。另外，纯棉工作服不但穿着舒适也有一定的防静电作用，但有实验表明，随着相对湿度的降低，纯棉织物带电量会增大。

二、防护服

防护服是由一种在其表面加上一层耐油且不吸油材料的棉织物制成的。它能使穿着人员在工作中遇到的飞溅油滴不会渗透污染人员的皮肤。但使用过久时，这一特性会减退，久之将失去这一作用。

三、空气呼吸器

空气呼吸器用于向人体提供新鲜空气，保护佩戴者不吸入火场烟气或舱室内空气中的有毒有害物质，关系到使用人员的生命安全。在使用之前，必须对使用人员进行充分的培训。现以自给正压式空气呼吸器为例介绍其正确佩戴和使用方法。

1. 呼吸器使用前的检查

①空气瓶压力检查：连接快速接头，逆时针方向打开气瓶阀，查看压力表读数，气瓶压力应不小于 28 MPa。

②系统泄漏情况检查：顺时针方向完全关闭气瓶阀，观察压力表读数在 1 min 内压力下降不应超过 0.5 Mpa。如果超过这一数值，该装备暂时不能使用。

③余压报警器检查：在检查系统泄漏情况的基础上，轻微打开冲泄阀，观察压力表指针，当压力下降到 5+0.5 MPa 范围内时，警报器应发出声响警报。

④全面罩密封检查：松开全面罩 2 根颈带，将面罩头网向上翻起，再将面罩贴紧脸部，深吸一口气，供气阀应能自动打开。

2. 佩戴自给正压式空气呼吸器

①背戴装置：将气瓶阀向下背上气瓶，通过拉户带上的自由端调节气瓶的上下位置和松紧，直到感觉舒适为止。

②扣紧腰带：将腰带插头插入腰带插座内，然后将腰带左右两侧的伸出端同时向后拉紧，收紧腰带。

③佩戴面罩：放松面罩下的 2 根颈带，拉开面罩头网，先将面罩置于使用者脸上，然后将头网从头部的上前方向后下方拉下，由上向下将面罩戴在头上，调整面罩位置，使下

巴进入面罩下面的凹形内，先收紧下端的2根颈带，再收紧上端的2根头带，感觉不适可调节头带的松紧。

④检查面罩密封：用手掌心捂住面罩接口处，通过呼气检查面罩密封是否良好。否则再收紧头带或重新佩戴面罩。

⑤安装供气阀：将供气阀上的红色旋钮置于12点钟的位置，确认其接口与面罩啮合，然后沿顺时针方向旋转90º，当听到咔嚓声即安装完毕。

⑥检查装置性能：使用装置前必须完全打开气瓶阀，同时观察压力表读数，气瓶压力应不小于28 MPa，通过几次呼吸检查供气阀性能，吸气和呼气都应舒畅，无不适感觉。

3. 保养和存放

（1）使用保养呼吸器时，要尽量避免碰撞和表面划伤，气瓶油漆脱落要及时修补，防止生锈。

（2）充满气的气瓶及其部件禁止曝晒，距离取暖设备不小于5 m。

（3）消防空气呼吸器存放场所，室温应在5～30℃，相对湿度40%～80%，空气中不应有腐蚀性气体。长期不使用的，全面罩应处于自然状态存放，其橡胶件应涂滑石粉，以延长使用寿命。

（4）每次使用后要充足气压（30 MPa）。按各部件的要求，及时进行擦拭、清洗和检查，发现故障应排除，保证完整好用。

（5）呼吸器应由专人保管，应将呼吸器成套完整地保存在易于取出的地方。将储气瓶充满待用并经常检查气压。存放处应经常清扫，保持卫生、干燥。

（6）呼吸器应由专人负责检修保养，一旦发现缺陷应立即修复。对呼吸器进行的所有检修保养，要做好档案记载并妥善保存。检修保养后要进行一次清理消毒。每个月也应进行一次消毒。

四、应急逃生呼吸器

1. 应急逃生呼吸器的使用

应急逃生呼吸器（EEBD）用于失火时帮助被困人员逃离有毒气体舱室，可保护船员从火灾发生处的危险环境中逃生，但不能用于灭火、进入缺氧或充满烟雾的舱室等。它由储气瓶、瓶头阀、头罩或全脸面罩和挎袋组成。

其使用方法如图3-25所示：

（1）从紧急脱险呼吸装置储存箱中取出装置；

（2）将挎带袋挎于人的颈部，打开挎袋取出面罩；

（3）将面罩从上向下戴在人的头部，注意透明窗应向前，披肩覆盖好肩部；

（4）迅速打开瓶头阀开关并迅速逃离事故现场。

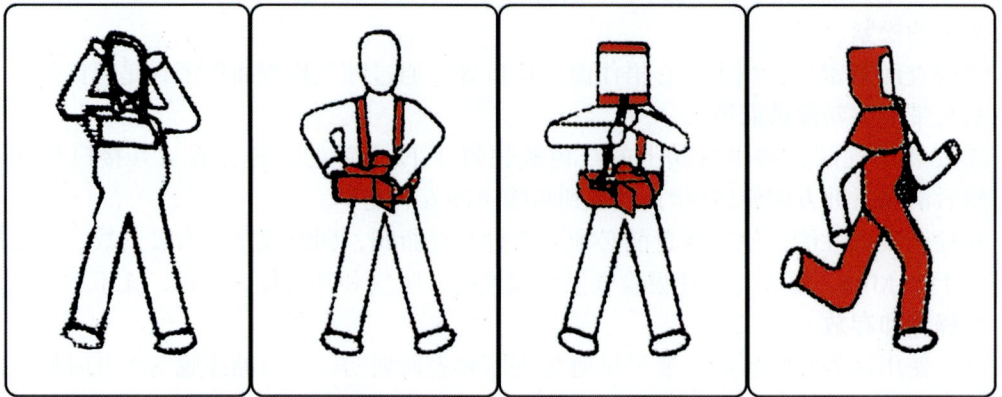

（a）挎上背包，打开包装　（b）取出保护罩，打开　（c）戴上头罩或全面罩　（d）迅速逃离危险区域
　　　　　　　　　　　　　　　气囊阀

图3-25　应急逃生呼吸器穿戴

五、防毒面具

1. 防毒面具的定期检查

防毒面具是一种过滤式呼吸防护用品，一般由面罩、滤毒罐、导气管、防毒面具袋等组成。面罩与人脸面部周边形成密合，使人员的眼睛、鼻子、嘴巴和面部与周围染毒环境隔离，同时依靠滤毒罐中吸附剂的吸附、吸收、催化作用和过滤层的过滤作用将外界染毒空气进行净化，提供人员呼吸用洁净空气。

各种防毒面具的材质和结构不同，但都可以参照同样的使用方法，以下以硅胶大视野防毒面具为例，说明要检查的内容：

①检查面具是否有裂痕、破口，确保面具与脸部贴合密封性；

②检查呼气阀片有无变形、破裂及裂缝；

③检查头带是否有弹性；

④检查滤毒盒座密封圈是否完好；

⑤检查滤毒盒是否在使用期内。

2. 防毒面具的使用

①首先要确认要防的毒气类型；

②选择相应的滤毒罐；

③看清滤毒罐上标注的有效期及防毒时间；

④检测面具头戴及阀片；

⑤戴上面具试漏；

⑥打开滤毒罐上下开口，接好滤毒罐；

⑦有面具袋时将滤毒罐放入袋内，并固定好面具袋。

3. 防毒面具的存放与保养要求

①使用后，面罩要用酒精或0.5%高锰酸钾溶液擦洗，然后放于阴凉处晾干，应将滤毒罐上部的螺帽盖拧上，并塞上橡皮塞后储存，以免内部受潮。

②滤毒罐应储存于干燥、清洁、空气流通的环境，严防潮湿、过热，有效期为5年，

超过5年应重新鉴定。

4. 过滤式防毒面具使用的注意事项

①缺氧的环境下不能使用；

②毒气浓度过高（超过2%）不能使用；

③温度低于−35℃或高于45℃时不能使用；

④湿度超过90%不能使用；

⑤使用中如发现明显异味，或吸气阻力变大，或罐体过度发热就不能使用。

六、氧气复苏器

1. 氧气复苏器的介绍

氧气复苏器是进行人工通气的简易工具。与口对口呼吸比较其供氧浓度高，且操作简便。尤其是病情危急，来不及进行气管插管时，可利用加压面罩直接给氧，使病人得到充分的氧气供应，改善组织缺氧状态。

氧气复苏器具有结构简单、操作迅速方便、易于携带、通气效果好等优点，主要由弹性呼吸囊、呼吸器、呼吸活瓣、贮气袋、面罩或气管插管接口和氧气接口等组成，如图3-26所示。

氧气进入球形气囊和贮气袋，通过人工指压气囊打开前方活瓣，将氧气压入与病人口鼻贴紧的面罩内或气管导管内，以达到人工通气的目的。

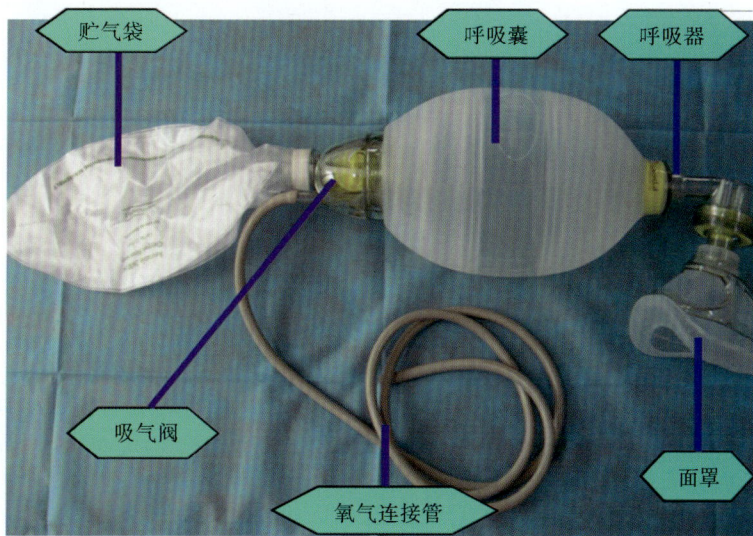

图3-26　氧气复苏器的组成

2. 氧气复苏器的使用评估

①是否有使用氧气复苏器的指征和适应症，如急性呼吸衰竭、呼吸停止等。

②评估有无使用氧气复苏器的禁忌症，如中等以上活动性咯血、大量胸腔积液等。

③连接面罩、呼吸囊及氧气瓶，调节氧气流量至2～3 L/min，使贮气袋充盈。

④开放气道，清除上呼吸道分泌物和呕吐物，松解病人衣领等，操作者站于病人头侧，使患者头后仰，托起下颌。

⑤将面罩罩住病人口鼻，贴紧不漏气。若气管插管或气管切开后，让病人使用氧气复

苏器，应先将痰液吸净，气囊充气后再应用。

⑥双手挤压呼吸囊的方法：两手捏住呼吸囊中间部分，两拇指相对朝内，四指并拢或略分开，两手用力均匀挤压呼吸囊，待呼吸囊重新膨起后开始下一次挤压，应在病人吸气时挤压呼吸囊。

⑦呼吸频率成人为12～16次/分，挤压气囊时，应注意气囊的频次和患者呼吸的协调性。防止在患者呼气时挤压气囊。

⑧观察及评估病人。使用过程中，应密切观察病人对呼吸器的适应性、胸廓起伏、皮肤颜色、听诊呼吸音、生命体征、氧饱和度等。

3. 氧气复苏器的保养

氧气复苏器使用后，将呼吸器从"O"形接口处取下，拆开面罩，用清水冲洗干净，再用500 mg/L含氯消毒剂浸泡30 min，用清水冲净、晾干、装配好备用。

第四章

油船消防

第一节 🔴 火灾类型、特点和灭火原则

一、火灾类型

不同物质具有不同的物化特性，可燃物燃烧所呈现的特征也各不相同，因此将不同火灾进行分类，能根据不同火灾特点，使用合适的灭火剂，采取最有效的灭火方法，才能迅速将火扑灭，将火灾危害降至最低。

根据国标火灾分类标准，按照可燃物的类型和燃烧特性，将火灾分为A、B、C、D、E、F六大类。

A类火灾：普通固体可燃物质失火。如木材、棉、毛、麻、抹布、衣料、纸张、衣物、被褥、植物纤维绳、煤炭等，如图4-1所示。这类火灾的特点是能深入内部燃烧，灭火须防死灰复燃。船舶生活、工作、服务处所易发生这类火灾。对这类普通可燃物质进行灭火时，主要方法是用大量的水或含有大量水分的灭火剂进行冷却。

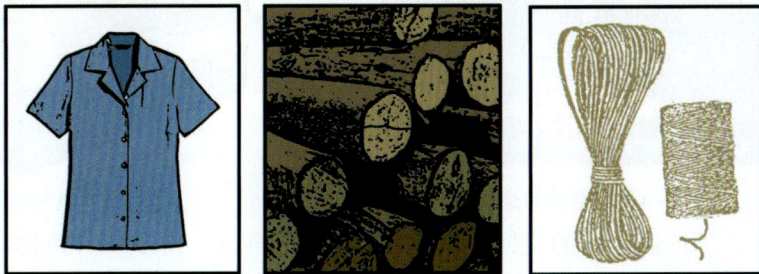

图4-1 固体可燃物质

B类火灾：可燃易燃液体、熔融油脂类失火，如原油、汽油、柴油、沥青、石蜡、石化产品、润滑油以及其他石油液体等，如图4-2所示。这类火灾的特点是限于表面燃烧，燃烧速度快，温度也高，有爆炸的危险。一旦引起火灾，燃烧扩散迅速、火势大，且油舱易发生爆炸。油船油舱、机舱、泵舱易发生这类火灾。适用的灭火剂有泡沫、二氧化碳、干粉，其中最适用的是泡沫灭火剂。如为油类灭火，即使用灭火器具扑灭；如火势比较大，机舱、泵舱施放二氧化碳封舱灭火，油舱使用低膨胀泡沫灭火，同时用水冷却甲板，用水花或水雾喷洒甲板空间。

图4-2　液体可燃物质

C类火灾：气体火灾，如煤气、天然气、甲烷、乙烷、丙烷、氢气火灾，如图4-3所示。它分为预混燃烧和扩散燃烧，预混燃烧是指可燃气体和空气混合后，浓度在爆炸极限范围内，遇到火源将会发生燃烧，燃烧速度可能极快，表现为爆炸；扩散燃烧是可燃性气体一边和空气混合，一边燃烧，燃烧快慢受到混合浓度的影响。油船空舱时易发生这类火灾，且往往把船体结构炸断。适用于扑救可燃气体火灾的灭火剂是干粉。

图4-3　气体可燃物质

D类火灾：轻金属火灾，如钾、钠、镁、钛、铝、钙等，如图4-4所示。油船一般不会产生这类火灾。

E类火灾：电气火灾，涉及带电电气设备，如图4-5所示。这类火灾可由短路、过热或由其他处所火灾的蔓延引起，该类火灾有导致现场人员触电的危险。灭火时应首先切断火场及附近设施、设备和线路的电源，并使用不含水的灭火剂（如干粉和二氧化碳）进行灭火。

图4-4　轻金属可燃物质

图4-5　电气可燃物

F类火灾：烹饪器具内的烹饪物火灾，如图4-6所示。由于动、植物油脂燃烧时会产生极高的温度，如使用水灭火反而会助长火势，起不到灭火效果，一般采用干粉灭火器，火势不大时，也可采用二氧化碳灭火器进行灭火。如油船厨房油锅失火，应关闭灶具的电源开关，直接盖上锅盖或用湿抹布覆盖，令火窒息，如图4-7所示；如厨房排烟管中发生火灾，应关闭风闸，同时用灭火器扑灭。

图4-6　烹饪器具火灾

图4-7　用锅盖灭火

二、油船火灾的特点

（1）难以扑救：船舶一旦发生火灾，由于船体内部结构的原因，火灾的施救工作活动范围受到影响和限制，扑救条件比陆地恶劣得多，导致火灾难以扑救。尤其油船发生火灾时，一旦蔓延到货物区域，船舶难以实施有效的扑救。因此船舶火灾从根本上讲主要依靠船上现有的人力和设备进行自救，船上的灭火器材又是有限的，一旦用完，得不到及时补充，进一步增加了扑救的难度。

（2）损失大：船舶发生任何火灾都会对船舶本身和装载的货物造成损害，经济损失非常巨大。

（3）危害大：船舶火灾会严重威胁到人命安全，造成人身伤亡，同时还会造成航道堵塞以及严重的水域和大气污染，给国家和船公司带来恶劣的负面影响。

（4）易形成大面积燃烧：由于货油具有良好的流动特性，挥发出的气体具有较强的扩散性，当其泄漏到甲板时，便会流淌扩散，形成大面积燃烧。

（5）具有较大的爆炸危险：石油产品火灾的一个明显特点就是爆炸。货物区域发生火灾后，受热的货舱易出现物理爆炸，同时泄漏的可燃气体或蒸气与空气充分混合后也易发生化学爆炸。

（6）燃烧速度快，蔓延迅速：石油产品发生火灾后，燃烧速度快。一旦发生爆炸，火势会迅速向其他舱室或场所蔓延，容易引起二次爆炸，进一步形成更大面积的燃烧。同时可燃气体四处扩散，增加了火势瞬间扩大的危险性。

（7）产生有毒气体，造成人员中毒：货油燃烧时会产生大量的有毒有害气体，对人体将产生很大的危害。因此消防人员应佩戴相关的人员防护设施或器材，做好自我防护。

（8）燃烧猛烈，火灾扑救难度大：石油火灾现场可燃气体的扩散和货油的喷溅流淌，以及爆炸的威胁，都将严重影响灭火行动，给火灾扑救带来很大的困难。

三、灭火的原则

（1）救人第一、先控制后消灭：灭火时要先对火势进行控制，对船体进行冷却，防止火势向未燃区域蔓延，才能为快速扑灭火灾创造条件。

（2）先探明火情、后采取行动：灭火行动实际上就是一场战斗，只有对火灾现场的情况了解清楚，才能做到心中有数，才能根据不同的火灾类型和火场形势，判断火场灭火行动的重点和突破口，采取适合当时情形的灭火方法，逐步推进、分片消灭，先易后难、先外后内，才能取得灭火的最佳效果。不探明火情，就盲目采取灭火行动，不仅达不到应急效果，甚至还有可能会进一步扩大火灾的危害。

（3）彻底扑灭余火：火灾扑灭后，必须仔细检查，消灭余烬，以防死灰复燃，必要时派专人看守火场。

（4）灭火没有希望时，指挥人员要仔细观察、果断决策，及时下达抢滩或弃船命令，以使火灾的损失降至最小程度。

四、油船火灾的预防措施

(一)落实船舶消防安全责任制

（1）贯彻执行"预防为主，防消结合"的方针。

（2）实行防火安全责任制。

（3）加强对船员的宣传教育。

（4）认真严格进行消防演习和消防培训。

(二)加强对消防设备、器材的管理

（1）按要求配备消防设备和器材。

（2）专人负责管理，按规定进行维护保养，保证消防设备和器材处于正常状态。

（3）定期防火检查，包括定期对消防设备检查、试验，并做好记录。

（4）安全通道、应急通道、逃生孔保持畅通，照明、应急照明保持良好。

（5）自闭式防火门处于正常使用状态。

（6）通风筒、防火挡板处于正常状态，开关操纵标志明显。

（7）消防泵、应急消防泵的启动压力符合要求；国际通岸接头及其附件齐全。

（8）固定灭火系统按要求维护保养；各阀门状态良好，开关标志清晰，船员能熟练操作。

(三)严格船员日常防火要求

（1）树立防火责任意识，遵守规章制度、安全操作规程及安全规定。

（2）禁烟场所禁止吸烟；不得私自携带和存放易燃易爆物品，禁止随意焚烧废旧纸张等；禁止燃放烟花爆竹；禁止玩弄救生信号。

（3）不准随意接、拆电线和插座及擅自乱拉天线。

（4）对于废弃含油棉纱头、抹布等，应存放在专用带盖金属容器内。

（5）离开房间时应随手关灯，航行中不得锁门睡觉。

（6）机舱、泵舱、厨房排烟管易积污油、烟垢和油垢，应经常清理。

（7）定期消防训练；发现隐患及时报告；发现违章人人有责制止。

(四)加强对明火作业的管理要求

（1）明火作业应满足的基本条件：可燃气体的浓度不超过1% LEL；明火作业前应考查评估，确认安全；采取相关隔离或保护措施；长期封闭的舱室或空间狭小通道作业前，确保含氧量达到18%；确认明火作业的设备技术状况良好；明火作业人员须持有资格证；

明火作业时，须有人负责监护；作业完毕，彻底清理现场，确认无残留火种后，人员方可撤离。

（2）明火作业的测爆要求有货油舱、燃油、滑油、污油舱（柜）以及与其相连通且无法拆卸的管系，须清除舱内及管系内的油、气，并由船舶检验部门或其认可的机构检验，出具检验合格证书；明火作业须在测爆合格后4h内完成，否则应重新测爆；作业前及期间，应有专人随时复测可燃气体浓度。

（3）禁止进行明火作业的情形：明火作业区域不符合安全条件的；对明火作业地点无法考查或对其安全有怀疑的；进行加油、涂刷油漆等有火灾危险的工作场所；正在装卸货油作业期间。

第二节 ● 油船的消防设施

一、固定消防系统

油船在货物区域配置的固定灭火设备主要有：消防水系统、水雾系统、二氧化碳灭火系统、化学干粉灭火系统、泡沫灭火系统等。

1. 消防水系统

消防水系统是150总吨及以上船舶必备的灭火系统，主要由消防泵、消防管系、消火栓、阀、消防水带、水枪和其他附件组成。

内河油船上的消防水枪应为水雾／水柱两用型，既可喷射水雾又能喷射水柱。水柱的作用是冷却，水雾的作用是散布在灭火人员周围，保护操作人员免受热辐射的威胁。

内河油船应做好消防水系统的保养，如消防水带应定期改变折叠角度，并定期举行消防演练。

2. 水雾系统

水雾系统的作用是降低着火处的温度，对未燃部位起到降温作用，并保护灭火人员的安全；在夏天油舱温度较高时，该系统还可用于甲板喷淋降温。

水雾系统一般设置在油舱任何露天部分、露天甲板上的易燃或有毒物质储藏容器、货物装卸总管及其控制阀区域、货泵舱、装有高度易燃危险物品的储藏室和液货控制室。

水雾系统的喷嘴容易堵塞，应及时清理，在保养时不要覆盖油漆。

3. 固定式二氧化碳灭火系统（如图4-8所示）

二氧化碳是良好的灭火剂，具有较好的冷却和隔绝氧气的作用。该系统一般仅用于机舱、炉舱和泵舱等封闭处所的封舱灭火，甲板等敞开处所发生火灾时，不能使用该系统。使用该系统时，为避免舱内人员中毒，应设有自动声响报警装置，在施放前发出警报。使用时需关闭有关通风管和开口，控制施救处所的含氧量，否则将无法起到灭火作用。

图4-8 固定式二氧化碳灭火系统

二氧化碳灭火系统主要由空气瓶、启动气瓶、报警箱、导向阀、二氧化碳总管、支管以及喷嘴和应急手动启动装置组成。

4. 化学干粉灭火系统

干粉是优良的灭火剂，呈粉状，使用时用压缩二氧化碳或氮气等推动喷射。发生电气火灾时，干粉灭火系统往往是较好的选择。干粉灭火系统主要用于扑救可燃气体和可燃、易燃液体火灾，也适用于扑救电气设备火灾。

5. 泡沫灭火系统（如图4-9所示）

泡沫灭火系统是油船最重要的灭火系统，使用该系统灭火，可以同时起到窒息和吸热作用，当甲板和货物区域等开敞部位发生火灾时，往往不能使用二氧化碳等其他方式灭火，这时泡沫灭火系统可以提供最有效的保护。

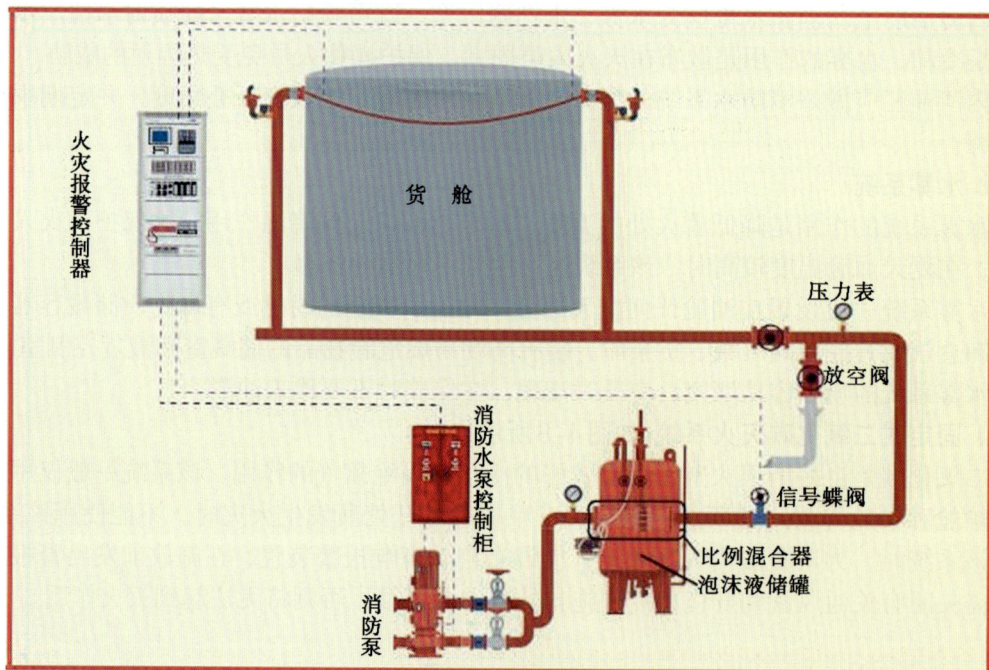

图4-9 泡沫灭火系统

泡沫灭火系统主要由消防泵、比例混合器、管线、泡沫柜、泡沫炮组成，小型船舶可用泡沫枪代替泡沫炮。灭火时启动消防泵，将水和泡沫按一定比例混合成泡沫液，用泡沫炮或泡沫枪喷洒出泡沫液，喷射时应注意往燃烧舱壁上打，不要将泡沫下面的燃烧物溅出来，应防止消防水冲散泡沫层，以降低泡沫的灭火效果。

二、移动式消防设备

为了及时扑灭初期火灾，除设置固定消防系统外，内河油船还应配备有足够的移动式消防器材，通常称为灭火器。灭火器是固定式灭火系统有效和重要的补充。根据灭火器的容量可以分成手提式和舟车式等。常用的船用灭火器主要有水、二氧化碳、泡沫、干粉等几种。黄沙也是一种常用的灭火材料。

(一)手提式灭火器

手提式灭火器配备的一般要求：

①手提式灭火器应符合《消防安全系统规则》的要求。

②起居处所、服务处所和控制站内应配备使主管机关满意的适用型式和足够数量的手提式灭火器，1 000总吨及以上的船舶至少应备有5具手提式灭火器。

③用于任何处所的手提式灭火器，其中应有1具存放在该处所的入口处附近。

④起居处所内不应布置二氧化碳灭火器，在控制站和其他内设船舶安全所必要的电器或电设备或装置的其他处所，所配备灭火器的灭火剂应既不导电也不会对设备和装置产生危害。

⑤为了便于使用，灭火器应布置于易于看到并能在失火时迅速和容易到达的位置。灭火器的使用性能应不会受到天气、振动或其他外部因素的影响。

⑥对于不能在船上进行充装的灭火器，应额外配备相同灭火剂量、型式能力和数量的手提式灭火器以代替备用灭火剂。

⑦每具干粉或二氧化碳灭火器应至少具有5 kg的容量，而每具泡沫灭火器应至少具有9 L的容量。所有手提式灭火器的质量应不超过23 kg，且它们的灭火性能应至少与9 L液体灭火器等效。

⑧灭火器的等效物应由主管机关确认。

1. 二氧化碳灭火器(如图4-10所示)

这种灭火器是将二氧化碳气体加压储存在钢瓶中，使用时拔出施放阀上的安全销，按下手柄，灭火剂就从管内喷出灭火。

二氧化碳灭火器适用于扑灭油类、可燃液体、可燃气体、电气设备、仪器仪表等处所的初始火灾。适用温度范围为-40～55 ℃。

灭火时，放下灭火器，拔出保险销，一手握住喇叭筒根部的手柄，另一只手紧握启闭阀的压把。对没有喷射软管的二氧化碳灭火器，应把喇叭筒往上扳70°～90°。使用时，不能直接用手抓住喇叭筒外壁或金属连线管，以防止手被冻伤。灭火时，当可燃液体呈流淌状燃烧时，使用者将二氧

图4-10 二氧化碳灭火器

化碳灭火剂的喷流由近而远向火焰喷射。当可燃液体在容器内燃烧时，使用者应将喇叭筒提起。从容器的一侧上部向燃烧的容器中喷射。但不能使二氧化碳射流直接冲击可燃液面，以防止将可燃液体冲出容器而扩大火势，造成灭火困难。在室外使用二氧化碳灭火器时，应选择在上风方向喷射；在室内窄小空间使用时，灭火后操作者应迅速离开，以防窒息。

2. 泡沫灭火器（如图4-11所示）

化学泡沫灭火器是由内筒与外筒两个容器组成的，分别装有不同的化学物质，灭火时，应将灭火器倒置，两种物质混合后生成泡沫喷射出来；如果是轻水泡沫灭火器，则不需倒置。

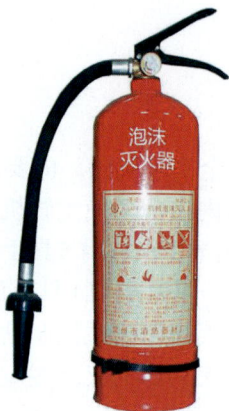

图4-11　泡沫灭火器

手提式泡沫灭火器适用于扑灭木材、纸张等固体，油类等可燃液体的初始火灾。适用环境温度范围为5～55℃。

化学泡沫灭火器灭火时，能喷射出大量泡沫，它们能黏附在可燃物上，使可燃物与空气隔绝，达到灭火的目的。硫酸铝和碳酸氢钠溶液是泡沫灭火器内的主要成分，泡沫灭火器自身有两个容器，这两者自身是互相不接触的，而当需要灭火的时候，倒置泡沫灭火器容器，将酸碱性不同的两种成分混合在一起，发生化学反应产生泡沫，从而起到灭火的效果。使用轻水泡沫灭火器时，先拔出保险销，一手握住开启把，另一手握住喷射软管前端的喷嘴处。如灭火器无喷射软管，可一手握住开启压把，另一手扶住灭火器底部的底圈部分。先将喷嘴对准燃烧处，用力握紧开启压把，使灭火器喷射。

3. 干粉灭火器（如图4-12所示）

干粉灭火器的使用方法与二氧化碳的方法基本相同，灭火时直接往燃烧物根部喷射。

干粉灭火器适用于扑灭普通的固体材料、可燃液体、气体和蒸气、带电设备等初始火灾。适用温度范围为-20～55℃。

干粉灭火器中的干粉灭火剂是由灭火基料（如小苏打、碳酸铵、磷酸铵的盐等）和适量润滑剂（硬脂酸镁、云母粉、滑石粉等）、少量防潮剂（硅胶）混合后共同研磨制成的细小颗

图4-12　干粉灭火器

粒，用二氧化碳作喷射动力。干粉灭火剂平时储存在干粉灭火器或干粉灭火设备中，灭火时靠加压气体二氧化碳或氮气的压力将干粉从喷嘴射出，形成一股夹着加压气体的雾状粉流，射向燃烧物。干粉与火焰接触发生一系列物理和化学反应，原理如下：干粉中碳酸氢钠受高温作用分解，该反应是吸热反应，反应放出大量的二氧化碳和水，水受热变成水蒸气并吸收大量的热量，起到冷却、稀释可燃气体作用；干粉进入火焰后，由于干粉的吸收和散射作用，减少火焰对燃料的热辐射，降低液体的蒸发速率。

使用的干粉灭火器若是储气瓶式，操作者应一手紧握喷枪，另一手提起储气瓶上的开启提环。如果储气瓶的开启是手轮式的，则向逆时针方向旋开，并旋到最高位置，随即提起灭火器。当干粉喷出后，迅速对准火焰的根部扫射灭火。使用的干粉灭火器若是储压式，操作者应先将开启压把上的保险销拔下，然后握住喷射软管前端喷嘴部，另一只手将开启压把压下，打开灭火器进行灭火。灭火器在使用时，一手应始终压下压把，不能放开，否则会中断喷射。

干粉灭火器扑救可燃、易燃液体火灾时，应对准火焰根部扫射，如果被扑救的液体火灾呈流淌燃烧，应对准火焰根部由近而远，并左右扫射，直至把火焰全部扑灭。如果可燃液体在容器内燃烧，使用者应对准火焰根部左右晃动扫射，使喷射出的干粉流覆盖整个容器开口表面；当火焰被赶出容器时，使用者仍应继续喷射，直至将火焰全部扑灭。在扑救容器内可燃液体火灾时，应注意不能将喷嘴直接对准液面喷射，防止喷流的冲击力使可燃液体溅出而扩大火势，造成灭火困难。如果可燃液体在金属容器中燃烧时间过长，容器的壁温已高于扑救可燃液体的自燃点，此时极易造成灭火后再复燃的现象，若与泡沫类灭火器联用，则灭火效果更佳。

使用磷酸铵盐干粉灭火器扑救固体可燃物火灾时，应对准燃烧最猛烈处喷射，并上下、左右扫射。如条件许可，使用者可提着灭火器沿着燃烧物的四周边走边喷，使干粉灭火剂均匀地喷在燃烧物的表面，直至将火焰全部扑灭。

(二)其他消防器材

1. 沙箱

黄沙、干土也常被用作灭火剂（如图4-13所示）。其主要用于初期小火，能起到隔绝空气的作用。

图4-13　沙箱

2. 国际通岸接头

为了能随时利用岸上的消防水进行船舶的灭火，船舶应按要求配备国际通岸接头，即将岸上的消防水通过国际通岸接头接至船上消防管，利用船上消防水龙及消防喷嘴灭火。

根据消防安全系统规则要求，国际通岸接头应用钢材或其他等效材料制成，并设计成能承受10 bar的工作压力。法兰的一侧应为平面，另一侧应为永久附连于船上消火栓或消防水带的对接口。国际通岸接头应与适合承受1 MPa工作压力的任何材料的垫片，连同直径16 mm、长度为50 mm的4个螺母和8个垫圈一起保存在船上。出于耐腐蚀考虑，其一般为铜质。 当船舶本身失去消防水时，比如机舱火灾，或发生爆炸导致部分消防水管损坏，可以隔离损坏部分消防管，然后岸上或者其他船通过国际通岸接头将水供到船上，使得船上消防管建立起压力，就可以在火灾区域附近的消火栓接上皮龙进行灭火。 如果从消防车直接将皮龙拉到失火区域，可能会太长，而且折弯太多而达不到相应的压力，给灭火造成困难。国际通岸接头一般放置于船舶主甲板两侧，方便随时取用。

3. 防火毯

防火毯（如图4-14所示）是用耐火材料制成或经过防燃浸渍处理的专用毯，一般用石棉制成，也可以是用其他耐火材料浸渍过的毯子。其规格多为1.2 m×2 m。防火毯平时放在专用的箱子里，着火刚开始时，可用毯子盖上，使火源与空气隔绝，以达到窒息灭火的目的。另外，用帆布或毛毯制成的毯子也可临时用作消防毯，但使用时必须先用水浸湿。

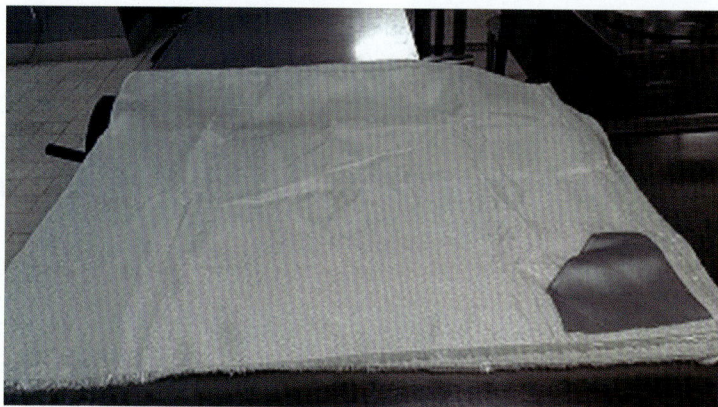

图4-14　防火毯

4. 太平斧、铁钩、铁锹、太平桶

大型太平斧（如图4-15所示）主要用于断缆或者破拆。小型太平斧是消防人员随时携带的装备之一，主要用于破拆或者支撑。作为腰斧的太平斧，其斧柄上套有绝缘胶套，具有防滑、绝缘的作用。

铁锹（如图4-16所示）、铁钩（如图4-17所示）也都是破拆工具。

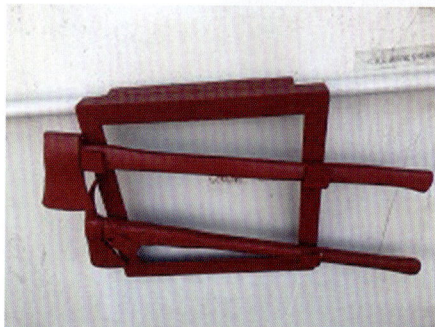

图4-15　太平斧

图4-16　铁锹

消防水桶一般是手提水桶，俗称太平桶（图4-18）。其采用镀锌铁皮制成，外壳涂以红漆，并用白漆标出编号，按规定固定存放于驾驶室附近或者露天甲板的木座上。它的作用是浇灭初期火灾。

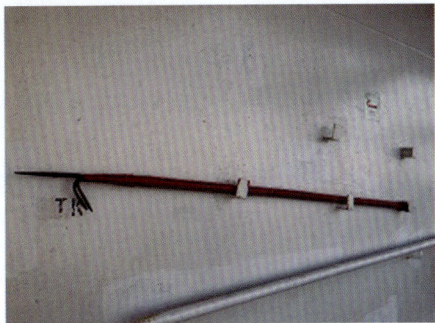

图4-17　铁钩

图4-18　太平桶

5. 火灾探测和报警系统

船舶为了尽早发现初期火灾，按规定2 000总吨及以上的货船应在供起居处所、服务处所、控制站使用的走廊和梯道内以及船舶航行期间不是连续有人值班的主机的机器处所设置固定式自动探火和失火报警系统，该系统由探测器和报警器两大部分组成，其工作原理是安装于被保护处所的探测器将火灾产生的热量、烟气或光谱信号等转换成电信号，将电信号在报警器上做出声、光显示，发出火灾警报；该系统要求探火和失火报警系统应在船舶营运期间正常运行；报警动作时应发出声、光火警信号，并表明报警区域；自动探火系统不得用于其他任何目的；应能定期进行功能试验；船上应备有用于试验和维修的备件和说明。

火灾探测及报警系统：通过安装固定式探火和失火报警系统、手动报警按钮和采取消防巡逻等措施，尽早探测到火灾，并发出警报。火警指示装置的设置要求应位于驾驶室或负责值班船员处所。利用警钟、汽笛、警铃和报警器等向全船发出报警。2 000总吨及以上货船应设置能立即通知驾驶室或值班室的手动报警装置。手动失火报警器由手动报警按钮通过电路与驾驶台或火警控制站相连。手动报警按钮应遍及起居处所、服务处所、控制站；船舶每一通道出口处及在每一层甲板走廊内都应装设手动报警按钮，且在走廊任何部位与手动报警按钮的距离不超过20 m。

探测器的布置要求：起居处所梯道、走廊和脱险通道应安装感烟探测器，居住舱室可设感烟或感温探测器；不是连续有人值班的主机机器处所内探测器应在任何部位都能迅速探出火灾征兆；探测器一般位于顶部，与舱壁的距离至少为0.5 m。探测器的保护面积和最大安装间距应符合相关的规定。

探测器有感温、感烟、感光等几种类型。用于探测极度不正常的高温或温升率的设施称为感温探测器。感温探测器分为定温式、差温式（也称温度速升式）和差定式（联合式）。感温探测器有工作可靠、不易发生误报，用于探测火灾的火焰阶段，探测到火灾比较晚，灵敏度不高等特点。温度上升到预定值时响应的火灾探测器称为定温式。其动作温度为57 ℃、70 ℃和87 ℃。环境温度的温升速度超过一定值时响应的火灾探测器（即随单位时间温升速率的变化而动作）称为差温式。该探测器具有灵敏度高、可靠性好、不受气候变化影响、应用十分广泛等特点。结合了定温式和差温式两种感温作用原理并将两种探测器结构组合在一起的火灾探测器称为差定温式。

通过感应悬浮微粒和烟气来探知火灾的发生的探测器称为感烟探测器。该探测器分为离子感烟式和光电感烟式两种。其特点：探测火灾的初级阶段和发烟阶段；能较早探知火灾，灵敏度高；易发生误报警；探头必须设在室内。

仅能感应频率较低火光中的紫外线和红外线的探测器称为感光探测器。

由烟雾传感器件和半导体温度传感器件共同构成的多元复合探测器称为复合式感烟感温火灾探测器。该探测器不仅具有普通散射型光电感烟火灾探测器的性能，而且兼有定温、差定温感温火灾探测器的性能。

船舶检验规则对探测器的要求：探测器应通过热、烟或其他燃烧产物、火焰或任何这些组合因素而动作，并显示出早期火灾的报警；其灵敏度不应低于上述那些探测器；火焰探测器只能用作烟或热探测器的额外探测器。报警系统在主电源供电中断时能自动转至应急电源持续供电，并显示为应急电源。报警器对探测器感应传输过来的火灾电信号以声、光形式发出报警，并显示火灾具体部位；系统电源断电或故障时，报警器应发出不同于失火信号的声、光故障报警；货船报警器一般安装在驾驶台。

第三节 ● 油船的灭火方法

一、灭火方法

1. 隔离法

假如不存在可燃物质，火是肯定着不起来的，所以隔离对防止火的蔓延是非常有效的。在发生火灾时，可以将可燃物质从着火的地方移走，把可燃物质与火隔开，或迅速将燃烧物移到安全地方。可燃气体或液体着火时，应迅速关闭气源或液源的管系阀门，断绝火场的可燃物，如图4-19所示。

图4-19 隔离法

2. 窒息法

使可燃物与空气隔离，火也就烧不起来，这种灭火方法称为窒息法。发生火灾时，可以利用不燃烧的物质覆盖在燃烧物表面，使空气中的氧与燃烧物隔离，无法起到助燃作用；此外，向火场中注入二氧化碳、氮气等惰性气体，或者关闭着火舱室的门窗，降低里面的氧气含量，使燃烧无法进行。

3. 冷却法

降低燃烧物的温度，使之低于着火点，可燃物就不会着火。发生火灾时，用水、泡沫等直接喷洒在燃烧物表面，能够起到降温作用；此外，还可用水将火场附近的舱室降温，也能有效防止火势的蔓延。

可燃物一旦达到着火点，就会燃烧或持续燃烧。在一定条件下，将可燃物的温度降低到着火点以下，燃烧即会停止。对于可燃固体，将其冷却在燃点以下；对于可燃液体，将其冷却在闪点以下，燃烧反应就可能会中止。用水扑灭一般固体物质引起的火灾，主要是通过冷却作用来实现的，水具有较大的比热容和很高的汽化热，冷却性能很好。在用水灭火的过程中，水大量地吸收热量，使燃烧物的温度迅速降低，使火焰熄灭，火势得到控制，火灾终止。水喷雾灭火系统的水雾，其水滴直径细小，比表面积大，和空气接触范围大，极易吸收热气流的热量，也能很快地降低温度，效果更为明显。

4. 抑制法

由于有焰燃烧是通过链式反应进行的，如果能有效地抑制自由基的产生或降低火焰中的自由基浓度，即可使燃烧中止，化学抑制灭火的常见灭火剂有干粉灭火剂和七氟丙烷灭火剂。化学抑制灭火速度快，使用得当可有效地扑灭初期火灾，减少人员伤亡和财产损失。该方法对于有焰燃烧火灾效果好，而对深位火灾由于渗透性差，灭火效果不理想。在条件许可的情况下，采用化学抑制灭火的灭火剂与水、泡沫等灭火剂联用会取得明显效果。

二、灭火方法在油船的应用

1. 油船货舱失火

货油舱爆炸不仅会造成人身伤害，损伤船体和油舱结构，还会破坏输送泡沫和水的总管，给其后的灭火带来困难。油船由于结构上的特点，有许多油舱紧挨着，以致于一舱失火可能很快蔓延到全部油舱。

如果从舱口或开口冒出的火焰呈橙色且带黑烟，表示舱内为过浓混合气，火焰不会闪回进入油舱，因而不会发生爆炸。

如果从舱口冒出的是带有劈啪声的几乎无烟的蓝红色火焰，它表示处于完全燃烧状态，如果火焰进入油舱，就很可能发生爆炸，所以这种情况下，人员应撤离油舱甲板。

尽管扑灭油火有危险和困难，采取适当的措施来控制货油舱里的燃烧是可能的，这至少能防止火势蔓延到没有失火的油舱。措施如下：

（1）如果是靠在码头上，要发出失火警报并通知港方。

（2）如果在航行，可改变航向或航速，使火区处于下风，把与空气的相对运动降低到最小限度，从而减慢火焰蔓延。同时要确保救生艇能够摇出。

（3）关闭一切人员能接近的油舱开口，关闭管路上的阀门，停止货油作业，充分利用由软管或喷射器喷出的水雾，来保护接近油舱的人员，以便关闭舱盖或操作货油阀。如果烟气太浓，就需要使用呼吸器。

（4）使用泡沫灭火。用泡沫覆盖在燃烧的油面上来灭火，泡沫喷射向舱壁，使其流淌覆盖。

（5）防止复燃，在油舱着火被扑灭以后，而全部热表面还没有冷却下来之前，仍然有复燃的危险。这种情况可能会持续几个小时，所以消防器具应按情况保持随时可用或继续使用，直到任何地方都不会有复燃为止。

2. 油船甲板失火

当货油软管或输油管壁破裂或当货油舱满溢出时，是甲板上最有可能发生大量油着火的时机，应采取以下措施：

（1）尽快关闭输油管路。

（2）防止火蔓延到有油气的货油舱。

如果有浓烈的烟气吹向救火人员，就必须佩戴呼吸器。干粉作为先头灭火剂是非常有效的，但是随后必须用软管或喷射器喷出泡沫或水雾作为后续支援。用泡沫来覆盖火场中油的时候，应尽可能和缓，以免油被溅出来而把火扩大。

如果满溢出挥发性货油着火，可以在油面上覆盖泡沫以防着火。泡沫对已经挥发出的油气无防火作用，但能抑制产生更多的油气。

在无风的天气情况下，已经挥发出来的油气可能达到危险浓度而积聚在甲板周围，可用软管或喷射器喷出来的水雾驱散。

3. 油船泵舱失火

当泵舱发生货油泄漏失火时，可用泡沫灭火，如果是非挥发性油失火，可用泡沫或水雾灭火。如果救火人员是在舱里工作，即使火势比较小也必须戴上呼吸器。

如果火情不能用手提式灭火器控制住，人员必须立即撤出。启用固定式灭火装置利用泡沫、水雾、蒸汽或二氧化碳封舱灭火。不管使用哪种固定式灭火系统，泵舱的门和其他开口都应关闭，通风机的风扇应停止。

不但要扑灭火，而且必须防止火势蔓延。全部油舱开口应关闭，泵舱附近的甲板和上层建筑，应用消防水冷却。

当火被扑灭之后，在所有受热范围没有全部冷却之前，泵舱不可打开，以防火复燃。

在火被扑灭后，人员进入泵舱之前，泵舱应彻底通风，以驱散毒气和烟雾，以保证人员进入泵舱内有足够的氧气。

4. 油船机舱失火

在机舱里的失火可能是燃油大量溢出或漏泄而引起的，油可能从燃油舱或供油管路溢出或漏泄出来，与热表面接触，使油加热到自动燃烧的温度。发现机舱失火，如是小火，应迅速用手提式灭火器进行扑灭，同时通知驾驶台；如果火势较大，手提式灭火器无法扑灭，人员应立即撤离机舱，用固定式二氧化碳灭火系统来灭火。二氧化碳通常只能使用一次，所以应尽可能发挥灭火效果。为做到这一点，要关闭通往机舱的全部开口，并停止机舱的通风风扇，停止燃油泵，关闭燃油管路相关阀门。在释放二氧化碳之前，应发出报警通知人员撤离机舱，在二氧化碳放入之前，会自动发出进一步的报警。施放全部二氧化碳填充机舱大约要花 2 min 的时间。

如没有设置二氧化碳系统，机舱应密封，关闭全部通风设备和通道，让火自行熄灭。

只要机舱保持原封不动，而不让空气进入，火迟早是会熄灭的。

为了保证维持机舱的完整，在起居舱室走廊的隔壁，邻接机舱之上的贮藏室和走廊的甲板，应采用消防软管喷洒水雾加以冷却。如机舱门上的玻璃窗和窗壁损坏，必要时用木板钉密，以免空气进入机舱。在机舱火已经熄灭和机舱已经冷却之前，机舱的门不可打开。在机舱还很热的时候，如果让空气跑进去，火可能重新燃烧起来。总之，预防火灾比扑灭火灾容易！

三、灭火的程序和注意事项

1. 火灾发现者的行动

任何船员在船上发现火灾，要保持镇静并立即大声呼叫报警，迅速按下附近的手动火灾报警按钮发出报警。发现火灾时，不论火势多么小，只有在确定有把握个人使用单个灭火器可将火迅速扑灭时才能采取灭火行动，否则在发出报警前，发现者不应试图先去灭火。发出报警后，若着火点范围较小，立即取用附近合适的灭火器材，针对火的类别进行施救，力争能控制火灾蔓延，若火势较大，个人没有能力将火扑灭时，应尽可能坚守现场，监视火情发展，采取一切必要措施对火势进行有效控制，如关闭门窗及通风系统、切断电源、疏散易燃易爆物品、用水冷却火场周围舱壁和甲板等。如可能，向驾驶台报告起火的地点、火的种类和范围、已采取的措施和效果。

2. 驾驶台的行动

驾驶台在接到报警后，首先应用汽笛或警铃向全船发出消防报警，同时可用船令广播播报失火地点，关闭驾驶台所能遥控的通往失火场所的所有通风系统。通知机舱备车，采取转向、减速、停车或倒车等措施操纵船舶使失火地点处于下风，防止火势蔓延。正确显示相应信号。在适当的时候将火灾发生的时间、地点、火的种类、发现者的姓名以及当时的船位等内容详细记入航行日志。

3. 全体船员的行动

①听到报警后，船长应立即到驾驶台，指挥全船的灭火行动。所有船员（除航行值班人员之外）要按照消防应变部署表指派的任务，穿戴好个人的防护用品，携带消防器材，在两分钟内奔赴指定的集合地点，听候船长的统一指挥，在现场指挥（大副或者轮机长）的指挥下展开扑救工作。消防水龙应在报警发出 5 min 内出水。

②扑救船舶火灾应按照火灾的发生部位和火灾的性质，根据船舶消防应变部署的要求进行。消防应变中如发现有人员受伤或者被困，应立即向现场指挥报告，现场指挥则立即向总指挥报告，总指挥根据当时的具体情况下令调整原定部署，立即展开救助受困人员的行动，在任何情况下救助人命都是重中之重。

③在灭火应变的过程中，全体船员必须团结一致，同舟共济，协同作战。同时做好可能弃船的各项准备。

④在灭火应变过程中，当船舶火灾已经失控，如殃及机舱，焚毁灭火动力、灭火管系，且火势蔓延至整个上层建筑，凭借船舶力量已经难以扑灭火灾，人员如不撤离有可能会危及船员生命安全时，船长应及时发布弃船命令，全体船员应立即按船舶弃船应变程序采取相应的应急行动。

4. 灭火后的行动

在确认火灾被完全扑灭后，应彻底检查整个火场及周围，不留任何火灾隐患，安排专人留守火场进行防复燃巡视。采取必要的通风换气、排烟、排水和降温等措施。规整消防器材和消防系统。认真总结经验和教训，认清自身的不足，积极整改并予以落实。

第五章

应急反应

船公司建立船岸应急组织的目的是提供船岸人员在紧急情况时应急反应的操作指南，保证船岸人员能正确履行职责，避免或减少紧急情况所造成的损失。

根据船公司认定的紧急情况，成立应急反应队，以保证船舶在发生事故或险情时，公司及船舶各方面人员能明确职责，协调工作。

一、应急反应原则

（1）船员人身安全问题优先原则。

（2）根据船舶种类和结构特点，提出抢险项目。

（3）根据货物特性，提出抢险项目。

（4）对事故、险情性质和发展进行评价。

（5）对船长应急行动进行评价。

（6）根据要求尽最大力量向船舶提供援助,给船舶下达书面指令。

（7）根据情况适时进行媒体应对和反应。

二、应急组织机构的组成

应急组织机构一般由船公司岸基应急反应队和船舶应急反应队组成，应急反应队应能处理各种复杂的问题。

1. 岸基应急反应小组

船公司应成立应急指挥小组，通常由公司总经理任总指挥，成员由公司相关部门人员组成。

（1）海务组职责：

①负责向应急反应总指挥报告非机器处所事故紧急情况；

②制定非机器处所事故相关的各种紧急情况的应急反应行动方案,并报总指挥审核；

③负责联络并组织海务、消防、气象专家进行研究和咨询工作；

④负责与海事、救捞部门的联系，接受地方和搜救中心的指令和要求；

⑤负责提供船舶特别细节，包括航次情况、载货情况、航道情况、气象信息、船壳损失及船舶措施方案等方面的情况；

⑥提供最新的货物安全性能资料；

⑦负责联系船壳险等事务。

（2）技术组职责：

①负责向应急反应总指挥报告机器处所事故紧急情况；

②制定机器处所事故相关的应急反应行动方案,并报总指挥审核；

③负责组织机务技术专家研究和咨询工作。

④负责提供船舶特别细节，包括燃油情况、船舶技术资料、设备损失及船舶措施方案等方面的情况；

⑤负责应急时的设备保障，包括通信导航设备的保障。

2. 船舶应急反应队

船舶按照"船舶应变部署表"要求成立船舶应急反应队

应急反应队成员职责分工：

（1）总指挥职责：

船长担任船舶应急总指挥，负责应急反应的指挥、人员调度安排、资源的有效利用；负责安排向主管机关、上级等相关部门报告应急反应情况。

（2）现场指挥职责

大副是各类应变的现场指挥，在应急反应过程中负责控制所有甲板操作，如指挥消防队、释放救生设备、锚泊作业、拖缆等。

（3）其他成员职责

①轮机长在应急情况过程中根据驾驶台的指令负责所有动力机器设备的操纵和控制；在机舱失火和溢油时，为船舶的现场指挥。

②指定的驾驶员应急反应过程中在驾驶台协助船长工作，其中包括瞭望、确定船位、通讯联络和记录等工作。

③大管轮在应急反应过程中协助轮机长，并按指令检查机器设备，组织抢修。

④船舶在港停泊发生应变情况时，如船长不在船，则由大副全权负责指挥。

⑤所有人员在紧急情况应急过程中应按本船"应变部署表"所标明的任务采取行动，并执行上级指派的临时应急抢险任务。

（4）应急部署表/卡

①船舶大副负责编制"货船应变部署表""溢油应变部署表"，船舶三副填写每个人的应变卡片并张贴到各个床头。

②船长负责审阅并签署"货船应变部署表""溢油应变部署表"。

③应变部署表应在船舶开航以前制定。

④在应变部署表制定后，如船员有变动则必须更改或换新应变部署表。

三、应急反应程序

(一)火灾应急反应

油船是水上油品运输工具，内部结构复杂，回旋余地小，加上运输易燃、易爆货品，船舶一旦失火，往往得不到外界的及时援救，仅仅依靠船舶的人力和设备进行施救，火势迅速蔓延；油船多油舱、油柜，发生火灾后，可燃气体遇火极易引起爆炸。因此发生船舶火灾，必须在初始阶段迅速扑灭。下面简单介绍各种情况下发生火灾应采取的应急行动和注意事项：

1. 油船泵舱着火

（1）发现泵舱起火，立即向货控室（驾驶台）报警，同时大声呼喊。根据情况使用手提灭火器施救。

（2）立即停止货物作业，关闭货油相关阀门，必要时采取应急停泵；航行中值班驾驶员立即报告船长，减速/停船；船长接替操作后，操纵船舶将失火点处于下风位置，向周围船舶报警，向当地海事机构和公司报告。如在码头，做好离泊准备。

（3）所有船员按照应急部署行动，机舱值班人员立即启动消防泵。

（4）大副现场指挥应急人员携带相关器材现场灭火，隔离易燃物品，冷却周围舱室。

（5）当火势开始向四处蔓延，手提灭火器和消防皮龙已无法控制火势时，应关闭泵舱风机，准备固定 CO_2 灭火系统。

（6）根据火势发展使用固定 CO_2 灭火系统，确认泵舱内人员已经全部撤离。封闭所有出入口和通道，按照船长指令开启 CO_2 固定灭火装置，灭火剂量应一次性放完。

（7）用喷雾水枪进行冷却保护泵舱周围舱室，防止引起新的燃烧。用 CO_2 灭火，应长时间封舱，注意测温，防止复燃。

（8）如本船无能力扑灭火灾，船长应向当地海事机构请求援助。

（9）如火势无法控制危及船上人员生命安全时，船长应果断弃船。

（10）火灾扑灭后，大副应组织人员检查确认火灾已扑灭，船长将检查情况报告当地海事机构和公司。

（11）确无复燃可能，方可解除警报。

2. 油船甲板着火

（1）发现起火，立即向货控室（驾驶台）报警，同时大声呼喊。根据现场情况使用手提灭火器施救。

（2）立即停止货物作业，关闭货油相关阀门，必要时采取应急停泵；航行中值班驾驶员立即报告船长，减速/停船；船长接替操作后，操纵船舶将失火点处于下风位置，向周围船舶报警，向当地海事机构和公司报告；如在码头，做好离泊准备。

（3）所有船员按照应急部署行动，机舱值班人员立即启动消防泵。

（4）大副现场指挥应急人员携带相关器材现场灭火，隔离易燃物品，冷却周围舱室。

（5）准备固定泡沫灭火系统，用泡沫对失火点进行覆盖，防止火灾蔓延，用水对周围舱室进行冷却降温。

（6）如本船无能力扑灭火灾，船长应向当地海事机构请求援助。

（7）如火势无法控制危及船上人员生命安全时，船长应果断弃船。

（8）火灾扑灭后，大副应组织人员检查确认火灾已扑灭，船长将检查情况报告当地海事机构和公司。

（9）确无复燃可能，方可解除警报。

3. 油船机舱失火

（1）发现着火立即向驾驶台（货控室）报警，同时大声呼喊，用现场的手提灭火器灭火。

（2）如在航行中，值班驾驶员须立即报告船长，减速/停船；船长接替操作后，操纵船舶将失火点处于下风位置，向周围船舶报警，向当地海事机构和公司报告。如在码头，立即停止货物作业，关闭货油相关阀门，并准备离泊。

（3）所有船员按照应急部署行动，机舱值班人员立即启动消防泵。

（4）轮机长现场指挥应急人员携带相关器材现场灭火，隔离易燃物品，冷却周围舱室。

（5）按照应变部署，轮机长组织机舱探火，查明火情；火势不大，用手提灭火器和舟车灭火器进行灭火，同时用水龙出水对机舱外壁降温。

（6）火势蔓延无法扑灭,轮机长及时向船长报告，经现场评估轮机长建议使用固定CO_2系统封舱灭火。

（7）切断油路、电路、风机，关闭机舱防火门窗、孔道、风筒、燃油速闭阀、防火挡板，停主机、副机和其他动力设备。起动应急发电机和应急消防泵。

（8）船长命令撤离现场人员，轮机长清点人数后向船长报告。

（9）三副按船长指令向机舱施放CO_2灭火，并且要一次性放完。

（10）在与机舱毗连的船楼舱室和天棚窗口等处，用喷雾水枪进行冷却保护，防止引起新的燃烧。使用固定CO_2系统灭火，应长时间封舱，注意测温，防止复燃。

（10）如本船无能力扑灭火灾，船长应向当地海事机构请求援助。

（11）如火势无法控制危及船上人员生命安全时，船长应尽可能采取冲滩措施，必要时弃船。

（12）火灾扑灭后，要查找隐火，严防死灰复燃，救护伤员，机舱通风，清理现场，检查机电设备状况，排除舱底水。查明火灾原因，对起火灭火准确时间、灭火过程、善后处理、火灾损失情况以及需要处理项目等，做好相应记录。将有关情况电告公司，为海事处理做好必要的准备。

（13）确无复燃可能，方可解除警报。

（14）火灾扑灭后，轮机长应组织人员检查确认火灾已扑灭，船长将检查情况报告当地海事机构和公司。

4. 生活区着火

（1）发现起火，立即向货控室（驾驶台）报警，同时大声呼喊。根据现场情况使用手提灭火器施救。

（2）立即停止货物作业，关闭货油相关阀门，必要时采取应急停泵；如在航行中，值班驾驶员立即报告船长，减速/停船；船长接替操作后，操纵船舶将失火点处于下风位置，向周围船舶报警，向当地海事机构和公司报告；如在码头，做好离泊准备。

（3）所有船员按照应急部署行动，机舱值班人员立即启动消防泵。

（4）大副现场指挥应急人员携带相关器材现场灭火，隔离易燃物品，冷却周围舱室。

（5）控制所有电源，切断通风，及时使用消防水冷却失火区域的周围甲板，防止火灾蔓延，根据火灾的发展，采用不同的灭火方式灭火，以减少财产和人员伤亡。

（6）厨房失火，首先关闭电源，迅速关闭抽油烟机、通风孔洞和门窗，防止空气对流火势扩大。根据现场情况使用防火毯或手提灭火器施救。如果烟道失火，使用厨房的固定式 CO_2 系统，一次性放完。及时转移食用油等易燃物，防止火灾蔓延或扩大。用消防水冷却失火区域的周围舱室，控制火势蔓延。

（7）船员舱室失火，使用就近的手提灭火器灭火；迅速切断通风系统，使用水龙控制火势蔓延，用强大直射水流喷射甲板与围壁，关闭机舱在各甲板上的出入通道，阻截火势向机舱蔓延。

（8）如本船无能力扑灭火灾，船长应向当地海事机构请求援助。

（9）如火势无法控制危及船上人员生命安全时，船长应果断弃船。

（10）火灾扑灭后，大副应组织人员检查确认火灾已扑灭，船长将检查情况报告当地海事机构和公司。

（11）确无复燃可能，方可解除警报。

5. 注意事项

（1）灭火作业

①坚持人员、环境优先的原则。

②爆炸发生后船长应立即组织人员研判有无二次爆炸的危险，如存在二次爆炸的可能，应立即下令人员撤离爆炸现场。

③如不存在二次爆炸的危险，爆炸是局部的、可控的，船长应组织人员积极施救。

④向货舱区域喷射泡沫时，将失火区域用泡沫覆盖，保持长时间封舱，其他区域用消防水降温。

⑤进入火灾现场前，大副须确保应急人员熟悉所装货物的理化性能，保证应急人员都理解货物的特性。

⑥如果船舶失火还在可控范围内，船长应组织人员积极施救。

⑦注意机舱压力容器会发生爆炸，在火灾发生时无法控制时要注意及时释放压力容器；。

⑧使用固定 CO_2 灭火设备封舱灭火时应注意鸣放警铃并查清确已无人在机舱内；切断油路、电路和外界通风设备、停主机、副机和其他动力设备；起动应急发电机和应急消防泵；施放后应保持足够封舱时间。

⑨机舱封舱后，人员进入机舱应佩戴呼吸器。

⑩机舱使用过的油棉纱要集中存放，及时处理。

⑪动火施工必须严格执行冷热工作业操作规定。

⑫易燃、易爆、易挥发物品集中存放，并做好标识。

⑬禁止直接向燃烧的氨喷水，因为有增加蒸发的危险。

⑭在生活区失火，控制所有电源，切断通风，及时使用消防水冷却失火区域的周围甲板，防止火灾蔓延，根据火灾的发展，采用不同的灭火方式灭火，以减少财产和人员

伤亡。

（1）探火注意事项

①在应变部署表内要设定至少2名探火员，在日常应变演习时要进行着装和探火训练。其他消防员也应熟悉探火员的着装和探火要求。

②探火人员穿戴消防员装备时要检查空气呼吸器面罩的气密性、空气瓶的压力、报警等，确保处于正常状态。

③探火员负责对不明火情和封舱灭火效果进行实地观察或搜索、抢救被困人员，同时尽力将火势扼制在局部范围，使用附近的消防器材把火扑灭，并为指挥员提供火灾现场准确信息。

④探火人员下舱时要系好救火绳，携带通讯设备和应急灯，保证下舱人员安全。

⑤探火员进入火场应选择位置较低、安全通道较多的出入口进出火场，一般来说，位置越高，烟雾越浓，温度越高。

⑥探火必须由两人进行，配戴空气呼吸器、消防服、安全绳，约定联系信号和信号内容，相互配合，保持5 m距离，同步向火源地点探索前进。

⑦在遇到楼梯或转向点时，协同人员应将安全绳尽量在该处进行固定，以防安全绳从该处滑出，造成撤离时迷失方向。

⑧在探火员遇到危险情况时，协同人员应立即抢救探火员脱离危险区域。

(二)油污应急反应

船舶发生油类货物泄漏时，应按照《船上油污应急计划》实施行动。

1. 油船货物泄漏

（1）立即停止货物作业，关闭有关阀门并迅速清除泄漏液货，防止污染水域，发出警报，并报告船长；

（2）迅速向码头/港口通报、向主管机关报告，并听从指挥；

（3）制止液货流入水域，根据应变部署表采取行动；

（4）迅速集中适合所泄漏液货的防毒、防污、防火工具，准备好消防设备；

（5）严防泄漏液货着火，切断通往现场的电源、火源、电路；

（6）如泄漏后发生火灾，除应按火灾应急的要求处理外，还应注意防止中毒，人员应站在上风；

（7）一旦泄漏液货接触人体，应以大量冷清水进行冲洗和/或淋洗，以防止或减轻化学灼伤；

（8）被污染的衣物不得带回房间及其他生活场所；

（9）如发生人员中毒，应立即将其转移至新鲜空气处，采取急救措施，如进行氧气复苏、人工呼吸等，情况严重时应立即向陆上急救组织求援；

（10）报告：开始时发出初始报告，然后再报告。报告内容：事故发生的原因、时间、地点、处理过程。

2. 燃油泄漏

（1）立即停止燃油作业，关闭有关阀门并迅速清除泄漏燃油，防止污染水域，发出警报，并报告船长；

（2）迅速向码头/港口通报、向主管机关报告，并听从指挥；

（3）制止燃油流入水域，根据应变部署表采取行动；

（4）迅速集中适合所泄漏燃油的防毒、防污、防火工具，准备好消防设备；

（5）严防泄漏燃油着火，切断通往现场的电源、火源、电路；

（6）如泄漏后发生火灾，除应按火灾应急的要求处理外，还应注意防止中毒，人员应站在上风；

（7）一旦燃油接触人体，应以大量冷清水进行冲洗和/或淋洗，以防止或减轻化学灼伤；

（8）被污染的衣物不得带回房间及其他生活场所；

（9）如发生人员中毒，应立即将其转移至新鲜空气处，采取急救措施，如进行氧气复苏、人工呼吸等，情况严重时应立即向陆上急救组织求援；

（10）报告：开始时发出初始报告，然后再报告。报告内容：事故发生的原因、时间、地点、处理过程。

3. 注意事项：

（1）应急人员需按文件规定，佩戴安全帽、工作服和手套等个人防护器具。

（2）使用化学药剂处理溢货时，船长应获得当地海事机构的批准。

（3）被污染的衣物不得带回房间及其他生活场所。

（4）严防泄漏液货/燃油着火，切断通往现场的电源、火源、电路。

（5）如泄漏后发生火灾，除应按火灾应急的要求处理外，还应注意防止中毒，人员应站在上风。

（6）如发生人员中毒，应立即将其转移至新鲜空气处，采取急救措施，如进行氧气复苏、人工呼吸等，情况严重时应立即向陆上急救组织求援。

（7）液货/燃油装卸系统在装卸作业时发生故障,需采取得当的安全措施,以防止污染事故的发生和保证货物装卸加装作业的安全。

（8）救援结束后，使用过的棉纱、木屑、吸油毡等需送岸处理或在船焚烧，防止滋生二次污染。

(三)船舶碰撞应急反应

1. 应急行动：

（1）船舶发生碰撞，应立即发出全船警报，通知船长和机舱，船舶立即进入应急状态。

（2）船长迅速接替操作，指令大副组织查明有无人员伤亡，检查破损部位及损坏情况、有无进水、油污染情况。

（3）轮机长检查机器设备，确保处于正常运行状态。

（4）如碰撞部位在机舱，轮机长应组织查明碰撞部位、机器受损情况，迅速评估报告船长。

（5）碰撞导致本船或他船人员落水，船长应立即组织船员搜救落水人员。

（6）船长向公司报告，并根据船舶所处位置向就近主管机关及搜救中心报告。

（7）当船撞入他船船体时，视情采取慢顶车等措施以减少破洞进水，应尽力操船使得破洞处于下风舷，如要分开，必须征得对方船长同意。

（8）如船体破损进水，大副组织排水堵漏；如在机舱，轮机长在组织排水堵漏的同时，必须确保机器设备的运行，并迅速评估，向船长报告。

（9）交换双方船名、呼号、船籍港、始发港、目的港、载货等资料，船长向对方递交"碰撞责任书"，要求对方签证盖章，如对方要求应批注"仅仅收到"。

（10）船长视情请求第三方援助。

（11）如碰撞引起火灾，按照火灾应急预案采取应急行动。

（12）如引起油污染，按照油污应急计划采取应急行动。

（13）如碰撞导致人员受伤，按照人员伤病立即实施抢救。

2. 注意事项：

（1）如碰撞不可避免，应尽最大可能避免碰撞货油舱、燃油舱。

（2）当对方船舶沉没时，船长应立即组织本船船员搜救他船落水人员，同时报告主管机关。

（3）当与他船碰撞未损及本船时，船长应对他船给予合理及力所能及的帮助，但无论如何，应完成交换船舶有关船名、呼号、船籍港、始发港、目的港等资料。

（4）船长应根据公司政策，尽力收集证据、陈述事实及其他详情，确认所有需要的信息报告均已完成。

（5）当机舱破损时，轮机长提供船舶使用动力、电力、机械供应，并对碰撞部位、主机、舵机及副机做损害评估，报告船长。

（6）当碰撞事故不可避免时，应遵循下列准则：

①两船发生碰撞，船首插入他船的船体，不要急于退出，应相对稳住，防止他船沉没；

②保护人命安全，防止船员伤亡的发生和扩大；

③保护海洋环境，避免造成污染或污染扩大；

④应避免财产损失的不断扩大。

(四)搁浅(触礁)时应急反应

1. 应急行动：

（1）值班驾驶员应立即报告船长。

（2）船长接替操作，确定船舶搁浅/触礁位置及周围地理环境，立即发出报警，及时向当地海事机构及公司报告。

（3）值班驾驶员正确显示号灯号型，做好相关记录；查找潮汐或水位资料，判断当时涨落潮情况及潮流方向，查看图书资料，结合测深情况判断水底地形及底质。

（4）大副立即组织水手长测量左右舷前、中、后六面水深，检查船舶搁浅/触礁前后吃水及吃水差，测量各油舱、压载舱、淡水舱、污油水舱存量及变化情况，检查船舶进水情况及船舶倾斜情况，并及时向船长汇报。

（5）轮机长组织检查燃料油舱、操舵装置和推进器的受损情况，并向船长报告检查结果。

（6）船长根据各方面报告的信息，结合当时的天气、风向、风速及水流情况，向公司做出及时汇报，并提出初步应急处理方案。

（7）大副根据处理方案，负责调驳油水和应急排水，调整船舶浮态。

（8）三副负责消防救生设备的检查，使其处于随时可用状态。如果船舶有进水沉没的情况，要根据船长的指挥进入弃船救生程序。

（9）大副指派人员不间断检查货油舱情况，机舱不间断检查燃料油舱情况，如果发生货油燃料油泄漏入水，立即启动防污染程序。

（10）船长根据已确定的应急处理方案进行操作，并根据搁浅触礁受损情况请求外部援助，如拖轮协助、安排减载等。

2. 注意事项

（1）船舶搁浅/触礁后如果出现进水情况，不能马上倒车退出，这样会加速进水速度。

（2）收集水位、气象信息，评估风、流、潮汐的影响。

（3）如情况不明，禁止用车用舵，以防止扩大损失。

（4）船体受损变形或进水后，要利用《船舶破舱稳性计算书》，及时调整船舶压载水和或货油，并计算船舶稳性及船舶应力，防止船舶倾覆或船舶断裂等危险状况的出现。

（5）大副/轮机长检查船体/舱室/设备情况后要及时报告船长，船长要及时把当时的情况上报公司，以确定下一步救援方案。

（6）选择脱浅/礁方案时，可能有：

①自行脱浅/礁：通过调整或压排压载水、淡水减少吃水，或利用潮汐，通过自身车、舵、锚的正确使用脱浅。

②使用外界动力脱浅/礁：使用拖轮协助，考虑所需拖轮的数量、功率、时间、作业的位置方向等。

③卸货：如搁浅/触礁严重，潮水渐落，或遇恶劣天气等特殊因素，可考虑卸货减载，减少吃水。

（7）短时间不能脱浅/礁，或地质恶劣，导致船体损坏，应采取措施固定船体，然后制定方案。

（8）做好相关记录。

（五）人员进入封闭场所遇险/中毒时的应急反应

1. 应急行动

人员进入封闭场所发生紧急情况时，应按照船舶编制的人员进入封闭场所遇险方案，应立即采取行动。

（1）发现进入封闭场所人员遇险立即向船长报告。

（2）船长立即向全船发出人员遇险报警，向当地海事机构和公司报告。

（3）现场负责照应的人员在救助者到达之前不得进入舱内。

（4）救助人员到达现场后大副应对现场进行评估，查明原因，现场测氧、测爆、测毒，报告船长。船长向公司和有关机构报告。

（5）大副组织救助人员下舱救人，舱口派专人照应，备妥复苏器、担架等。

（6）大副组织将遇险人员救出后迅速移到新鲜空气处，并解开领扣和裤带，给患者吸氧，保持伤者呼吸道畅通。

（7）遇险人员发生窒息、呼吸停止或微弱或不规则，应安排对窒息者实施人工呼吸或使用氧气复苏器进行呼吸，如心跳骤停应使用心脏复苏仪。

（8）遇险人员发生中毒则将其移至新鲜空气处，给患者吸氧，注意保暖。

（9）如皮肤接触有毒物品造成中毒，大副应安排救助人员迅速脱去中毒者被污染的衣着，用肥皂水或清水彻底冲洗，如眼睛接触，用清洁淡水冲洗眼睛。

（10）船长保持与岸上医疗专家的联系，请求岸基医疗支援，大副在专家的指导下进行抢救。

（11）如遇险人员伤情加重，船长与当地海事机构联系，选择当地港口紧急停靠，将遇险人员送往医院救治，并向公司报告。

2. **注意事项：**

（1）进入封闭场所前必须进行气体检测,氧气的体积浓度为21%，烃气的浓度不大于爆炸下限的1%，并且不存在毒性污染或其他污染的情况下，大副签注许可证后，才能进入。

（2）在封闭场所入口处应备妥救生绳和安全带并立即可用。

（3）在封闭场所入口处应备妥认可型正压式呼吸器和复苏器。

（4）派专人在舱口负责照应，明确地确定处理紧急情况的通信方法并使各有关人员都明白。

（5）救护人员不得盲目进入现场，首先做好个人防护，应穿戴空气呼吸器，系救生绳、安全带，携带应急灯和通讯联络设备等。如封闭场所有毒，救助人员应穿防化服。

（6）使用前大副检查专用安全设备、个人防护器材的可靠性。

（7）货物作业前船员要熟悉所装货物的理化性能，保证所有人员都了解货物的MSDS。

（8）货物作业前大副组织人员检查设备是否处于正常状态，检查专用安全设备、个人防护器材的可靠性，确保各项安全措施落实到位。

（9）进入与货舱相连的封闭场所前要进行测毒。

（10）将中毒者送往医院时应说明载运的货品名称、种类和中毒原因等。

（11）所有受货物污染的物品、设施集中处理。

第六章

货物操作与管理

第一节 ● 货油系统

货油系统的主要设备有货油泵、货油管系以及相关的阀门。它们的作用就是用来装入和卸出货油。使用者必须掌握货油泵的性能，熟悉管线的走向以及各阀门的作用。

一、货油泵

货油泵是指装卸液体货油的泵浦，是货油系统中最关键的设备。内河小型油船上常用的货油泵有离心泵、螺杆泵、往复泵或其他回转泵。

(一)离心泵

1. 离心泵的结构和工作原理

离心泵由叶轮和泵壳组成。泵在运转时利用叶轮的高速旋转，使液体受到离心力的作用，从而产生连续的吸排工作，如图6-1所示。因此，只要叶轮不停地回转，液体的吸排也就会连续地进行。

离心泵在现代油船上多作为主货油泵。按不同的标准它可分成很多类别。以泵轴的方向来分，有立式、卧式；按叶轮的数目分，有单级、多级；不管型式如何变化，离心泵的基本性能特点却是基本不变的。

2. 离心泵的性能特点

（1）构造简单，体积小，重量轻；

（2）能在很广的排量和压头范围内使用，压力平稳，流量均匀；

（3）传动机构简单，可与电动机直接传动；

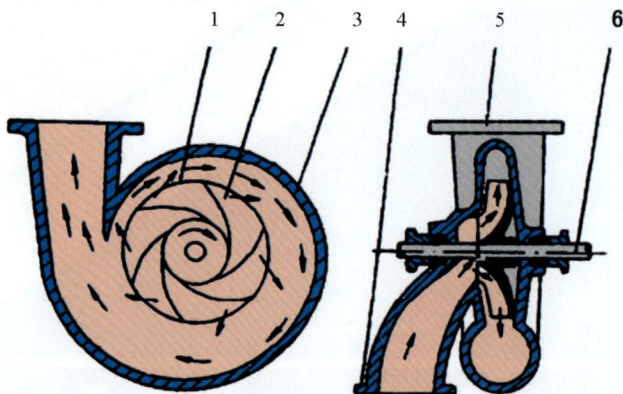

1-叶轮 2-叶片 3-泵壳 4-吸入管 5-排出管 6-泵轴

图6-1 离心泵的结构和工作原理

（4）操作方便可靠，且易于实现遥控操作；

（5）能输送比较污秽的液体；

（6）没有干吸能力，起动时必须要预先引泵；

（7）液体黏度对泵的性能影响较大，黏度大时，泵的效率会显著下降；

（8）容易发生气蚀，当吸入气体或货油汽化时，泵的效率降低甚至不能工作；

（9）泵的出口压力（背压）太大时，效率也会下降。

3. 离心泵的管理

（1）起动前要引泵，要让泵内充满液体。

（2）封闭起动。即在打开吸入阀而关闭排出阀的情况下进行起动，这样可减少起动功率，缓和对电网的冲击。但封闭运转的时间不宜过长，一旦压力上升到工作压力，便可以慢慢打开排出阀。

（3）防止发生汽蚀。泵发生汽蚀时，会出现发热、噪声和振动，泵的效率下降甚至不工作。因此应注意尽可能降低液体温度，减少吸入管路阻力，增加吸入压力，如调整船舶纵倾、关小排出阀等。

（4）工况调节。泵在工作时，往往由于实际的需要，必须对排量或压头加以调节。离心泵的工况调节方法有以下三种：

①节流调节法：即关小排出阀。这样一来，泵的排量变小，压头升高。节流调节法有压力损失，所以不太经济，但简便易行。

②回流调节法：即改变回流（旁通）阀的开度。通过调节回流量来改变工作管路的流量。开大旁通阀，泵的总排量增大，压头降低，而流过工作管路的流量就减小。这种方法虽然方便，但也不经济。

③变速调节法：即改变泵的转速。转速降低，压头和排量均会下降。相比之下，这种方法较为经济，但原动机必须是能变速的。

（5）如果是两台泵并联运行，应确保两台泵的排出压力要基本一致，出口压差不超过2×10^5 Pa。特别要注意的是，并联运行最好是特性相同的泵，特性不同的泵在并联运行时，转速较低的泵排量会显著减小，甚至会发生封闭运转的现象（即排量为0）。并联运行的特点是排出压力不变，排量增加。

（6）如果是两台泵串联运行，也应保证两泵有相近的特性。否则其中一泵会过载，而另一泵的排量过低、效率降低。串联运行是为了提高泵的扬程，其排出压力必须在甲板管线承压范围内。串联运行的特点是排量不变，压力升高。

（二）螺杆泵

螺杆泵是泵类机械中的一种容积式的回转泵。它是利用螺杆的回转来吸排液体的。按螺杆的根数来分，常用的有单螺杆泵、双螺杆泵（如图6-2所示）和三螺杆泵。

小型油船多将螺杆泵作为主货油泵或扫舱、扫线泵。

1. 螺杆泵的特点

（1）具有自吸能力，且吸入性能好；

（2）排量范围较广，每小时能从几个立方米到300多立方米；

（3）压头高，一般可达10 MPa以上；

（4）结构紧凑，零部件少，相对重量和体积小；

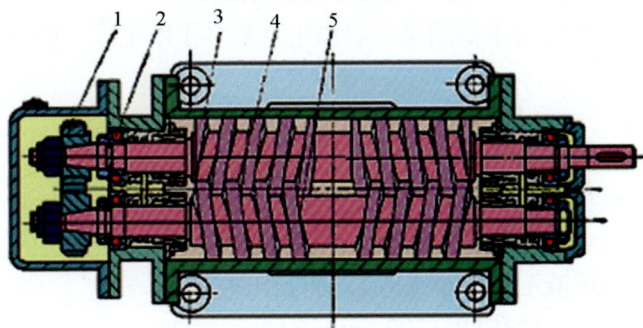

1—同步齿轮；2—滚动轴承；3—泵体；4—主动螺杆；5—从动螺杆

图6-2 双螺杆泵结构原理

（5）输液平稳，排量和压力波动小；

（6）转速高。可达3 000 r/min，且噪声和振动都较小；

（7）缺点是螺杆轴向刚性较差，另外加工装配要求高。

2. 管理上的要求

（1）起动前应全开吸入阀和排出阀，以防过载或吸空，必要时打开回流阀启动；

（2）为防止起动时干转，泵内应有液体，使运动部件得到可靠的润滑；

（3）原动机的转向必须按泵规定的方向旋转，否则吸排方向会发生改变；

（4）不宜在超过额定压力的情况下工作，否则会引起超负荷并加剧磨损；

（5）使用软填料作为轴封时，填料压盖不宜太紧，更不能偏斜；

（6）工作时要防止空气漏入，以保证排量，减少噪声。

（三）往复泵

活塞式往复泵是一种依靠活塞在泵缸中做往复运动，使泵缸内的工作容积变化，产生吸排作用的一种容积式泵，如图6-3所示。

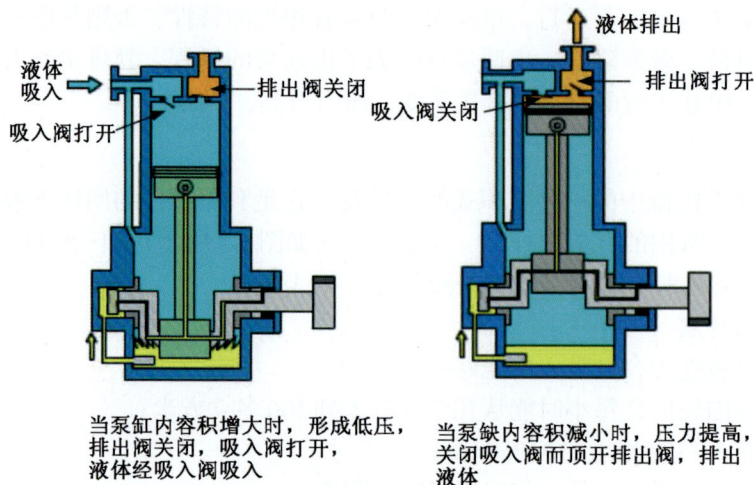

当泵缸内容积增大时，形成低压，排出阀关闭，吸入阀打开，液体经吸入阀吸入

当泵缺内容积减小时，压力提高，关闭吸入阀而顶开排出阀，排出液体

图6-3 往复泵的工作原理图

往复泵按其作用次数分为单作用泵、双作用泵及多作用泵，一般油船上配备的都是双缸双作用式往复泵。

1. 往复泵的特点

（1）有较强的自吸能力；

（2）理论排量与压头无关，而只与泵的尺寸、转速及作用次数有关；

（3）压头与泵的尺寸无关，而只与泵体的强度和密封性及原动机的功率有关；

（4）排量较小，且供液不均匀。一般为300 m³/h左右；

（5）转速不能太高。一般在80～300 r/min之间；

（6）输出有杂质的液体时，泵阀易磨损泄漏。

2. 往复泵的作用及配置

往复泵在油船上常用作主货泵和扫舱泵。作扫舱泵时，可以用来抽吸舱底残余液体，在卸货完成时，还可以用来清扫管线残油、抽除泵中空气等。少数小型油船上的主货油泵就用往复泵，从卸货开始到扫舱结束均用同一台往复泵来完成。在设有自动扫舱装置的现代油船上，可能会设有一台往复泵作为扫线之用。大多数油船在没有自动扫舱装置而以离心泵作为主货油泵的同时，每组管线可能会设有一台往复泵用以扫舱和扫线。

3. 往复泵管理上的要点

（1）起动前，要全开排出阀和吸入阀；

（2）运行时，排出阀要保持全开，不允许关闭或关小；

（3）不宜在超过额定压力下工作，否则会引起超负荷。

二、货油管线与货油阀

在油船的货油系统中，货油管、货油阀是必不可少的一部分。它们分别布置在甲板、泵舱或舱底。只要涉及货物的装卸或洗舱等操作，都与它们密切相关。每一位操作者在作业之前必须熟悉了解管道和阀门的位置和作用，切不可粗心大意。

1. 货油管系

货油管系一般分为主货油管系、扫舱管系、洗舱管系等。主货油管系是指装货、卸货及部分货舱压载时所用的大口径管路；扫舱管系是指在卸货或排压载水时借以卸除油舱和管内残油或残水的小口径管路。

内河小型油船上，用来装油或卸油的管子可以是同一套管路，也可以是二者分开的管路；少数成品油船的扫舱管路常与货油管路通用，只不过二者的吸口不同，并且扫舱吸口的位置相对低一点；而装有自动扫舱装置的油船，就省去了扫舱系统，如图6-4所示。

图6-4　甲板货油管系图

2. 管路应力的处理

为消除因温度变化而引起的管道伸缩以及船体变形所造成的应力，在整个管系中，每隔适当的间距都设有膨胀接头。膨胀接头的型式主要有下述三种，如图6-5所示：

（1）U形弯管：这种接头多用于小口径的管路，如空气管、淡水管等；

（2）套管型接头：多用于蒸汽、海水；

（3）修正型接头：多用于较大的货油管、压载管、透气管等。

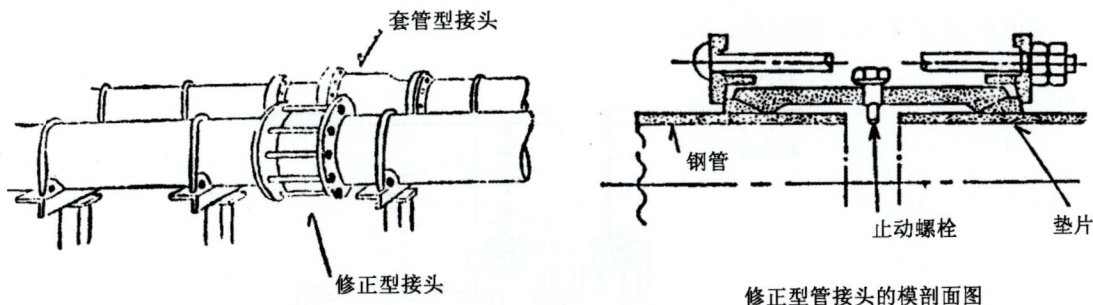

图6-5　膨胀接头

3. 输油软管

油船在装卸货时离不开输油软管。为防止发生泄漏，输油软管每年应进行一次压力试验，每次装货之前还应试压，除此之外，输油管还应具有良好的导电性，一般每米电阻不超过0.75 Ω。

4. 货油阀

凡与货油装卸有关的各阀统称为货油阀。按结构分，有截止阀、闸阀、蝶阀（如图6-6所示）、止回阀等；按其作用分，有吸入阀、隔离阀、排出阀、旁通阀、下舱阀、腰截阀等。

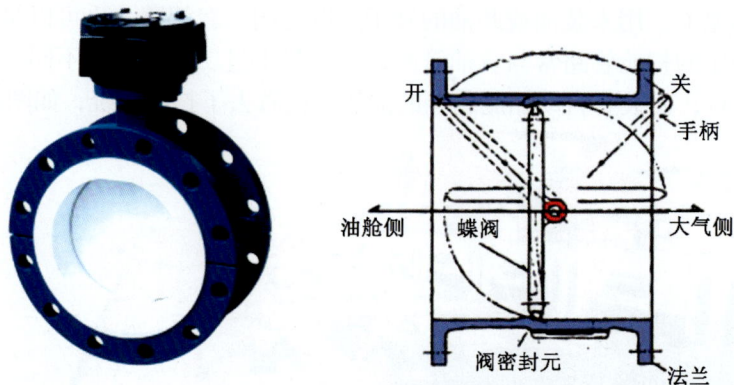

图6-6 蝶阀原理图

内河小油船的大多数阀门是手动操作，少数蝶阀采用液压或压缩空气驱动。不论是手动阀还是液动阀，关闭时速度都不宜过快。平时应注意检查，试压时发现有滴漏现象应及时处理。

第二节 ● 货油加温系统

内河成品油船一般都没有货油的加温系统，只有少数原油船、沥青船或油驳才布置了加温装置。近年来，不少油船为了提高适装性能，扩大装货品种，将油船改成了油化两用船。这样，加温系统自然就必不可少了。

油船的加温系统比较简单，如图6-7所示：

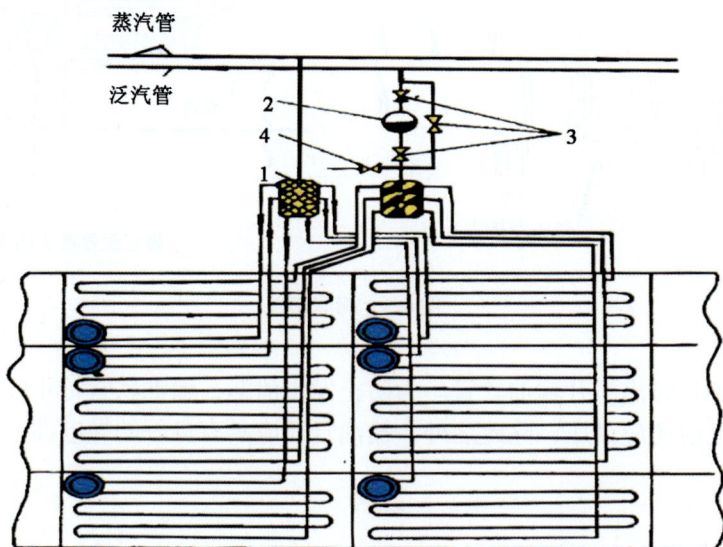

图6-7 货油系统加温管系图

一、加温流程

蒸汽从机舱的锅炉引出送至甲板主蒸汽管后，再经各舱支管送至油舱加热盘管，高温蒸汽通过加热盘管管壁将热量传递给货油，使货油温度升高；而管内的蒸汽放热后凝结成水，再经回汽管、截止止回阀、阻汽器、检油箱回到机舱热水井，热水井的回水再泵送进入锅炉。系统中截止止回阀的作用是防止排汽管的凝水倒流；阻汽器是为了保证有效利用蒸汽热量，使蒸汽全部凝结成水；检油箱可观察回水中是否有油，若有油，说明该舱加热盘管出现了破损，货油已进入管内。

二、加温盘管的类型和材料

货油舱加温盘管主要有两种类型，即蛇形管和螺旋形盘管。蛇形管都是平铺在舱底，距离舱底的高度一般在 15 cm ~ 20 cm；螺旋形盘管大多装设在货油泵吸油喇叭口处，以便货油能顺利流进吸入管内，如图6-8所示。

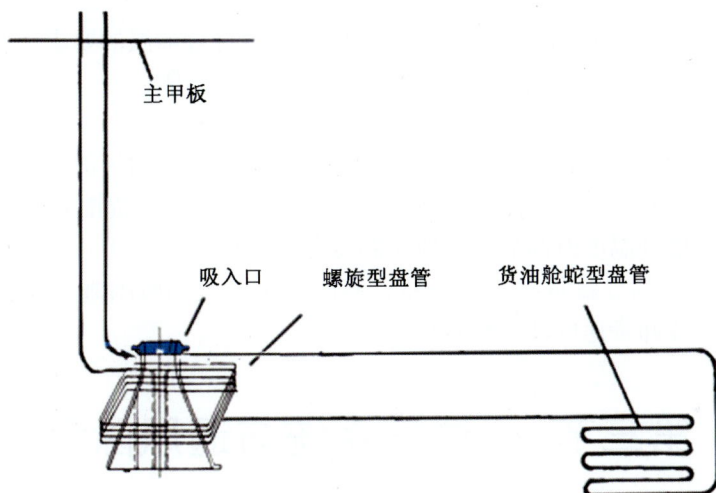

图6-8　舱内加温管系图

加温管的材料一般为钢管、铸铁管、黄铜管和铝合金管。钢管普遍用于甲板之上，而铜管和铝合金管多用于舱内。由于价格的原因，目前所造油船的加温管多为钢管。

三、加温系统的操作

（1）船舶应通过各种途径了解所装货油的特性及加温要求，并根据这些信息制定加温计划。

（2）航行中船舶大副或指定负责人应每天早晚各负责测量油温一次，加温时应每四小时测温一次，并做好记录。

（3）根据加温计划和实测油温需要加温时，大副应先通知机舱，并报告所需蒸汽压力。

（4）在进行正式加温前应进行"暖管"，即用压力很低的蒸汽把加温管系中的残水顶出。具体操作如下：

①打开甲板主管系的总阀及放残总阀，放净残水；

②渐渐开启加温总阀，关闭放残总阀，打开各舱进气阀及放残阀；

③当有蒸汽喷出时，说明此管系已通，关闭放残阀，直到管系全通为止。此时暖管作业结束。

（5）在进行暖管作业的同时，应检查加温管系和阀门有无泄漏。

（6）暖管作业结束后即可渐渐打开加温总阀，防止水击作用造成接头的损坏，当不出现任何水击声时，将阀门全开。

（7）打开欲加温油舱的蒸汽下舱阀。

（8）卸油时的加温应与卸油计划配合进行，保证舱内余油一次性收尽。

（9）当舱内余油卸至计划指定的空当时，应及时关闭蒸汽下舱阀。

（10）在整个加温过程中，应根据各舱油温情况，及时调整阀门开度，经常打开放残阀，检查有无油类混入。

四、加温注意事项

（1）在加温过程中，要确认蒸汽压力和阀门的开度符合加温的要求，经常检查管线内的回水温度和回水是否含油，机舱也应注意回水情况是否正常。

（2）加温期间要定期测量各舱的温升情况，若出现不平衡时，应予调整。

（3）船舶在决定加温时，应充分考虑航次时间、途径航线的外部环境、本船的加温效果及单位时间温度上升率，尤其是冬季或大风浪天气时，应注意提前开始加温。

（4）应充分考虑到温度升高后的油舱空距变化。

（5）防止过度加温导致货物品质变化，有时也可导致扫舱困难。也要防止加温不到位，影响正常卸货或卸货速度及扫舱效果。

第三节 ● 透气系统与通风除气

一、透气系统

1. 透气系统的作用（如图6-9所示）

我们知道，一般船体的水压试验正压为 0.25×10^5 Pa，而负压一般为 -0.14×10^5 Pa。在货油舱里，由于温度的变化以及货物装卸的操作，货舱内的压力也会发生变化，压力的升高或降低所形成的压力差对货舱乃至船舶构造可能产生不利的影响，甚至产生破坏。有了透气系统之后，可以吸入或排出气体，释放货舱与舱外的压力差，从而达到保护货舱的目的。

2. 透气的形式

根据适装货油的危险程度，内河油船的透气系统的形式可分为开式透气和控制式透气。

（1）开式透气：是指在正常操作期间，货物蒸气可以自由进出油舱，无任何限制。不过这种透气方式仅适用于闪点在60℃以上，且人体吸入其蒸气后无明显危害的货物。

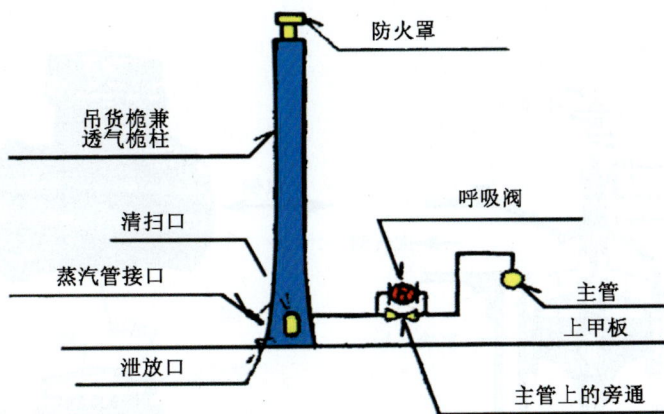

图6-9　透气系统原理图

（2）控制式透气：是指在每个货舱的透气管上设置压力/真空释放阀，以限制货舱内的压力或真空。控制式透气系统主要由透气阀（隔离阀）、透气管、呼吸阀、（手动）旁通阀、防火网或消焰器等组成。这种透气形式在油船上最为普遍。

3. 透气系统的布置方式

透气系统管路的布置方式一般可分为独立式、分组式和共管式。独立式是在每一个货油舱分别设置透气系统；分组式是把所有油舱分为几个组，每一组各自装有一根透气管；共管式是将所有油舱的透气管汇集于一根主管上，全船只有一根透气桅管。

4. 透气系统的主要装置

（1）呼吸阀：呼吸阀也称为压力/真空阀，装在透气管上，是一种自动呼吸装置。其作用是调整舱内的压力。呼吸阀设定的工作压力为：正压$0.14×10^5$Pa，负压$-0.07×10^5$Pa，当舱内压力超过正压设定值时，呼吸阀能自动打开，放出一部分气体以降低舱压；当舱内出现负压且超过设定值时，呼吸阀也能自动打开，吸进一部分空气，使负压减小。通过对舱内压力的控制，一方面保护了油舱，另一方面抑制了货物蒸汽的排放，减少了货物的损失。

常用的呼吸阀有重力式和活塞式两种，如图6-10所示。

（2）防火网和消焰器：防火网是一种装在货区甲板管孔开口上的防火装置，一般由20目的钢丝网或铜丝网制成。既可保证舱内气体正常地从这些开口溢出，又可防止火焰从各开口进入油舱。

防火网的使用和管理：所有油舱管孔口上必须安装防火网，并保证与管壁接触良好，保持清洁，定期检查，有损即换。

消焰器又叫火花熄灭器，主要部件也是一种由金属、陶瓷或其他耐热材料制成的网体，常见的多为不锈钢制造。它安装在透气桅的顶端，以防止烟囱吹来的火花及外部的燃烧将火焰引入舱内。

（3）旁通阀：旁通阀装在呼吸阀的旁边。在装货或卸货期间，呼吸阀来不及通过大量的货物蒸气或空气时，这时事先就应打开旁通阀，以便气体快速通过。

（4）透气阀、透气管：透气阀装在油舱出口处，用于必要时的隔断；透气管自油舱的最高部位引出，透气管出口的数量、高度和位置则因各船舶的设计而异，但必须符合规范要求。

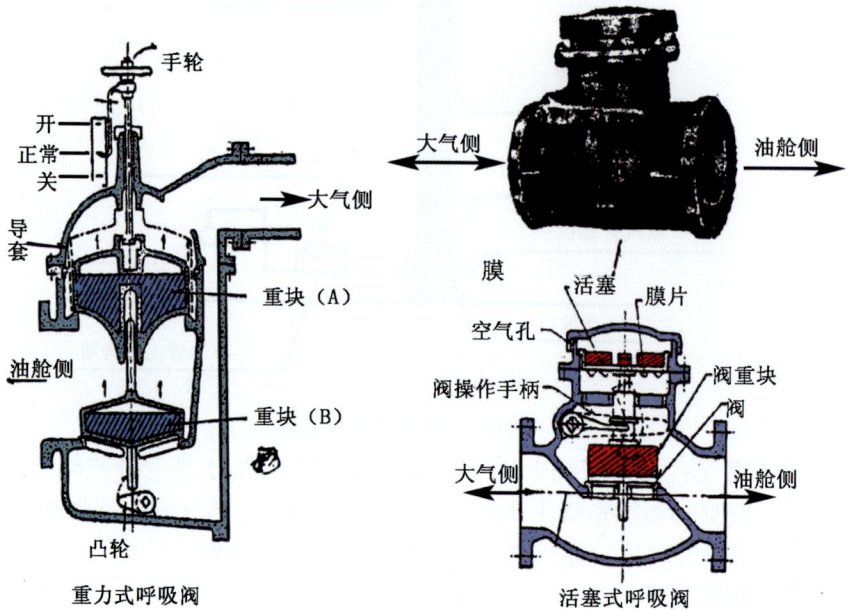

图6-10　呼吸阀的结构原理

对于控制式透气形式来说，其透气出口应布置在货油舱露天甲板以上不小于6 m处（其中，当出口位于距步桥4 m范围之内时，则出口应布置在步桥以上不小于6 m处），且与含有火源的围蔽处所的最近进气口或开口以及可能引起着火危险的甲板机械和设备的水平距离均应不小于10 m。船长在40 m以下的油船，其出口应布置在货油舱露天甲板以上不小于3 m处，且与含有火源的围蔽处所的最近进气口或开口以及可能引起着火危险的甲板机械和设备的水平距离均应不小于5 m。

当采用高速排气方式时，如图6-11所示，其出口应布置在货油舱露天甲板以上不小于2 m处，且与含有火源的围蔽处所的最近进气口或开口以及可能引起着火危险的甲板机械和设备的水平距离均应不小于10 m。采用高速排气方式且船长在40 m以下的油船，其透气出口应布置在货油舱露天甲板以上不小于2 m处，且与含有火源的围蔽处所的最近进气口或开口以及可能引起着火危险的甲板机械和设备的水平距离均应不小于5 m。另外有些共管式的透气桅的高度一般在9～12 m之间，这样更有利于有效地扩散。

对于货油闪点大于60℃的油船，透气管出口应布置在货油舱露天甲板以上不小于500 mm处，该出口离含有着火源的围蔽处所的最近进气口或开口以及可能引起着火危险的甲板机械和设备的水平距

图6-11　高速透气阀

离均应不小于2 m。

透气管的出口端应设有耐腐蚀和便于更换的金属防火网，防火网格的净面积应不小于透气管的横截面积且规格不小于64目/平方吋。（出自2016内油建造规范并整理）

5. 透气系统的管理

（1）装卸货或压载前要检查呼吸阀并将其置于常开位置，如有旁通阀应打开旁通阀，以便使蒸气或空气能快速通过。作业完成后应关闭旁通阀，并使呼吸阀置于自动位置。

（2）呼吸阀及防火网应定期进行清洗，防止有堵塞现象。

（3）透气系统的透气能力是不小于装卸货最大速率的1.25倍。制订装卸货计划时，必须考虑透气系统所允许的最大装卸速率，以确保该系统的正常工作。

二、货油舱的通风除气

用新鲜空气取代舱内的烃气或惰气等有毒缺氧气体的作业叫作除气。

(一)除气的目的和标准

（1）为洗舱除气：当采用过贫舱气状态下洗舱时，要进行通风除气，使舱内可燃气浓度下降到可燃下限的10%以下，以确保洗舱的安全。

（2）为人员入舱作业除气：当要进坞修理或临时要进舱修理或是商检进舱验舱之前，通过除气使舱内氧气达到18%以上；可燃气下降到可燃下限的1%以下；有毒气体浓度下降到阈限值以下。

（3）为改装货种除气：这种情况有必要时还要先洗舱，然后再进行除气，并使可燃气浓度下降到爆炸下限的4%以下。

(二)除气的方法

根据船舶设备的不同，除气的方法也可不同。下述的几种方法就是小油船常用的除气方法。

1. 用固定式风机除气

近年有些油化两用船，将固定式的风机（如图6-12所示），装在船艉，而将固定的风管布置在甲板上，各舱支管自通风总管引至各舱顶部。这种装置除气操作最为方便。

图6-12　固定式风机　　　　图6-13　移动式风机

2. 用移动式风机除气

内河油船常用的移动式风机（如图6-13所示），有水压驱动式、压缩空气驱动式。

对油舱进行除气操作时，可以使用两种方式。一是向油舱内鼓入空气，使舱内气体不断地被稀释后排出舱外；另一种是抽吸舱内气体，让空气进入油舱进行置换。两种方式的共同点是吹入或抽出管均应通入油舱底部，否则达不到除气效果。

3. 用自然通风或压水的方法除气

这是最为简单的两种除气方法。采用自然通风除气时，必须打开待要除气的那个油舱的所有舱盖及开口，考虑到自然通风的除气方法效果较差，因此必须保证有充裕的时间。用压水法除气时，则需要注意保持合适的船舶吃水和平衡。

(三)除气的准备和注意事项

(1) 要做好除气计划。根据除气的目的和本船除气设备的情况，确定好除气的方式、除气的时间，以及除气要达到的标准。

(2) 做好除气设备的准备工作。不同的除气方式，所需要准备的设备也会有所不同。

(3) 不管用何种方式除气，相同的准备工作及注意事项有：

①备好消防器材，将空调系统改为内循环，防止有毒气体进入生活区；

②挂出除气通知牌，关好门窗并告知全体船员除气开始；

③除气的地点必须在港方指定的地点进行，应避开过往和停泊船只较多的水域，并严禁其他船舶旁泊；

④风机等除气的设备必须保持良好的接地；

⑤往舱内鼓风作业的通风除气，要控制好排气口的数目，以使气体排出时有足够的速度，尽快飘离甲板区域；

⑥在检测舱内烃气或氧气浓度时，必须在风机停止后，让舱内气体静置10 min以上方可进行测定。测定时还要注意在不同的高度和位置进行。若测定的结果不合格，则必须再次进行通风。

第四节 ● 惰气系统简介

一、惰性气体系统产生的背景

1969年以来相继发生了三艘巨型油船爆炸事故：

"MARPESSA"（马尔佩萨-荷兰）：1969年12月12日，荷兰"MARPESSA"号20.8万吨级油船正在冲洗过程中的5中舱突然发生爆炸，紧接着4中舱和5中舱发生严重火灾，并蔓延至泵间，油舱之间的舱壁被穿破，海水涌入机舱，造成一名船员下落不明，其他船员获救。于12月14日船体沉没海中。

"MACTRA"（马克特拉-英国）20万吨级，1969年12月29日晨过非洲东海的莫桑比克海峡时先开始进行了洗舱作业。就在该舱洗舱作业即将结束时发生了爆炸，引起了严重火灾，造成2名船员死亡，3名船员受烧伤，船体严重损坏。

"KINGHACKON"（康克·哈康-VII-挪威）：1969年12月22日，挪威22万吨级"KINGHACKON"号油船在英国芬那嗒港卸油后洗舱航行途中开始冲洗左右两舷边舱，于29日洗舱完成。装入压载水后开始洗4中舱和5中舱。在洗舱作业过程中，两舱突然发生了爆炸事故，接着发生火灾。船员及时撤离该船，30日晨大火被扑灭。该船油舱损坏严重。

人们通过对这三艘VLCC级的油船爆炸事故的深入调查和研究，得出的结论是上述三艘油船的爆炸全都是因为在洗舱中发生静电。人们意识到，静电作为一种新的火源，几乎是不可能消除的。于是人们就开始着手研究"即使存在火源也不会发生爆炸事故"这一新的课题，这就是研究控制燃烧三要素中另外的一个要素——氧气，以达到防止燃烧爆炸的目的。

经过研究石油气体（主要是碳氢气体）浓度与氧气含量之间的对应关系，得出这样的结论：当碳氢化合物与氧气混合达到一定的比例范围时，才会发生燃烧事故，而在此比例范围以外的区域是不会发生燃烧爆炸的，当为了安全地进行某项作业时，可人为地控制碳氢化合物的浓度或氧气的含量，使货油舱的气体状态处于可燃烧爆炸范围之外，如图6-14所示。

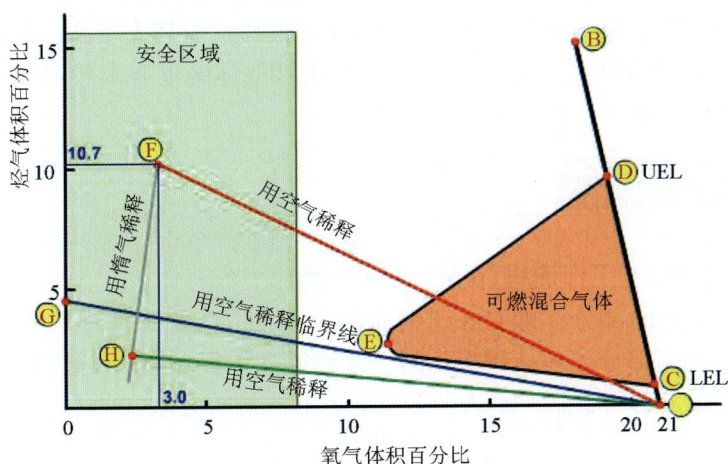

图6-14　燃烧三角形图示

船舶为了控制货油舱内碳氢化合物的浓度或氧气的含量，运用一种安全装置——惰性气体系统来建立"贫气"或惰性气，把中性气体引入混合气从而控制舱内的含氧量。这种系统在理论上和实际应用中都达到了防燃防爆的目的，在油船上也得到了普遍的应用和发展。

二、惰气的作用

惰性气体是一种化学作用不活跃的、不支持人体呼吸的、不能支持物质燃烧的气体。当其被送入油舱时，可大大降低货油舱内的氧含量，使舱气失去可燃/爆炸性。

（1）对货油舱进行惰化：确保油船在航行、装卸货、排压载水和洗舱作业等时候，油舱中氧气含量低于8%以下，油舱处于非可燃状态。

（2）对货油舱进行驱气：洗舱后油舱需要进行除气时，首先用惰气进行驱气，使舱气的烃气含量降低到2%或更低的体积比。

三、惰性气体的来源

1. 船舶主、辅锅炉排出的废气。

燃料油在锅炉内正常燃烧后所产生的废气含有以下成分：

CO_2……13%

O_2……3%~4%

N_2……77%

SO_2……0.3%

H_2O……约5%

固体颗粒……其余

上述气体若经冷却除尘和除去水蒸汽，即可成为惰性气体。这是最为经济的来源，一般为较大型油船所采用。

2. 独立惰性气体发生器(IGG)

是指在船上装有专门的制取惰性气体设备，通过燃料的燃烧来获得惰性气体。这种惰性气体因其含氧量低，甚至低于0.5%，所以质量很高。但其成本高，需要专门额外的燃料和燃烧设备。惰性气体发生器主要安装在对惰性气体纯度要求较高的LPG和LNG船、成品油船或某些没有锅炉装置的大型原油船上。

四、惰气系统的构成

(一)惰性气体(系统)的工作流程(如图6-15所示)

IGS分成三个大的部分：即IGS产生部分，包括取气阀、洗涤塔、风机和压力调节阀；油舱可燃气隔离部分，包括甲板水封、止回阀和甲板隔离阀；惰气（IG）分配部分，包括甲板IG主管、P/V切断器、IG入舱分支管系和入舱阀。

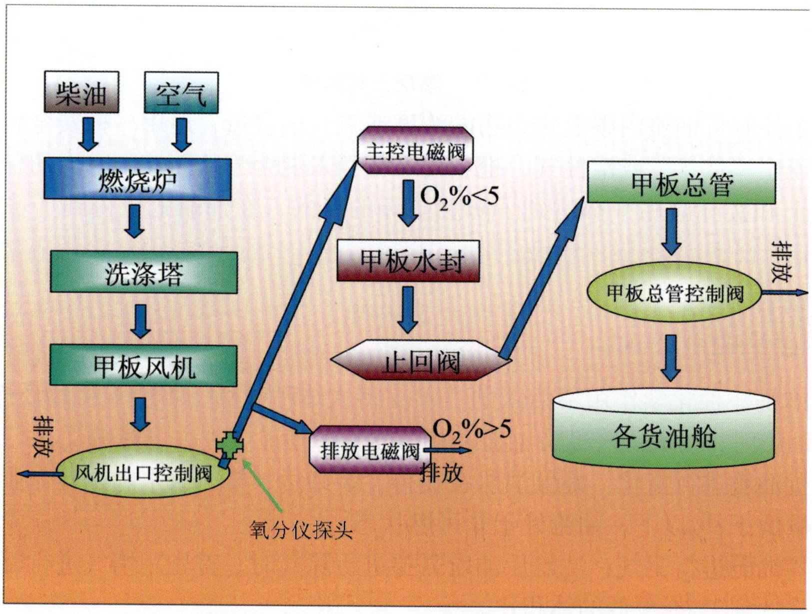

图6-15　惰性气体（系统）的工作流程

惰性气体的大致流程为将锅炉排出的高热烟气截取下来送到洗涤塔和除湿器进行洗涤、冷却和除湿，然后由IG风机加压后经压力，调节后经甲板水封、止回阀和甲板隔离总阀，到甲板IG总管，再由进舱分支管路流入舱隔离阀送至各油舱。P/V切断器用于调节舱内压力，防止过高或过低时损坏舱壁结构，透气管主要用于当IG产生机构发生故障时释放质量很低的气体或把经压力调节阀调节剩余的气体放入大气。

(二)IGS各主要设备的作用

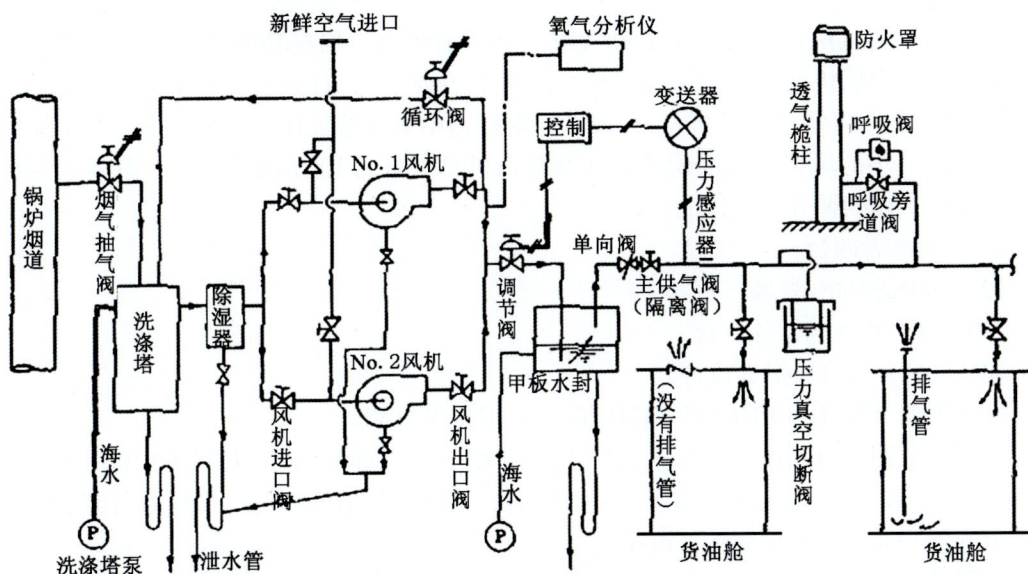

图6-16　IGS各主要设备

1. 烟道取气阀

取气阀装于锅炉烟囱和IGS之间，当系统不工作时，该阀处于关闭状态，可在机控室内遥控操作。

2. 洗涤塔

洗涤塔有三方面的作用：

（1）冷却

烟道取气阀截取下来的烟气高达几百摄氏度，因此必须使温度降至接近冷却水的温度，一般要求是洗涤塔出口气体的温度比冷却水的温度高3℃～5℃。

（2）除硫

因锅炉的烟气不仅高热，而且还包含具有腐蚀性的二氧化硫、二氧化碳。因此必须将硫分脱掉，一般洗涤塔的设计可除掉的硫分在90%以上，有的洗涤塔脱硫率甚至高达98%。

（3）除尘

烟气中无疑会含有固体颗粒状的灰尘，必须将其除掉，通常洗涤塔的去尘率在90%以上。

上述的冷却、除硫和除尘都是通过洗涤塔促使烟气与大量冷却海水的接触来实现的。

3. 除湿器

除湿器安装在洗涤塔与风机之间。有的除湿器直接安装在洗涤塔内，其顶部即装有除湿器，两者合为一体。

除湿器的作用是除掉从洗涤塔排出的气体中的水分和微量固体物质，减少水分和硫分对油舱的腐蚀。一般除湿器的除湿率在99%以上。

除湿器有以下几种方式：

逐流式：即用细孔绳网吸附水滴。

旋流式：利用离心力甩掉水滴。

挡板式：使用挡板阻流水滴。

4. 鼓风机

风机用于将从洗涤塔排出来的惰气输送到货油舱内。根据IMO海上安全委员会的规定，为防止一台风机发生故障，每船至少配备2台鼓风机，且其总容量不应低于船舶最大卸货排量的125%（货油泵总排量），又从在航行途中对油舱加压的角度考虑，有的船设置了容量一大一小的风机。总的说来，在两台风机总容量为100%的情况下，其各台风机排量是分别按下述四种方案设计的。

（1）100%者两台。

（2）100%和50%者各一台。

（3）100%和30%者各一台。

（4）50%者两台（标准设计）。

5. 压力调节阀(I. G PRESSURE REGULATING VALVE)

压力调节阀（也叫惰气控制阀）位于惰气风机与透气阀（放入大气阀）和甲板水封的中间。其作用是在甲板主管内的压力值设定后，维持该数值的固定，当压力有波动时，自动调节阀门开度，从而控制惰气流量。

6. 泄放阀(EXHAUST VALVE)

它同压力显示控制器一起来控制风机出口压力保持恒定。泄放阀根据设定压力来自动控制阀门的开/闭。例如设定值为1 000 mmH$_2$O（9 800 Pa），当超过此值时，则泄放阀自动打开，把剩余的气体释放至大气中。

有的船装设的是回流阀，当超过设定值后剩余的气体回流至洗涤塔中。

7. 透气阀(VENT VALVE)

透气阀用于惰气风机停止运转以后，甲板水封透气之用。

8. 甲板水封(DECK WATER SEAL)

甲板水封同止回阀都是防止舱内烃气逆流至机舱等安全场所的的装置。

甲板水封在充注惰气时，允许惰气通过而进入货油舱，当惰气装置停止运转时，甲板水封的作用是阻止货油舱内的可燃气倒流入机舱。甲板水封内始终保持有海水供给，尤其是当IG发生装置停止作用时。

9. 止回阀

此阀装在水封和甲板隔离阀之间。它同样用于防止货油舱内的燃气倒流。当油舱液位升高而溢入甲板主管时，此阀起着阻止货油流入甲板水封和机舱处所的作用。

10. 甲板隔离阀(也称甲板IG主阀或主截止阀)

此阀装于止回阀和甲板IG主管及货油舱之间。其装设的目的是当IGS不运行时起一种保护作用，使甲板主管及货油舱与止回阀一侧的安全区域隔离。此外，此阀的安装还有助于必要时进行止回阀的维修保养。

11. 压力/真空呼吸器(P/V)阀

由于环境温度、海水温度以及货油蒸汽压力的变化会出现货油舱内气体压力过高或过低的现象，舱内压力过高或过低都会对货舱构件产生损害。为了安全起见，在通常情况下，出现压力过高或过低都是通过透气桅管底部的呼吸阀来进行调节的。但有时会发生呼吸阀动作不灵的现象，则在呼吸阀的基础上于甲板IG主管上再装设一个P/V切断器，作为在呼吸阀发生故障情况下调节油舱内产生意外高压或低压的一种安全措施。

12. 氧气分析仪

按照规范要求，IGS必须装有固定式氧气分析仪，以能连续测定所充注的惰气中的氧气含量。测定出的氧气含量通过指示器记录装置反映出来。规范还要求，当O_2含量超过8%时能发出警报。

在测定舱内O_2含量时，还须配备手提式氧气测定仪。

五、惰性气体的质量要求

国际海上人命安全公约（SOLAS1974）修正案规定，惰性气体系统在任何规定的气流速率条件下，都应能提供含氧量按体积比不超过5%的惰气，在任何时候，油舱中应保持正压状态，其含氧量按比例不得超过8%。

一般说来，船上主辅锅炉可提供低于5%氧含量的烟气，而这主要取决于燃料本身的性质和控制燃烧的技术水平以及锅炉的负荷情况，比如燃料油中可燃的硫元素含量多，则燃烧后产生的二氧化硫气体就多；另外在锅炉负荷过低等不良燃烧条件下，若不能人为改善这种状况导致O_2过剩系数增大，便使惰气中的氧含量增加。

装有独立式惰气发生器或联合式惰气发生装置，氧含量是可自动控制的，通常控制在1.5%～2.5%，不超过5%。此外，任何条件下所产生的惰气，在送至油舱之前必须要经过洗涤以实现冷却、除尘和除硫的目的。

第五节 ● 油气回收系统

一、系统概述

在油船上该系统的建造主要是为了适应美国相关法规（USCGrules-46CFRPart39）的要求，满足其空气环保的目的，即在某些港口货物作业期间，舱内气体（主要为惰气）不能随意排放，而应排放至岸上接收装置。

当油船在终端站进行装载时，把被进舱的货油置换的油气收集起来，然后将其输送到岸上进行处理。然而重要的问题是，这将牵涉到操作上的安全。由于共通的油气气流关联到船舶和终端站，因此使作业介入了许多必须要有效地加以控制的危险。

关于油气回收与处理装置的详细技术指导的出版物有许多来源。IMO已制定了油船油气收集装置和终端站油气散发控制装置的设计、建造和操作的国际标准，OCIMF也已经发表了关于油气管汇设备布置的指导内容。

应当注意，油气散发控制系统可以用于安装惰气系统的油船，也可以用于无惰气系统的油船。

二、系统组成

该系统通常主要由以下各部分组成：

（1）气体收集管线：位于上甲板，和惰气系统为同一管线。

（2）船岸连接总管：位于上甲板管交汇处，与货油船岸连接处于同一位置，通常在管路上标注上不同颜色。

（3）货油溢流保护装置：在每个货油舱都装有具有高位报警功能的封闭式液位测量装置并在货控室内给予显示。同时装有独立的溢流警报系统，可以在货控室及生活区前面给予声光报警。

（4）透气系统：在每个货油舱装有高速释放阀和真空泄放阀。

（5）气体压力探测装置：传感器安装在惰气总管的后部（靠近泵间），显示位置在货控室。

（6）含氧量检测装置：取样在船中通岸处，显示位置在货控室。

（7）隔离阀：在惰气总管尾部，用于隔断甲板惰气管线同机舱的连通。

三、油气管线的识别与标识

为防止船上的油气管汇可能错误地连接到终端站的液体装载管线上，油气管的接头必须清楚地加以识别：

（1）在接头靠舷侧1 m长的一段用油漆漆上红黄相间的色条带，如图6-17所示；

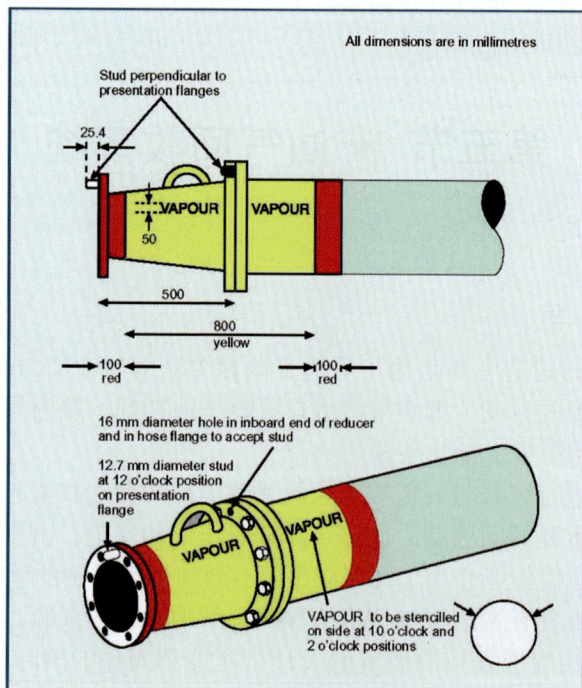

图6-17 油气管线的标识

（2）在接头管路正十点和正两点位置，用黑色印上"VAPOUR"字样，并且字体高度为50 mm；

（3）各个外接法兰12点的位置处永久装配一个圆柱形的定位销。该定位销应垂直地突出法兰表面25.4 mm（1英寸），直径应为12.7 mm（1/2英寸）。油气管线的异径接头和软管朝向船舷内侧端部各法兰/盲板要有额外的洞孔以适应外接法兰上突出的定位销。

第六节 ● 油船货舱监控装置

在现代油船上，按照国际公约的要求和安全的需要，配备了许多种能自动测量、自动监测的电子设备。油船货舱的监控装置主要有货物温度监控、舱压监控和液位监控等。

一、货油舱温度和压力监控系统

通常，货油舱温度和压力监控系统是与货舱液位测量系统整合在一起的。其原理是在舱内安装压力传感器和温度传感器。再把温度、压力信号传回该系统的中央控制器，并显示在货控室面板上。

温度传感器一般采用铠装式，它是由感温的电阻元件、引线、绝缘材料和不锈钢套管组合而成的一个坚实体。特点包括体积小、内部无空隙、热惯性小、反应灵敏、机械性能好、耐振、抗冲击和使用寿命长等。

压力传感器很多时候使用的是陶瓷压力传感器。这种传感器没有液力的传递，压力直接作用在陶瓷膜片的表面，使膜片产生微小的变形，厚膜电阻印刷在陶瓷膜片的背面，连接成一个惠斯通电桥。由于压敏电阻的压阻效应，使电桥产生一个与压力成正比的电压信号。该类传感器具有很高的温度稳定性和时间稳定性，而且自带0℃~70℃的温度补偿。由于是陶瓷材料，该传感器还具备很强的防腐蚀能力，可以和大多数介质直接接触。

（一）报警装置和报警值的设定

——温度报警装置：在装载仪内可设定，其音响报警仅在货控室内。

——压力报警装置：在装载仪可设定货舱高低压力报警值。按照大石油公司的要求，设定高压是P/V阀压力值的1.1倍；低压设定则不必为负压。

温度和压力如超出报警设定范围，其音响报警仅在货控室内，并在装载仪上显示。

（二）温度和压力监测系统的布置

有货舱加温设备的油船：每货油舱上部一个压力探头、上中下各一个温度传感器；

无货舱加温设备的油船：每货油舱上部一个压力探头、仅在污油水舱有温度传感器。

二、货舱的液位监控系统

油船液位测量系统，目前主要类型有雷达式、机械式、压力式等几种。

（一）雷达式液位测量装置

这种装置具有无线电波段无接触的特点，用来测量爆炸危险度较高的液货舱的液位，是一种安全防爆的液位测量装置。大舱液位测量系统的雷达天线，连续发射频率扫描调制的窄波，即发射的雷达波频率随时间变化。假设某一时刻 t_1 的频率是 f_1，到了时间 t，发射波频率已转为 f，而此时由大舱油面反射回到雷达接收天线的频率仍为 f_1，那么频差就是 $f-f_1$ 的绝对值。这样，雷达波在雷达天线和大舱液面之间传播所需的时间 t 与频差有关，频差是空当的函数，所以只要测频差，就可以计算出大舱的空当高度。

这种装置的特点是测量精度高和反应灵敏，但要注意平时的保养和维护。每半年要对舱内的雷达天线按照说明书的要求进行清洁，或者当雷达没有回波，不能测量空当时，应考虑天线是否污脏，如图6-18所示。

图6-18　雷达式液位测量装置

（二）机械浮子式测量装置（如图6-19所示）

机械浮子式测量装置的测量元件是一个浮子。浮子通过线带或其他机械的或磁力的连接方式连接在机械装置上。

浮子被连接在测量线带上，线带通过一个滑轮系统进入表头。在表头里面线带通过一个链轮，链轮驱动一个计数器机构，然后连到储存转筒上。弹簧使与线带储存转筒相连的动力转筒带上动力保持线带处于紧绷状态，恰好使浮子不离开油面。随着舱内液位的增加，弹簧传递给卷尺的张力拉起线带松弛的一端。在较好的机械浮子式测量装置中，弹簧张力随着液位下降而增大，以补偿所用线带的附加重量。

这种装置的优点是结构简单、造价低，但它的主要问题是浮子和导杆容易损坏和咬住，平时应注意经常检查。

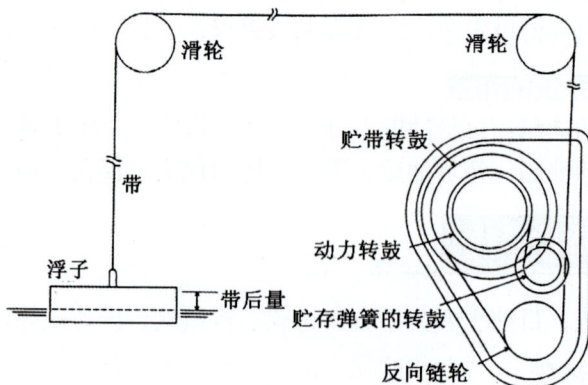

图6-19　机械浮子式测量装置

(三)压力传感器式舱顶空间测量系统

以设在液货舱内的压力传感器为主的舱顶空间测量系统，其造价要低于电磁式，但相比之下，它又有必须将部件设在舱内的缺点。它采用3个各用于不同目的的压力传感器，使测量系统能根据液货的实际比重和舱内蒸发气体空间的压力进行自动校准，以保证测量的准确性，避免舱内液货密度和气体压力对其产生干扰，如图6-20所示。

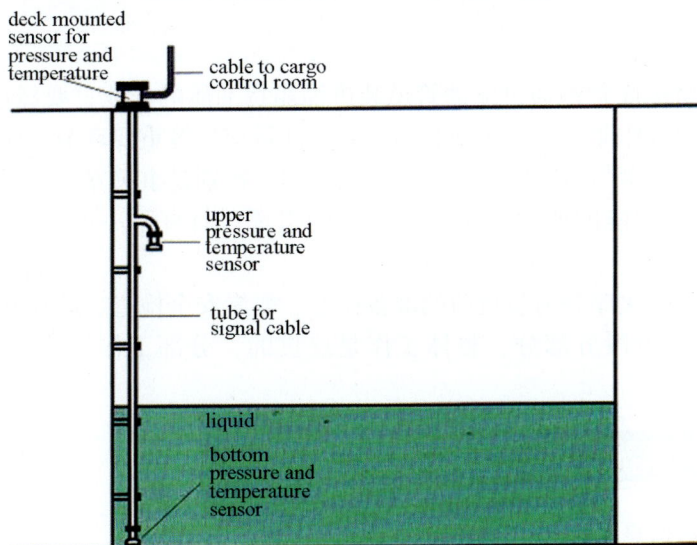

图6-20　压力传感器式舱顶空间测量系统

(四)液位报警装置

只设高位报警装置的形式称为单点报警，而同时设置超高位报警装置的形式称为双位报警。根据这两种不同的形式，船岸双方应相应采取不同的应急措施。单点报警只报警一次，船岸双方人员必须马上停止装货工作。而对于双位报警，其高位只是警告，超高位时才必须马上停止装货工作。在任何情况下，液位报警器绝不允许人为关闭或破坏。

如图6-21所示是高位报警装置和溢流控制装置（超高位报警器），是大家熟悉的浮子式装置，它有一个不锈钢浮球，该浮球被限制在一根不锈钢的轨道上，随着液位升高，浮子被顶升，直到被顶升到设定的高度时，装置接通一个报警器电路并发出警报。还有一种为电容式的原理，是根据液体浸没不同高度的电极，引起电流的变化，从而发出报警信号。

图6-21　高位报警和溢流控制装置

规范要求各个报警器应互相独立。从图6-21可以看出，高位和超高位报警器都已并入同一装置，但由于各自的传感器电路在电气上互相独立，因此这些形式也是符合规范要求的。

第七节 装油作业

装油作业是将岸库货油通过输油管道装进油船货油舱的作业，要经过签订承运合同、做好承运准备、制订作业计划、实施装油作业、计量交货等重要环节。船员要按照自己的职责岗位，掌握自己参与运输应做到、做好的工作，特别是事关安全的工作。同时具备协调、配合其他岗位职能的能力。听从上一级的指挥，管好下一级的操作，确保安全无事故。

装油作业依时间次序分为装货前的准备作业、船岸安全检查、装油开始阶段、其间监控阶段、收尾作业阶段五部分，整体工作是连贯的，分部工作是阶段性的，而且是依次的。

一、装货前的准备工作

1. 船港联络和信息交换

船港联络和信息交换包括船港联络、开航指令、进港报告、船舶应提供给码头的资料信息、码头应提供给船舶的资料信息、双方协商的内容共六个方面，是承运的基础。这些工作，船东、船长、大副要负主要责任。各方联络和信息交换都需留有证据，各种传真、邮件、协议，必须妥善保存，以备后续查证。

1）船港联络

船东首先要保证配发船适载。在接洽货单时，必须与货主、港口联络，确保油种、油品、油量适运，港口码头适装、适卸。在签订运输合同时，船东需向货主索取货物安全运输技术资料(MSDS)，并转发给船舶，以便船舶制订装卸计划。

2）开航指令

船东向船舶发送的航次指令，是船舶进行装货、卸货、保管货物的依据，其内容应包括：①装货港口及顺序；②受载期；③货物种类及货量；④卸货港；⑤货物承运过程中的要求；⑥货物信息；⑦装卸货港口代理信息；⑧相关联系人信息；⑨要求报告的内容和被报告人联系方式等。

3）进港报告

依据《船舶载运危险货物安全监督管理规定》，船舶载运危险货物进出港口，应当在进出港口24 h前（航程不足24 h的，在驶离上一港口前），向海事管理机构办理船舶载运危险货物申报手续，经海事管理机构批准后，方可进出港口。定船舶、定航线、定货种的船舶，可定期申报。

申报内容应包括：船名，预计进出港的时间，所载危险货物的名称、类别、数量、特性等，并提供船舶持有的适航、适装、防污染证书或文书。船舶抵近港口，需向港口交管中心报告，确认同意进港，服从港口调度，接受海事监督。据规定，载运危险货物的船舶进出港口，未依法向海事管理机构办理申报手续的，在内河通航水域运输危险货物的，对负有责任的主管人员或者其他直接责任人员处2万元以上10万元以下的罚款。

4）船舶应提供给码头的资料信息

①靠离泊是否需要港拖协助，船舶系泊配置情况；内河码头靠泊条件差距较大，季节变化明显，靠泊操纵难易有别，在掌握码头边航道、水文、气象、水中障碍物等情况下，船长应充分认知、判断风险，不可冒险靠泊，果断决定是否申请拖轮协助。船舶系泊配置情况应提供给码头，使靠泊时出缆合理。

②船舶受载能力，可接受的装货速度、压力、平舱速度；船舶货舱容量、载货量、受货能力等数据需提前告知码头，这关系靠泊码头的时间长短。

③预装油品、数量，配、积载图应提供给码头，以便码头安排货油。

④压载布置、数量，卸排专用压载水的时间和干舷控制；港口对专用压载作业都有规定，严防水污染。码头要清楚船舶专用压载的排量、耗时、干舷影响、缆绳受力影响，以便配合和监控。

⑤污油水的数量和处理方法、要求；码头方按船舶需求安排接受污油水。

5）码头应提供给船舶的资料信息

①码头靠泊吨级、保障水深、水流情况。

②码头作业规定和季节性要求；船舶应尽早掌握这些要求，关系到船东船舶配发、船舶到港靠泊等关键问题。

③装油管接头数目、标准和尺寸，软管或油臂技术资料；船舶提前备妥大小尺寸转换接头。

④预装货油品种、品质、特性、比重、闪点等资料要素；船舶收到码头货物资料后，要与承运合同中的货油要素比对，发现存在不一致的，要及时通报船东和货主，使其尽快联络解决。

⑤岸方最大装载速度、压力及起、停泵规程；船方就此估算装油所需总时间，提前做好在港工作安排。

⑥港口防污特殊规定；内河污油水实行零排放，垃圾、生活污水控制也都依法执行，船舶要依港口防污规定，布置、落实各项防污措施。

6）船岸双方的磋商和确认

靠泊、作业等关键要素，船岸双方应达成书面协议，通过船岸双方负责人共同参与的工前会，共同商定，最终体现在装油计划中，双方协议的主要内容如下：

①船名、港口泊位、靠泊日期和时间；

②船岸双方主管人员的姓名和签字；

③船舶抵港和出港的货物配载情况；

④每票货油的数量、预装舱、使用管线、装载速度和压力、平舱速度、温控要求、舱气控制要求；

⑤确定装载顺序并考虑压载、纵倾和吃水、纵向受力；

⑥应急停止程序；

⑦通信频道和备用联系信号。

7）制订装载计划

为安全、高效地完成装货作业，根据承运合同、MSDS、船舶设备、人员状况、装货港的要求等制定装货计划。大副负责组织制订装货计划。驾驶员、相关的轮机员要尽可能参与装货计划的制订。最终交船长审阅和批准。大副应向所有参加货物操作的人员详细说明，使装货作业的值班人员掌握装货计划，并由驾驶员签字。

（1）制订计划应考虑的因素

通过船港联络和信息交换，加之货主提供的货物安全运输技术资料，船舶已经掌握了制订计划的第一手资料，接下来就需分类考虑：货油是否适运、船舶是否适装、港口码头能否确保安全作业、航程碍航因素如何克服、船舶配员是否适任等，这些都是承运的先决条件，任何缺失、考虑不周全，都可能使作业计划成为一纸空文。大副应分类核实各要素，有疑虑的必须追查清楚，有资料缺失的必须追索备齐，有掌握不到的情况应咨询船东、货主、港口、码头代表，决不放过各要素中关键事项，以使计划切实可行。

①货油因素：货主必须将适运申报单批复附件提供给船舶。货油运温，需加温的考虑温高与锅炉加温能力及环境温度的影响，需控温的考虑甲板洒水降温能力及洒水系统状况；货油毒性，有毒货油考虑货油蒸汽控制、人身防范措施；货油易燃易爆性；货油比重等。

②港口因素：船舶发某港，首先要了解某港的港口规定。

③航道因素：内河航道错综复杂，平原航道、丘陵航道、湖泊航道、水库航道各有特点，有的水位变化大、有的水流速度快、有的潮汐影响明显、有的航道不稳定、有的碍航因素多，船长、大副必须掌握运输全程的航道情况。必须考虑运程保障水深、高洪水位狭窄和陡弯航道的顶航能力、枯水期富余水深和浅水效应、潮汐河段顺潮进港的潮位、架空桥梁和电缆的通航高度、船闸通航尺度、扎风、扎雾锚泊能力、夜航条件等。综合各类碍航因素，结合航区载重线规定，决定本航次的载重水尺。

④船舶因素：船舶适装是运输的前提，要确保船舶证书齐全有效、装卸设备维护完好、液货舱适货、辅助设备完备、操纵设备优良。《船舶载运危险货物安全监督管理规定》第六条规定：载运危险货物的船舶应当经国家海事管理机构认可的船舶检验机构检验合格，取得相应的检验证书和文书，并保持良好状态。载运危险货物的船舶，其船体、构造、设备、性能和布置等方面应当符合国家船舶检验的法规、技术规范的规定。

⑤船员因素：船员证书齐全且有效，配员足额且富有操作经验，船员身体健康且适任。

（2）配载及注意事项

配载是把货油分配进各液货舱的过程。依据货油密度、舱容容积、装舱率决定各舱装油量，填入积载图，进行稳性计算。算出的平均吃水、吃水差、横倾角、初横稳心高度、对船舯的总纵弯距必须满足装载手册要求。

①装舱率低于95%应计算自由液面惯性矩对稳心高度的降低值；液货船运时，如船舶产生横倾，液货便向低舷侧流动，船舶合重心就会偏离中纵剖面，液货向舷侧流动时，产生冲量，加大横倾角，使船舶左右横摇时，横倾角逐步加大，合重心偏离亦逐步偏远，从而稳心高度降低，增加船舶横向倾覆的危险。因此，当舱内液面低于舱深的95%时，稳心高度必须进行自由液面惯性矩修正，确保在运输过程中、遇大风浪产生横摇时船舶的安全。

②轻泡货达不到满载，舱顶空当不得小于舱深的2%；密度小的货为轻泡货，舱内装满，拟定水尺也可能达不到。但必须考虑液货的热胀冷缩，油类的热胀冷缩系数比水要大

得多，而且密度越小热胀冷缩系数越大，要防止航运中因热胀和纵倾颠簸产生满溢。通常要求，液货膨胀到45℃，舱顶空当不得小于舱深的2%。大副应按装载时的油温，计算需增加的热胀体积，推算出增留的舱顶空当量。如属加温货，应按最高控温计算。

③密度大的货达不到满舱，拟定装载水尺或所航区域载重线不可超；密度大的货为重货，舱内装满，拟定装载水尺就超了，只能依拟定装载水尺或所航区域载重线，计算总装载量，再分配到各液舱，计算各液舱的装载液深。

④确定装载水尺时，各限于吃水因素要考虑充分；前述考虑航道因素和装卸码头边水深，都影响船舶装载吃水，大副要综合各限于吃水因素和船舶储备日用油水量，确定最大装载吃水，达不到航区载重线的即为拟定装载水尺，还可减少日用油水储备、中途再加载、腾出船舶舱容空间，增加装载量。

⑤货量不足，留空货舱需分散布置，以防产生过大剪力，切不可均装半舱，那样会产生过大自由液面惯性矩。

⑥两票以上货应分舱配载；两票以上货油同载，不管油种是否相同，都要隔票。如为不同油种且比重差较大，应考虑前后错位配舱，以使装载后船舶纵倾符合要求。

⑦两港货应考虑卸货后的适航。装载两港货，首港货卸完后，船舶必须适航，配载时应按隔票方法配舱。

（3）积载及注意事项

积载是把货油装进货油舱的过程，积载图上需标明积载顺序。装载时按积载图上分组顺序依组序进行。积载全程都需满足稳性规范，积载顺序一般建议先装中间舱，以减轻船舶中拱趋势，再前、后错位装，同时排卸近位压载水。同组装载的舱数建议2~3个，且左右对称装，以控制横倾，不可普装普卸，普装会使各舱收货不均衡。

（4）装货计划应包括的主要内容：

①船舶技术资料、靠泊日期时间、预计作业总时长；

②配载图、稳性计算数据、空当要求、各舱装量、总装量、装载水尺；

③积载图、积载顺序、使用的货油管系、接管数、接管要求；

④装载初速、常速、平舱速度、正常压力、允许的最高压力；

⑤接受货温、透气方式或舱气控制措施；

⑥卸压载程序，纵倾和吃水的控制与调整；

⑦应急停止装货程序；

⑧作业期间的监控要求、通信联络方式；

⑨防火、防爆、防静电、防污染工作的布置；

⑩值班人员在系泊、装货作业中的职责；

⑪货油特性及相关要求。

8）抵港前的准备

有些工作应在船舶到港前或靠泊前做好，以节约在码头的时间、减少作业前的准备时间、缩短船舶运输周期。

船舶抵港前的工作可分为以下几方面：召开抵港作业例会、靠泊设备检查和试验、装卸系统检查和压力试验、消防和防污染设备检查、检测防护设备检查、通信设备检查、舱内测量设备检查和试验、压载舱及压载水的检查。

（1）召开抵港作业工作例会

船舶到港前，应召开抵港作业工作例会。按船舶安全和防污染质量管理体系的要求，船舶作业实行例会制，船舶作业前，必须召开作业前工作会议，全面布置工作后再实施。会议的内容至少包括：本航次任务，预计进港、锚泊、靠泊时间，到港前准备工作布置，锚泊、靠泊作业布置，靠泊后准备装油工作布置，预订装油计划解读，港口规章、码头要求宣贯，安全事项强调、布置、落实。

（2）靠泊设备准备、检查和试验

为确保靠泊安全顺利，以防撞击码头产生双损和伤亡事故，造成无法完成运输任务的局面，靠泊前至少应做好以下工作：

①应急舵：在靠泊前安全水域试验应急舵，确保正常。记录备舵时间。

②备车：通知机舱备车，记录备车时间。

③备锚：通知水手长备锚。锚机去盖、检查、加油、通电、试运转，靠泊前做好抛锚准备，打开掣链器，收紧刹车，脱开离合器；如水深较深，则先用锚机将锚送至水面再做抛锚准备。如码头要求为便于应急离码头，船舶靠泊时不抛外开锚而由港拖协助靠泊，则应做好靠泊应急抛锚准备。

③系缆设备：检查、备缆，水手长带领水手，按靠泊首、尾出缆要求，把各缆琵琶头穿出导缆孔再返回，先把缆根在双柱桩上绕半个"8"字，再把琵琶头套在缆桩上，首尾各整理好两根撇缆绳，独立缆机通电试运转，首尾甲板清理干净，便于带缆作业。

④靠垫：靠泊靠垫按码头护舷设置需要收起或放下，备好靠把球。如码头护舷为整体橡胶护舷木，则靠泊舷靠把柱全部收起，只备首尾靠把球；如码头护舷为钢质或混凝土护舷，则放下全部靠把柱，检查靠把柱质量、厚度、悬挂受力、悬转自如情况，同样备妥首尾靠把球。

⑤登船设备：检查登船舷梯、跳板、安全网，以便靠泊后即架设。电动收放舷梯，应做放收试验，如有故障，可及时维修。

（3）装卸系统检查和压力试验

为保证装卸油作业安全、顺利完成，在抵港前应对装卸油管线、扫舱管线、泵舱管线进行管、阀、法兰、货泵安全检查，确保管线正常不渗漏，同时检查透气系统、呼吸阀或高速释放阀。

（4）消防、防污染设备的检查

到港前应检查泡沫灭火系统、水灭火系统、甲板水雾系统，检查消防器材的配备是否有效到位。甲板一切移动用设备、器材都应接地或做好使用时的接地准备。

防污染设备：防污器材如破布、锯屑、吸油毡、扫把、簸箕等状态良好，无过期、失效、霉烂等现象，不足部分应及时补齐。

（5）检测、防护设备的检查

测氧仪、测爆仪、测毒仪，在到港前应检查、校验，确保可用；呼吸器应检查气压、气密、低压报警和清洁；其他如袖珍式检测仪、防毒面具、防护服、氧气复苏器、舱内救援设备、急救药品等都应检查符合常备要求。

（6）通信设备检查

对讲机检查充电，保证好用。选作业频道对话调试，以保作业时的通信联络。

（7）舱内测量设备检查和试验

舱内液位测量设备按其所配的类型检查，并检试其读数的准确性。如系浮子式液位测量仪，在装高黏度货油的过程中，很容易被黏附、卡阻，在到港前检查时应仔细，如浮子上下滑动不自如，就需清洗浮子管道。高位、高高位报警装置进行试报警；有舱内温测系统的，校验测温的准确性；有舱内压力报警、含氧量报警的，人为测试报警。

（8）压载舱及压载水的检查

抵港前需检查专用压载舱。检查舱内锈蚀情况、淤泥情况，内河水季节性夹沙量很大，压入压载舱会形成大量泥沙沉淀，很容易堵塞排出吸口，使排压载时排不动，所以要测量淤泥厚度，必要时用高压水龙冲底。检测舱内有无油气，在上载排压载水时，可能从甲板透气口吸入油气，使得压载水上方空间可能存在油气，有油气就有危险。察看水面有无油迹，压载舱邻边有油舱，要防压载系统、压载舱有油类渗入。

9）装货油前的准备

装油前的准备可以分为以下几方面：

（1）安全保障准备

作业前的安全保障工作，是防止危险事件发生和一旦发生危险而迅即应对的保障工作。

装油前的安全保障工作主要有：

①人员劳动防护准备。参与作业人员穿戴全套防静电服、防静电鞋、救生衣、安全帽。

②防火、防爆、防油气扩散的准备。甲板接妥水龙两根并理顺，应前、后甲板各接一根，消火栓应打开，消防带不得有绞扭、压叠，水枪指向汇集管处，船上的消防总管应保持压力，或者能够在短时间内迅速增压；备妥国际通岸接头；泡沫炮指向汇集管处；汇集管处放妥两只灭火器，并检查确认有效；确定消防值班人员，随时准备拉响消防警报、启动消防泵；关闭上层建筑门窗，防止油气入侵；窗式空调关闭并切断电源；中央空调改内循环，保持生活区微正压，以防负压吸进含油气的混合气体；确认厨房能否生火、吸烟室能否吸咽，除非能达到有效气密，否则停用；油气扩散方向的通风口应换向或关闭；消防员装备配放到随时可取用处。

③防静电的准备：按要求接妥地线，有惰气系统的船舶，装油前充足惰气，甲板固定设备都永久性接地，移动设施应注意接地或做好接地准备。

④做好防污工作：关紧海底阀并系绳或上锁，堵塞甲板排水孔，以防跑、冒、滴、漏；汇集管下集油槽堵妥或放置集油盘，督促围油栏公司围妥围油栏，汇集管处放置棉纱、抹布、吸油毡、塑料桶、塑料撮箕等清污设备。

⑤应急拖离、应急逃生、应急救护的准备：放妥首、尾应急缆，保持离水面1 m左右，应急缆是为应急拖离做准备的，其尺寸应保证船舶满载时，单根应急缆就能把船舶拖离，其长度应配100 m左右，以防拖离时产生爆炸掀翻拖轮；其放置位置在首、尾外档，放置时应确保缆根生根在首尾主缆桩上，缆头琵琶头应从导缆孔穿出放下，甲板上应用油麻绳系住，保证既不自滑又能使拖轮靠近，用挽篙就能拉走应急缆；检查太平斧，保证首尾舷边的太平斧斧口无锈、无缺，斧柄无霉烂，应急砍缆要管用；架设船岸应急逃生通道，要远离汇集管，边有把手绳，下有安全网，坡度适中，船舶沉浮不卡阻，夜有强照明，舷栏有救生圈，道口有控人登船措施，确保任何时候都能用担架把人抬上岸；备妥氧

气复苏器、急救药箱、担架等，放置在随时可取用之处。

（2）通信联络畅通

船岸通信联络方式在计划商定时，双方都已签署。船岸通信无线对话机，按既定频道通话联络，双方确认清晰无障碍；试用备用信号设备，双方认可。

（3）接线接管

①接线要求：油船靠码头作业必须接地线，以消除船岸电位差，且需在接管前接妥。一般码头地线已备妥，接时需断开防爆开关，将地线电缆引上船，接在接地终端上并拧紧，再合上防爆开关，理顺系固好地线电缆。有些港口还有测地线电阻的要求，其电阻值应小于6 Ω。

②验管：货油软管的水压试验有效期为一年，无论新管、旧管，无水压试验或试验过期，都不可使用。试验日期需漆喷在软管上，要注意查证软管法兰后额定工作压力和额定工作温度，没有额定工作温度的，只能用于常温作业。计划签定的装载压力、装载温度必须在软管额定工作压力、额定工作温度之下，否则软管不可用或需要更改计划。有明显的压扁、弯曲变形、麻孔、膨胀、凹陷等，都应及时弃用。

③接管要求：接管一般由码头方接，船方协助，如双方协商约定，也可由船方接。如需异径接头，最好是在系泊之前接妥。软管余管长度应在船岸最大落差的2倍以上。拆盲板：软管应起吊引上船，不可拖拉管头法兰上船。拆前注意释放软管内可能存在的气压，将盲板管头置于集液盘上自下而上拆，下面松开无油滴再拆，以防管内残液污染甲板。接管时，应检查垫片、螺栓的完好性，螺栓全上，确保均衡受力，最好由一人掌握一定的力矩全力拧紧，不得松紧不一，接管使用的工具应是非铁无火花工具。过舷处理：用轻吊吊起或垫软木。轻吊吊起应多点起吊，使吊起软管呈自然圆弧，以防冲击压力引起永久变形，注意起吊索不得用钢索与软管直接连接，应用牢靠的纤维索捆系后，再用千斤索起吊；如装载落差较小，可在软管下垫软木条，用绳索系捆。余管处理：船舶和码头上的余管，都应在空当无阻的地方理顺，弯曲半径不得超限，不得跨越任何固定装置，要为作业过程中因船舶沉浮而调整软管留有余地。如船舶与码头间因靠把柱存在较大间隙，要防止软管落入夹档。接输油臂：现在内河大油港，使用输油臂越来越多，船舶靠泊时，应使船舶汇管与输油臂正横对正。作业过程中，要防止缆绳松弛、水流作用使船舶产生较大位移，造成输油臂张力不够而脱臂。

④接舱气回管要求：为满足防止油船造成大气污染的要求，现在油船装油作业，有时采取"货油入舱、舱气入库"的舱气控制办法。因此，需接舱气回收管路。接时需注意岸气管应对号，不能接错，舱气软管与货油软管应不交叉、不叠压，气管从油管上面通过也不行；舱气软管过舷处需防摩擦、受力，长度要求与输油软管一样。

（4）货管检漏试验

为检验接管是否有渗漏现象，需做检漏试验。将下舱阀和岸上总阀关闭，通以2～3 kg/cm² 的气压，维持15 min以上不下降即可。舱气惰化的应通惰气做试验。若压力下降，说明有渗漏，可用肥皂水涂沫接管周围，有气泡，说明渗漏，拆下重接或更换垫片重接，再试。若不是接管处漏，则要检查压力气管与货管的连接，其他法兰、阀件，亦要防止端阀没关严漏气。

（5）验舱

大副邀请商检、码头代表或货主代理共同验舱。验舱前，使货舱的压力保持在接近大气压力的正压。如进行目视检查，用安全手电筒照看各货舱，要清洁、无水、无铁锈、无漆片、无残油渣，满足货舱适货要求。如货主对货油清洁度有较高要求，则应清洗、排污、通风、干燥予以满足。

（6）备线

依据积载顺序，打开第一组装油油舱的下舱阀、线路阀、汇管总阀，且都全开到位，关闭其他所有货油阀件。检查甲板各油舱舱口盖和其观察孔的气密、检查人工测量孔、洗舱孔的气密；透气系统如接有舱气回库管路，则检查关闭呼吸阀的旁通阀，呼吸阀置自动位；如舱气释放入大气，则全开呼吸阀的旁通阀；大副应检查货油阀开、闭的正确性，并悬挂标牌标记，以防误操作，以利换舱装操作。

二、船岸安全核查

油船开始装卸作业前，应与岸方代表共同完成船岸安全核查、填写核查单。《国际油船及油码头安全操作指南》是国际上普遍认可执行的油船操作指南，内河同样适用。其中对装卸作业时的船岸安全核查，有要求和详细核查、填写导则，给我们的核查工作提供了参考和便利。《船舶载运危险货物安全监督管理规定》第二十六条规定，从事散装危险货物装卸作业的船舶和码头，应当遵守安全和防污染操作规程，建立并落实船岸安全检查表制度，并严格按照船岸安全检查表的内容要求进行检查和填写。

核查要求：在船/岸之间进行任何操作前，必须对船/岸检查单中的所有内容进行检查、核实，填写船岸安全检查表。船岸安全检查表每船必备，表中标有字母"A"的为书面协议，一般体现在作业计划之中，并在检查表备注栏中注明已商定；标有字母"R"的为重复检查内容，船舶应备有装卸油作业期间安全复查表，船、岸双方事先应就检查的间隔达成一致，一般建议2 h或4 h复查一次；表中标有字母"P"的，在否定回答条件下，未经港口书面准许不得进行作业。双方检查完毕并确认各自职责后，应签署共同声明。

第一部分：实际检查

1. 船岸之间的通道是否符合安全要求？R

2. 船舶是否已经安全系泊？R

3. 船/岸之间约定的通信系统使用是否正常？AR

4. 应急钢丝拖缆是否已经正确放置？R

5. 船上的消防水带和消防设备是否正确配置并随时可立即使用？R

6. 码头上的消防水带和消防设备是否正确配置并随时可立即使用？R

7. 船上的货油输油软管、管道和管汇状况是否良好，装配是否合乎要求并适合预定的用途？

8. 岸方的货油输油软管、管道和管汇状况是否良好，装配是否合乎要求并适合预定的用途？

9. 连接前货物装卸系统是否已经彻底绝缘并排尽，以确保盲板法兰的安全拆除？

10. 船上排水孔和滴油盘是否已经堵塞严密，接油盘是否就位清空？R

11. 是否经常监测暂时拆除的排水孔塞？

12. 岸上溢油围栏和沉淀柜是否得到妥善管理？R

13. 船上不使用的货油和燃油管接头是否已用盲板妥善封闭并上紧全部螺栓？

14. 码头上不使用的货油和燃油管接头是否已用盲板妥善封闭并上紧全部螺栓？

15. 所有货油舱、压载舱和燃油舱舱盖是否保持关闭？

16. 通海阀和舷外排出阀不使用时是否保持关闭并明显地系固？

17. 生活区、物料间和机舱所有的外部舱门和舷窗是否都保持关闭？机舱通风口可打开？R

18. 是否在室外有船舶应急防火控制图？

19. 固定安装的 IGS 压力记录器和氧气含量记录器是否保持有效运转？R

20. 所有货油舱舱气是否处于正压状态并且氧气含量体积比不超过 8%？PR

第二部分：口头核对

21. 船舶是否随时保持自航移动能力？PR

22. 船上是否保持有效的甲板现场值班？船/岸是否都有充分的监督？R

23. 船上和岸上是否有足够的人员以备处理紧急情况？R

24. 是否已经议定了货油、燃料油和压载水的装卸程序？AR

25. 是否已经说明并理解船、岸所应使用的应急信号？A

26. 必要时是否已交换用于货油装运的材料安全数据表(MSDS)？

27. 对所要装卸的货油中与毒性物质相关的危险性是否已经标识并理解？

28. 是否已经提供国际通岸防火接头？

29. 是否已采用议定的油舱透气系统？AR

30. 是否已经议定封闭式作业的要求？R

31. P/V 系统的效用是否已经验明正常？

32. 如果油气回收管道连接了，是否已经议定了操作参数？AR

33. 如安装了独立高位报警装置，该报警装置的使用是否正常，并经过测试？

34. 船/岸油管接头是否有符合要求的绝缘措施？

35. 岸上管路是否已经安装止回阀或双方研讨了相应的程序防止"倒流回船"程序？

36. 是否已经指定吸烟室，而且吸烟要求得以切实遵守？AR

37. 是否切实遵守明火安全规则？AR

38. 船/岸电话、手机要求是否得以切实遵守？AR

39. 手电筒是否属于认可的类型？

40. 固定式 VHF/UHF 无线电对讲机设备电源是接通还是断开？

41. 便携式 VHF/UHF 无线电对讲机是否属于认可的类型？

42. 船上主要的无线电发射天线是否已接地，雷达设备电源是否已断开？

43. 危险区域内的电器设备的电缆是否已与电源断开？

44. 窗式空调机是否都已断开电源？

45. 生活区是否维持正压力状态？

46. 是否已经采用保证泵间充分通风的措施？R

47. 是否有应急逃生的具体准备？

48. 是否已经议定了作业允许的最大风力？A

49. 是否已经计划在船舶停靠岸边设施期间进行清舱作业？

船方和码头代表在装卸前商议过程中，应当确定船舶在停靠期间是否进行清舱作业，并且在检查表中做相应记录。

50. 如果回答"是",是否已经批准清舱并议定清舱程序？

应当确认有关当局已经批准船舶在停靠期间可以进行清舱作业。清舱作业的方式以及作业范围应当予以议定。

51. 是否已经获准进行除气作业？

三、装油开始阶段

1. 控速起装和安全复查

装油开始的主动方是岸方，由岸方控制流速在 1 m/s，油品入舱即行安全复查确认：

（1）油品是否流入积载计划确定的首组货油舱。

（2）周边舱，包括双层底、边隔舱有无漏油，周边油舱要防腰节阀关闭不严、破损漏进货油。

（3）泵舱是否正常。泵舱通风在装油开始前 30 min 就应开始，全程保持通风，人员进入泵舱检查，必须得到值班驾驶员的同意，以防入舱人员产生意外。入舱检查应仔细，所有阀件是否关严，泵、管、阀、法兰不得有任何漏油，舱底无油。

（4）甲板管线、阀件、法兰、软管、透气是否正常，必须依序巡回察看，不放过任何疑点。接舱气回收管路的，要察看透气压力是否正常。

（5）水面有无油迹，察看船体周边水体，注重下游水面。

（6）一组舱底油垫到位后换组装，继续复查流程。装油开始阶段，应把各舱底油垫到位，这样在常速装载换舱装时，就不需要减速垫底。为防静电，底部油必须低速装。

2. 取样验质

油品入舱后，按取样程序从舱底取样，确认油品、油质符合货主货单要求。有问题立即通知停装。

3. 提速操作与监控

各舱垫底油位，对于舱底有骨架的，应把骨架淹没，无骨架的双层底内底板，装至 0.5～1.0 m 即可。所有舱底油垫到位后，将分配支阀调向首组装油舱，通知岸方提速。同时安排专人在汇管处观察汇管压力表，货控室关注入舱速度，直至把压力和速度控制在计划协定之内。

四、期间监控阶段

从常速、常压装载开始，到平舱作业之前，这段时间主要是监控装油，我们称之为期间监控阶段。

1. 期间监控要求

期间监控是确保装油作业安全、顺利完成的主要阶段。监控方式：一般以货控室监视和甲板巡视相结合。值班人员必须具备高度的责任心，不擅离岗位，时刻关注需查、控、操、记、联等方面的事项，全身心履行自己的岗位职责。

2. 液货动态监控

在详细了解掌握大副制定的装货计划的前提下，时刻关注液货动态。包括流速、流压、流量、各舱液位。流量应每 2 h 船岸双方核对一次，并做好记录，有船舶配载仪的比较方便，可以随时读取，没有的按液位计读数查舱容表计算或查装载手册，获取装船量；

有液位计和液位报警装置的不能完全依赖，要关注液位计读数变化的速率，即一定时间段，液位变化应接近，以防浮子浸泡、卡阻不随液面上浮，读数失真。非浮子式液位计，要掌握其读数失真的可能所在，并在运行中关注。必须注意：因液位计读数失真而引发的满溢，一般属于人为责在事故。

掌握换舱时间，在装舱接近舱深的90%时换装，首先打开下一组待装舱的全部货阀，再缓慢关闭已近到位的货舱阀。换舱装应记录。管线中有流压时，开、关阀都应慢，以防产生冲击压力。

全程保持与岸值主管的通信联系，有情况、有疑虑时立即通知岸方停泵，查明原因、排除隐患后继续，不可拖延。

定时、适时做好各项操作、检查、联络、交接记录。

3. 船舶动态监控

装油过程中，随着液货的入舱，船舶的下沉、缆绳的松紧、应急缆的垂距、应急逃生通道的坡度、软管的舷边曲弯等都需关注并随时调整。需绞缆收紧、调整船位时，人手不够应通告岸方临时停装；应急缆应始终保持距水面1 m左右，注意收、放；应急逃生通道在船舶沉浮时，不得卡阻，坡度不可太大，注意调整；船与码头间使用靠把柱的，存在间隙，需特别防止软管松弛进入夹档。

船舶的吃水、吃水差、纵横倾都在变化，必须控制在许可的范围内。有专业能力的，每2 h应计算一次装载稳性，确保满足稳性规范；吃水差不宜太大，不得超过船长的2%，以防先装舱产生满溢；装载产生横倾，应通过左右舱流量控制进行调整，横倾角应控制在2°以内。

泵舱、甲板管线、透气等应定时检查其完好性。应按期间复查表所列内容，每2 h或按船岸双方商定的时间间隔复查一次，填写期间复查表并签字，期间复查如发现问题应即解决；

存在专用压载调整吃水差的，必须按照大副配积载计划程序执行。排放顺序、排放量在作业计划中已确定，为控制船舶纵横倾，一般不一次性排空，操作人员不可自作主张。排放时，要先检查压载水，如港口要求排前需取祥、留样、备查的，则按要求取样、留样。检查要认真仔细，确保水面无油迹并做好记录，再启动压载泵，排放期间需关注下游水面有无油迹；整个装油过程必须满足船舶处于随时备航状态，最小排水量不得小于满载排水量的30%，且螺旋桨始终浸没于水中，以利应急驶离。

4. 周边动态监控

甲板值守人员应关注周边动态。周边油船发生火情、溢油入水等情况，应立即通告船长。如可能危及本船，马上启动应急程序、停装、拆管线，快速远离。

油船装卸油期间，不允许任何他船来靠，包括供燃料油船和供水船；过往船舶应保持在本船30 m开外；如码头处于河道狭窄处或主航道边，可在外档悬挂"RY"信号旗，以提醒过往船舶慢速远离通过。

登船处置放有"登船须知"，值班人员按其要求执行。工作联系人员登船，应请示船长、大副，批准后登记、引进上层建筑，否则拒绝登船。所有上、下船人员都必须登记。

在感潮河段，潮汐来临时，应关注其对作业的影响，岸壁式码头比浮趸式码头影响大，可能要增加缆绳调整的次数。

装载轻质挥发性货品时，如没有采取舱气控制措施，在无风或仅有小雨情况下应通告值班驾驶员，由其决定是否减速装或停装。因油气比大气重，需防止油气下沉、在甲板积聚，因为那样对安全防范是极不利的。

装载高黏度/凝固性货油时，要防止产生凝管现象；风力达港口作业限制等级时应停装。有闪电来临应即刻停装，并关闭所有甲板开口。

5. 应做的记录

期间监控应做好如下记录：

甲板值班：上船检查，物料供应，伙食采购，设备维修以及商检、海事、货主等上船人员应做好登记。值班人员巡回检查、定时复查时间、内容应做好记录。值班人员调整缆绳、防火缆、跳板等内容应做好记录。货控室值班：作业期间的接管时间，装油时间，船岸联络内容应做好记录，装货油期间阶段核对装舱量、换舱装、阶段稳性数据、舱内液位变化情况、装载速度压力调整应做好记录，暂停、停装要做好记录，满溢、破漏、应急操作应如实记录时间、过程。排放压载水进度及内容应做好记录。交接班内容应做好记录。

五、收尾作业阶段

收尾作业阶段从各舱普装至舱深的90%到装油结束、拆完管线为止，是装油作业的最后阶段，也是最繁忙的阶段。此阶段由大副负责统一指挥，主要包括平舱作业、停装估量、扫线作业、计量作业、拆管拆线等工作。其特点是：工作量较大，液位控制较难，易产生超载、船舶混合倾、满溢、甲板污染等问题，需要船岸协调控制、船舶多方面同时关注，值班人员密切配合，才能完美完成装油工作。因此，应在收尾作业操作之前调整好缆绳，把船舶纵倾、横倾控制到尽可能小，做好收尾作业准备；如人手不足，可要求辅班人员参加；收尾工作，安全要素较多，关键操作应由值班驾驶员亲自动手，容不得马虎，需谨防操作事故的产生。

1. 平舱作业

平舱作业是将各舱液位提升到预定舱内液位的作业。平舱作业是装货最危险的作业，最易造成溢舱溢管。

当各舱装到舱深的90%时，进入收尾作业阶段，开始平舱作业。值班驾驶员通知岸方开始平舱，请岸方降低装载速率至协定的平舱速率。岸方明确告知装载速度已控制在协定平舱速度之后，开始按平舱分组计划逐组收舱。最好先平边舱，再平中舱，利于横倾控制。

现场平舱操作开、关都要慢，换舱应先打开下一组待平舱的入舱阀，再关闭快到位的舱的入舱阀，并有一定的提前量。对平完的货油舱，应保持连续的监控，防止关阀不严继续进油或因纵倾较大产生溢油。平舱时的纵倾最好为正浮，如纵倾较大应通过油量控制减小纵倾。

舱顶空当最小为舱深的2%，平好的舱，应手动测量空距，与货控室显示数据核对，防止出现差错。

平舱后期，应注意纵倾控制和装载水尺控制。船舶满载时尾倾过大，对于码头边水浅的，可能会造成船尾坐底，损坏船尾结构和螺旋桨。另外，舱顶空当较小时，尾倾过大，油液可能满溢，必须提防。装载水尺是在考虑到各种碍航因素后得出的，往往不是所在航区的载重线，平舱后期要控制住吃水，还要考虑扫线收油量和日用油水有无到位。

为扫线留空的"收油舱"应有足够的空当，用以收存管线残油。"收油舱"的舱号由大副确定，一般选平舱的最后一个舱。大副应按装油管线尺寸、长度、弯曲量、船岸落差等因素，充分估计扫线残余量，以使平舱最后有足够的留空。

如同载两票以上货，不得同时进行平舱作业，以防顾此失彼。

2. 控估装油量

计算装了多少油，一般采取先估量再实测计算的办法。在全部平舱结束后，暂停装载，估算一下装油量。一是测量舱顶空当，如都到达预定的液位，即为满舱；二是看船舶吃水，如到达拟定的装载水尺或载重线，即为满载。签单量、满舱量、满载量，有一满足装油结束。都不满足，在充分考虑日用油水配备和扫线残余量的前提下，可适量重力补放。注意宁少勿多。超载带来的不是利润，是危险和违规。

3. 扫线作业

扫线作业是扫除管线残油，为拆管提供方便的作业。

装油时，一般由岸方用压缩空气或惰气，扫进"收油舱"。并在船方关阀增压后快速将形成的高压气推动液体入舱。此时应注意检查甲板管线所有阀门开、闭的正确性，"收油舱"液位要低、气压要小、透气要畅通，因高压气是经装油落管入舱、由底部上翻的，有可能把舱内油液推进透气管线。吹扫时控压要在许可的范围内。

4. 计量作业

计量作业一般要求将货油静置 30 min 后进行。按计量步骤确认实装量，并由岸代/货代、商检和船长在提单上签署。如货主要求留样，从舱内抽取两份样品，由商检签署封条后，贴封罐盖，交大副留船保存。在计量结束后，关闭甲板全部舱口盖、观测孔、阀门。如货主要求铅封出航，则在商检监督下，铅封舱口盖、甲板和泵舱全部货油阀。

5、拆管拆线

完成以上全部工作后，拆管拆线。先拆管后拆线，拆管应自下而上拆，使可能的残油流入集液盘。然后清除法兰盘、集液盘残油，封妥盲板，收存软管或移固输油臂。记下拆管时间，表明装货结束。拆线应先断码头方防爆开关再拆收电缆。全部工作结束后，应按"完货检查单"的内容，全面检查核实并填单，以保证收尾工作全部到位，满足备航条件。

第八节 ● 卸油作业

一、卸油前的准备工作

卸油前的准备工作按船港联络和信息交换、制订卸货计划、抵港前和卸货油前不同于装前的准备三部分阐述。

1. 船港联络和信息交换

卸油前的船港联络和信息交换，包括卸货指示、进港报告、船舶与码头的信息交换、双方协商的内容。内河变量因素如水位变化、航道变化、气候变化、监管规章要求变化等，必须随时追踪变量信息。

（1）卸货指示

卸货指示是船东以传真、电子邮件等方式发给船长的指令。船东或通过代理应及时与卸港、收货人联系，获取卸货信息。内容包括：卸货港口、码头技术资料、收货人、卸货数量、通信人及联系方式、防污安全要求等。装油前就要获取卸港信息，是因为装载量受卸港条件所限，必须考虑减载的可能。船长、大副对卸货指示有疑问的，要及时与船东联系。卸货指示是大副制订装、卸货计划的依据之一。

（2）进港报告。进港报告的要求参见装货作业章节。

（3）船舶与码头的信息交换

卸油前的资料信息交换包括卸货港航道水深、码头边水深、靠泊条件、港口安全新规、货主特殊要求等。内河航道水深、码头边水深、水流速度季节性变化较大，尤需注意。

船舶应从码头方索取的资料：在抵达卸港前，船长应通过代理索取必要的码头资料，内河油库码头不同于油厂码头，其靠泊、货物作业条件差距较大，尽量获取码头全部资料，如码头尺寸、系缆配置、靠泊吨级、水岸落差、周边环境、水文资料等；码头所能接受的最大卸货速率、总管最高压力；码头方所能接受的卸油顺序；卸油软管的数量、标准和尺寸，所需大小转换接头的尺寸；靠泊时间、系泊要求、港口安全新规定等。船舶没有特殊情况时，依码头要求执行。

船舶应向码头方递送的资料包括：本航次装油数量、预定卸货数量、船舶配载情况；货油名称、标号、密度、黏度、闪点等货油资料；码头依这两点决定是否收货、能收多少、与货主要求有无差距，发现问题及时联系船方。能够达到的最大卸率、出口压力、建议的卸货顺序；预知船舶卸货能力，码头考虑船舶利用码头总耗时；污油水数量及处理要求、压载程序；码头依此安排污油水接驳或码头接收。压载程序验证符合码头要求；到港吃水和纵倾，船舶吃水不宜靠泊，应立即通告船方；是否有影响卸货作业的修理项目等，如存在影响卸货作业的修理项目，要求船舶向港口申请，码头在卸油作业时间上重新考虑。

（4）船岸双方磋商内容

船舶抵港后、靠泊前或无线联系商定靠泊事宜靠泊后，船岸双方主要负责人应召开工前会，就以下事宜达成共识并书面签署。其中卸载速度、卸载压力、最高压力、应急停止程序需单独书面签署，其他在卸货计划中签注。确定的事项不可单方改变，如有需改变的事项，应在执行此项之前，双方协商确定，并在计划中补签。

①泊位、靠泊日期和时间，是否需要港拖协助靠泊；

②船岸双方主管人员的姓名和签字；

③所卸货油品种、数量、技术资料、船方卸油舱(分票、分港情况下)、岸方收油罐；

④船岸双方拟使用的货油管线；

⑤初始速率、正常速率、扫舱程序、正常压力、双方需控制的最高压力；

⑥压载水操作程序；

⑦应急停止作业程序；

⑧通讯联络方式；

⑨其他需明确的事项。

2. 制订卸货计划

为安全、高效地完成卸货作业，根据承运合同、船舶卸货设备、岸方收货能力、人员状况、卸货港的要求等制订卸货计划。大副负责组织制订，驾驶员、轮机长要尽可能参与卸货计划的制订。最终交船长审阅和批准。

（1）制订卸货计划应考虑的因素

①货主要求：如货主要求滞后卸货、分库卸货、岸泵不启动串联卸货、加温卸货等等，在议定计划时都要充分协商。

②港口要求：遵守港口规章是内河水运的基本要求，船舶先期应已掌握。

③卸载能力：卸载设备状况，应通过维护和试验充分掌握。在议定卸载压力、速度时，应充分考虑压头、岸距黏滞阻力、甲板管线承压，就低不就高。

④温控要求：装载高黏度、凝固性货油，需要一定的卸货温度。这个温度比运程保温要高。大副要根据环境温度、卸载油温、加温前油温，估算加温时间。按预计卸货时间，前推开始满负荷加温的时间，在计划中列明。最好卸货准备工作一切就绪，油温刚好满足。大副必须考虑本船锅炉的加温功能，在大风、寒冷环境中，货舱散热很快，此时卸货极易凝管，计划必须有所安排。

⑤惰气满足：如港口油库有惰气可供应，为确保油船作业安全，要求卸载时需充惰。则船舶要做好接受岸方惰气的准备。

（2）卸油计划应包括的内容

①卸载图、卸载顺序、分次分油种卸载过程的稳性校核；卸载图标明卸载顺序；列明卸载程序、卸载期间监控、核量、核稳性要求。

②接管安排，使用管线、阀件、泵浦的操控程序；如岸方接管，船方应检查、监督。船舶卸货使用管线应列明。

③初始卸率、正常卸率、控制的最高压力、扫舱程序、扫线方式。

④温控措施：列明加温程序、温高和温低情况下的对策。

⑤压载程序，需处理污油水的卸排污油水程序；一般都需通过压载控制纵倾和保持船舶随时备航状态。列明压载水源、时间、舱号、批次量。污油水排岸的，议定在卸货之前还是之后执行，列明卸排污油水操作程序。

⑥作业过程监控要求、应急停止程序、通信联络方式等；列明作业监控要点、应急停止操作方法、通信联络频道和备用信号。

3. 抵港前与卸货前不同于装货前的准备

卸前准备大多数与装前准备类似或一样，如召开作业例会布置工作、靠泊准备、检测和防护设备准备、接管接线、通信准备等，这里不重述。这里要讲的是装货用不到而只为卸货需做好的准备，包括：卸油设备的检查和试验、加温或控温、有惰气系统的检查并启动等。

（1）卸油设备的检查和试验

在卸货之前，对船舶电机，按卸货使用机电设备用电负荷需要，检查、启动电机发电并网；锅炉检查、启动或按提前加温要求执行；对货油泵，按照操作规程，提前进行检查、加油润滑、启动和预热；卸油系统、扫舱系统，进行管、阀、法兰检查，如发现问题，需及时检修。轮机长总负责，如检修可能影响卸货，及时通知船长和大副，以便调整工作。

（2）加温或控温

检查锅炉、加温蒸汽管阀、回气管线、冷却水检测箱等有无异常。需加温、保温运输的，提前加温使油温在卸前达到卸油温度。船舶具备加温系统和载运加温货的，就应有加温时间估算表。加温时间估算表，由各船经十载次以上，满载满负荷加温，记录加温初始油温、环境温度、卸油温度、总耗时，列表汇总而成，以后加温耗时就可查表参考。环境温度按船舶所在地水温的70% + 气温的30%计算。有了加温时间参考，可使卸油前的油温不提前也不滞后达到卸温要求。加温过高有害，增加燃料消耗、货油挥发；温度过低，影响卸货。

需控温的，依据环境温度洒水降温，使油温在限温以下。炎热夏季，装载闪点在28 ℃以下货油时，白天应跟踪甲板温度，达到28 ℃就应间断式洒水降温或连续洒水降温。抵港前，应确保油温在限温要求以下，以利卸货。

（3）惰气系统的检查与启动

内河油船装配惰气系统的还不多，因大多内河水含泥沙量大，不具备水洗烟的条件。如具备惰气系统，应检查报警、安全保护及联锁功能，氧气分析仪校正，检查压力调节阀及循环阀控制转换、记录仪工作、甲板水封液位、P/V切断器液位是否正常；启动水泵检查洗涤塔流量、流压、水位；风机手动听声、加油润滑。卸货前启动供惰。

二、船/岸安全核查

卸货安全核查表与装货一样，其要求和导则这里不再重述。

三、卸油开始阶段

卸油开始阶段是从取样验质、计量，到常速、常压卸货这段过程。卸油开始阶段同样由大副总负责，不同的是需轮机、驾驶两部门密切配合，共同完成开始阶段的工作。

1. 计量和验质

由商检、岸代/货代、大副三方在场，按取样程序取样验质；如属铅封出航的，则三方共同检查所有铅封是否完好并记录签字，再拆除铅封；如属留有货样的，验质则与样品比对；如质量稍有差异，则共同查找原因，如再取样验质、查找船舶造成污染的可能性等。按计量程序计量运油量，舱容计量实数必须与装货计量一致。

2. 货油泵的启动

卸油的主动方是船方，岸方通知船方已准备好，可以开始卸油。依次做好以下工作：

①船舶启动惰气系统且正常供惰，或岸供惰气接通开始供惰（如有）；

②检查呼吸阀处自动位，无惰气保护的全开呼吸阀的旁通阀；

③检查各舱油温，保证都已满足卸油温度；

④泵舱已提前30 min启动通风；

⑤甲板备线，开闭阀件符合计划中卸载顺序要求，且标牌标记。卸货顺序一般是从前往后卸，以便油液向吸口汇集。首先开启最前组舱底吸入阀。

开始启动货油泵。离心泵的启动，应排空室气，可启动往复泵抽取室气，使油液注满泵室；控压启动，在其排出阀全关状态下，启动其电机；控压开启排出阀，当泵室压力达到其50%以上额定压力时，缓慢开启其排出阀。如有噪声、振动、漏溢等异常情况，应立即停泵检查。船上打开出口阀之前，岸方通往油库的各阀必须先行开启。船方出口阀要在建立起足够的压力后才能开启，以防岸库余油倒灌；开启油泵排出阀要慢，最好开一圈缓一下，以防失压导致启动失败。启动后保持低速运转，吸入管线控制流速在1 m/s。

3. 安全复查

在控制住 1m/s 速度后进行安全复查：检查所涉管线、泵舱、透气/供惰是否正常，依次查看卸油管线上的法兰、阀件，泵舱下舱全面查看，包括查看舱底，透气检查进气情况和舱压；测量或读取舱顶空当便知是否卸的指定舱；检查周边隔舱、双层底、污油水舱有无进油，通过其设在甲板上的透气口察看有无异常；检查水面有无油迹，重点关注下游水面。在船方检查无误后联络岸方检查情况，在双方认可的条件下，逐步提高速度。

4. 复查交班

泵油正常后，大副会同值班驾驶员、轮机员进行全面检查并交班，交由期间监控组成人员值班并通告岸方。甲板交接、与岸对交，要求和内容如同装货交接。轮机交接涉及电机、锅炉、泵浦、供惰、加温等多方面，必须逐项交接记录。

四、期间监控阶段

卸油期间监控内容比装货期间多，因为要使用船舶机电设备、启动多组系统。液货动态监控、船舶动态监控、周边动态监控与装货时相同或相仿，这里不重述，但一定要同样监控。这里只讲解以下几方面：卸货监控要求、货泵与货泵舱的监控、加温监控、应做的检查和记录。

1. 卸货监控要求

卸货期间甲板值班、货控室值班、机舱值班必须保持密切联系，通信畅通，有卸货调整要求，非应急状态下应先相互通报再调整，并做好关联调整工作。

机舱、泵舱、锅炉房等处所的监控不能一人包场，还有可能存在加温监控，还要考虑应急的可能，必须多安排人手，分工负责。

卸油作业是一个整体，分工负责不是切割，期间监控驾驶员是总负责，各岗位值班要随时将值班操作向驾驶员报告，驾驶员发布的指令，各值班要随时按令执行，并通报执行情况，不可怠慢。

驾驶员要保持与岸方值班负责人、船长、大副的联系，驾驶员的对讲机必须随身携带，卸货操作情况向岸方通告，遇事难以决定时请示船长或大副，交接时要交清接明，确保卸货作业顺利进行。

2. 货泵与货泵舱的监控

需安排专人监视泵舱和各台泵的工况：如是离心泵，应关注各台泵的分压、分量和壳温，一组舱快卸空时（50 cm 左右）需及时换舱，以防发生旋涡和过堰现象而吸入空气。

离心泵吸入过多空气，就会产生汽蚀现象，吸入的气体堵塞了叶轮通道，只转动而没有排量，同时产生较大的噪声和振动，必须即刻停泵。

要确保离心泵不发生封闭运转和汽蚀现象，及时调换吸口是措施之一。

泵舱应每小时入舱检查一次，有货控室的不能依赖在货控室操、控、监泵舱和泵辅。每小时记录一次各货油泵转速、吸/排压力、壳温及各货油管线出口压力。泵辅记录簿必须认真填写，接受检查。

卸载期间船方不应在未通知码头的情况下随意改变卸货速度。

3. 加温监控

需加温卸货的应控制好油温，通过供应蒸汽量调节，过高、过低都不利于卸货。锅炉及其附属设备发生严重故障而影响正常卸货时，轮机人员应及时通知货控室。

4. 应做的检查和记录

按船岸约定复查时间间隔，完成期间复查并填写期间复查表。每小时巡查甲板管线、阀件、汇管、透气、液舱、压载舱、空舱、缆绳、船岸通道、水面等甲板值守职责范围内的安全情况。

每小时巡查机舱、泵舱、惰气房、电机、锅炉、泵辅、舱底、舱底管线、海底阀、加热器、加温管线等轮机值守职责范围内的安全情况。

货控室跟踪各指示读数、显示图示、声光报警状态的正常。

期间监控应做好如下记录。

甲板值班：上船检查，物料供应，伙食采购，设备维修以及商检、海事、货主等上船人员应做好登记。值班人员巡回检查、定时复查时间、内容应做好记录；值班人员调整缆绳、防火缆、跳板等内容应做好记录。所有上、下船人员都必须登记。

货控室值班：作业期间的接管时间、卸油时间、船岸联络内容应做好记录；卸货油期间阶段核对卸舱量、换舱卸、阶段稳性数据、舱内液位变化情况、卸载速度压力调整应做好记录；暂停、停卸要做好记录；破漏、油污染、应急操作应如实记录时间、过程；装载压载水进度及内容应做好记录。

轮机值班：机舱做好轮机记录；泵舱做好泵辅记录；加温做好加温记录；交接班内容应做好记录。

五、收尾作业阶段

收尾作业阶段是卸货的最后阶段，从扫舱开始到完成交货签字，是完成交货的重要环节。此阶段由大副亲自指挥，值班驾驶员、轮机员协助，其他参与值班人员配合、遵令操作。收尾阶段的扫舱、获取干舱证书、库容计量尤显重要，能否交货、是否会产生亏量赔偿，就看每步工作是否认真、仔细、完善。收尾阶段的安全工作更应重视，没有惰化的空油舱，更易因静电产生燃爆，各项防火、防静电工作必须落实到位。收尾阶段的工作按以下几步分述：扫舱作业，扫线作业，验舱，拆管拆线，岸库计量签单。

1. 扫舱作业

扫舱作业是把各舱残油清扫干净的作业。当各舱卸到适合梯度时开始扫舱作业。残油留余高度因油种、黏度、泵浦等不同而不同。扫舱方法取决于船舶扫舱系统的配置，主油泵是螺杆泵、往复泵的，卸货、扫舱连贯进行，直接把舱里扫空，因卸油速度慢，内河多配置在小型油船；主油泵是离心泵的，分别有扫舱泵扫舱、循环自动扫舱、喷射器扫舱几种。各扫舱方法的系统配置，在其他章节有详细介绍，这里不再重复。扫舱开始前可压载调纵倾的调整好适合的纵倾（船长的2%左右），以利残油向吸口汇集。有接近卸空的货油舱，就应使用一台货油泵开始扫舱，以缩短最后的扫舱时间。

另一低液位舱继续扫。此法需监控集液舱的液位，防止产生满溢。另外，集液舱透气需畅通。

扫舱注意事项：

（1）当货油舱中的液位下降到预定的扫舱油位时，货油泵降速，控制货油泵出口阀开度。

（2）扫舱过程中，尽量避免多台货油泵一起卸一个液位较低的货油舱。

（3）关小货油舱排出阀以保持足够的排出背压，提高货油泵吸入性能。绝不能用关小货油泵吸入阀的方法来调节流量，否则会影响货油泵的吸入性能。

（4）保持较大吃水差以利扫舱操作。吃水差约为船长的2%。

调整船舶吃水差时，要注意：船体强度；泊位水深、码头设施、港口要求；当要求分票或分港卸货时，要充分考虑到仍然有满舱的货油舱，防止货油外溢。

（5）若用污油水舱或其他选定的货油舱来接收扫舱的货油，应随时监控接收舱的空当，防止溢油。

2. 扫线作业

卸货扫线作业是利用扫舱泵，将主货油管线、扫舱管线、货泵中的残油扫至岸罐中。此时需注意阀件开闭无误、控压有度。

3. 验舱

大副请商检验舱，确认各舱都已排空，舱底没有明显残油后签发干舱证书。一般要求残余量不超过装载量的三万分之一。验舱之前，先释放舱气压力，做好个人防护，准备好防爆手电筒和打底尺。打开舱口观察孔确认符合要求后，应即关严。不宜打开观察的，通过打底尺测读。如舱底残油明显，可启动扫舱泵将其扫向集液舱，最后从集液舱扫向岸罐。一般扫线在验舱后进行。商检认可干舱后，签发干舱证书。如没有干舱证书，库容计量产生的亏量，直接由船方认领。

4. 拆管拆线

要求和方法与装货结束时的拆管、拆线一样。但如没有"顶水"操作，管线残油可能会多一些，这需注意。

5. 岸库计量、签单

岸库计量核对承运货量，如无差距则三方在货单上签字确认交付。如亏量超限，则需共同找原因，互谅互让，争取达成共识。如需亏量赔偿，船长必须通报船东，由船东决策。

岸库计量需注意：

①岸库集散所剩油品密度较小，必须在卸前实测、实算。

②卸向岸库的油是从底部进库的，在船、库落差较大时，会将库余平推上去，取样不可面取，必须取上、中、下等份样品，测取密度，并注意与船测密度比较。

③库尺有误差，应以人工测量为准。

④库容表同样有误差，有误差时应提出质疑。

⑤岸方管线中可能有油未入库，岸线长，存油量也不小。

⑥商检可能偏向库方，船方应注意。

⑦允许亏量应据理力争。

第九节 ● 货油计量

货油计量从计量方法、计量单位、计量步骤、计量注意事项四方面分述。船舶大副应精于计量步骤，步步把关，对如何对船方有利了如指掌，对不利的误差一追到底，不放过任何疑点，努力对船东负责。对计量一知半解的普通船员，建议不要参与。

一、计量方式

计量方式一般有两种：一是按岸上的流量计数值换算成20 ℃状态下的货物重量。我国商检规定，液货计量的标准温度是20 ℃。国际贸易中，可采用国际通用的15 ℃。流量计使用一定时间会产生误差，且误差无法修正。因此，流量计读数作为估量或参考较合适。另一种方式是测量舱容或库容换算成20 ℃状态下的液货容积，再与20 ℃的密度计算货物重量。由于舱容表客观上存在误差，实际计量中船方常会会同商检、货主以舱容、库容核对计量的方式，使双方满意。船方应对本船舱容误差做到心中有数，以免因数据微量偏差而计较。下述计量步骤以舱容计量叙述。

二、计量单位

我国内河货油容积以m³计，重量以kg或t计。

相应单位有液深：m；温度：℃；密度：g/cm³。

为获得准确的数据，液位高度应精确到1 mm，温度应精确到0.1℃，密度应精确到0.000 1 g/cm³。

三、计量步骤

（1）取样：从舱内抽取样品，由密度计测读出20 ℃时的品质密度ρ_{20}，用此密度减去0.001 1（空气浮力校正值），即得20 ℃时计量用密度。操作步骤如下。

①确保取样器无破损且清洁干净，瓶盖密封。

②取样部位：每舱都要取离上液面1/6液深、舱中间、离舱底1/6液深三份试样，等体积混合成一份样品。

③取样份数：同油种舱，1~2个舱，每舱1份；3~6个舱，任取2舱，2份；7舱以上，任取3舱，3份，但必须包括首装舱的油样。

④取样方法：取样器用舱内油品洗一遍，瓶盖盖严，从取样孔放入到预定位置后，打开瓶盖，待液面气泡停止后提取取样器。

⑤测读密度：在温度稳定的无风房间，将样品倒入1 000 mL的量筒中，轻慢放入温度计和密度计，待稳定5 min以后，读取液面下缘密度计读数，迅速读取温度，由此得到视密度和视温度。读取时，注意修正视觉差和读数的精确位数。

⑥按修正后的视密度、视温度，查取密度换算表，得出标准密度ρ_{20}。

（2）测温：必须是能代表整舱的油温。测温要求如下。

①加温油舱：液深3 m以内，测液深中部一点油温；液深3～5 m，测液面以下1 m和液底以上1 m油温，取两点油温算术平均值为该舱油温；液深在5 m以上，除上两点测温以外，加测液深中间一点油温，取三点油温算术平均值；如中间油温与上、下平均油温相差1℃以上，则加测上、中之间点和中、下之间点油温，取五点油温的算术平均值为该舱油温。

②不加温的油舱：测油深中间一点的油温。

③水银温度计在轻质油中浸停的时间为5 min，在原油、重质油中浸停的时间是10～15 min。水银温度计每年应校准，不准即淘汰。

（3）测深：在测量孔内测。在观察孔测，因不能保证下尺与液舱垂直而不可行。

①测油液深度：主要用于轻质货油的测量。测前估计液深和测尺位置，接妥地线，从测量孔缓慢下放尺砣，触底立即提尺、收尺，收到油痕处读尺，先读毫米，再读厘米、分米、米。

②测舱顶空当：主要用于重质货油的测量。接妥地线后下放尺带，轻放至液面，读取测量孔读取线位的尺示数，收尺读取尺端液痕读数，两者相减得舱顶空当高度，液舱型深减去舱顶空当，即得液深高度。测空当必须测两次，取其平均值。如两次读数超过1 mm，需再加测一次取平均值。

③测底水：用量油尺测量底水，在估计水深的测量尺位置，涂抹试水膏，垂直下放至触底，轻质油静置3～5 s，重质油静置20～30 s，提收油尺，读取试水膏变色处读数，即为底水深，测量液深减去底水深即为实测液深H。船舶若配有油水界面测量仪，则使用更方便。

④有的油船，因舱中心配置洗舱孔，使测深孔配置到舱壁处。如测深管不在舱中心，应注意液深H的纵倾校正：其校正值Δh为校正系数乘以首、尾吃水差，校正系数为测深管到其舱中心的纵距与两柱间长*登记长度）之比。装载后一般为尾倾，如测深管在舱后，计深为$H-\Delta h$；测深管在舱前，计深为$H+\Delta h$。另应注意缩小测温与测深的时间差，最好同时。读取首、尾吃水一定要观测准确，取波峰与波谷读数的平均值。最好使船舶正浮测量，无须纵倾校正。

（4）计算：查舱容表，由计深值查算出实际温度下的液体体积V_t。如各舱温度不同，在此不能求和，需算出各舱标准状态下的体积再求和。查石油体积温度系数表，得出温度改变1℃的体积改变量k。体积修正系数$K=1-k(t-20)$，$V_{20}=KV_t$。计算公式：$W=V_{20}\times(\rho_{20}-0.0011)$。式中：$V_{20}$是标准温度下的液货容积；$\rho_{20}$是标准温度下的密度；$t$是所测液货的实际温度；20是标准温度20℃。

如采用换算密度的办法，结果一样。即$W=Vt\times(\rho_t-0.0011)$

此时，实测温度下的容积直接用于计算，但标准状态下的密度需换算为实测温下的密度ρ_t。需查密度温度系数表，查获温度改变1℃密度的改变量γ，密度修正系数$K=1-\gamma(t-20)$，$\rho_t=K\rho_{20}$。

四、计量注意事项

（1）测量时做好人身防护，有毒油品应穿防护服、戴防毒面具、站侧风向。测取前释放舱气压。

（2）测量、取样器材必须接地良好，方可入舱测取。

（3）舱深较深、液温较大时，注意消除测量尺误差，并注意选用合格的测量尺。

（4）舱容表有误差，注意总结十次以上的计量误差，获取计量误差经验系数，做到心中有数。

（5）注意测量底水。如船舶处于漂荡状态，测深需多测几次取平均值。

（6）每次计量都需填写"货舱取样记录表"和"货舱测量报告"，并由大副、商检、货代/岸代签字。大副负责保存三年。

第十节 ● 过驳作业

过驳作业可能在一艘船锚泊或二艘船都在漂航或机动状态下进行。内河油船过载限定在专属过载锚地进行。包括驶近操纵、靠泊、系缆、离泊、接管、拆管和货物过驳在内的整个过程。这种作业比船靠码头作业要危险得多，因两船同处漂泊状态。国际上按照《国际油船驳载指南》执行。内河设有过载锚地的港口，都制定有本港某锚地过载指南。参与某锚地过载作业的船舶，接到航次任务后，必须认真学习掌握其驳载规定，实施过程中严格执行。内河油船过驳作业须从严控制，绝不允许私自过载。

内河油船过驳作业，主要从以下几方面讲述：船靠船的条件和要求、基本安全原则、作业责任人的要求、驳油计划的制订、作业准备（有别于码头作业的工作）、过驳作业中的注意事项。船靠船的操纵、靠泊、离泊，内河较复杂，因船、因锚地、因环境不同而不同，不可一概而论。过驳作业准备工作和过程的监控，大多与码头装卸准备和监控要求一致，具体内容如下。

需要熟悉的几个概念：

主碰垫。大型碰垫，用以缓解靠泊产生的碰撞，以及具有足够厚度用以防止船与船之间接触，且在一船靠向另一船时可以滚动。一般由行动船在水线面水平布置。

副碰垫。用来防止两船之间的接触，它们应该可以滚动，通常在靠离操作期间，将它们沿船的前后端部放置非常有用。

定向船。接受行动船的靠泊，以某一航向和维持该航向的最低速度的船只。内河一般指锚泊船，俗称母船。

行动船。进行船舶靠离操纵，靠泊于某一处于锚泊状态，或者在航状态船舶的船。通常行动船是受货船，俗称子船。

一、船靠船的条件和要求

船靠船过驳作业，必须执行《油轮货物操作规定》，遵守港口过驳安全和防污染规定，接受海事主管部门监督，船舶具备过驳靠泊、驳载条件，过载锚地满足船靠船作业，货物适合驳载操作。因此，船靠船的条件和要求，从船舶条件、水域环境条件、货物操作的适用性三方面阐述。

1. 船舶条件

定向船、行动船在设计和设备配置方面符合船靠船过驳作业的要求及相关建议，能使系泊作业、软管操作和通信联系安全而有效地进行。船东应及早将船舶尺度、干舷高度、汇管位置、碰垫位置、系缆配置、驾驶台有无伸出舷外、锚抓力、操纵性能等信息进行交换，权衡比对是否利于双方靠泊和驳载作业。否则应取消航次任务。

《船舶载运危险货物安全监督管理规定》第三十条：载运危险货物的船舶在港口水域内从事危险货物过驳作业，应当由负责过驳作业的港口经营人依法向港口行政管理部门提出申请。港口行政管理部门在审批时，应当就船舶过驳作业的水域征得海事管理机构的同意，并将审批情况通报海事管理机构。船舶在港口水域外从事内河危险货物过驳作业或者海上散装液体污染危害性货物过驳作业，应当依法向海事管理机构申请批准。船舶进行水上危险货物和散装液体污染危害性货物过驳作业的水域，由海事管理机构发布航行警告或者航行通告。

第三十一条：船舶在港口水域外申请从事内河危险货物过驳作业或者海上散装液体污染危害性货物过驳作业的，申请人应当在作业前向海事管理机构提出申请，告知作业地点，并提交作业方案、作业程序、防治污染措施等材料。

2. 水域环境条件

过驳锚地必须是主管机关论证、指定的，河底土质能产生足够的锚抓力，能抵御风、浪、流的作用；锚地水域宽阔，有足够回旋余地，有潮汐影响的不妨碍他船；水深足够；过往船舶远离锚地；靠、离泊风、流影响较小，便于操纵；应急分离无碍障。指定过驳锚地以外禁止过载。内河通航密度越来越高，港口城市建设横跨江河桥隧越来越多，适于过载作业的水域越来越少，迫不得已，可采取双靠油船码头，通过岸线或岸库转载，这样会增加一些费用，但安全更有保障。

《船舶载运危险货物安全监督管理规定》第二十八条：船舶进行危险货物水上过驳作业或者载运危险货物的船舶进行洗（清）舱、驱气、置换，应当符合国家水上交通安全和防治船舶污染环境的管理规定及技术规范，尽量远离船舶定线制区、饮用水地表水源取水口、渡口、客船码头、通航建筑物、大型桥梁、水下通道以及内河等级航道和沿海设标航道，制订安全和防污染的措施和应急计划并保证有效实施。

3. 货物操作的适用性

货油软管尺寸双方适用、数目足够；两船干舷高度差不宜超过 10 m、作业最大最小落差能保证靠泊和作业安全；主碰垫尺寸一致，能使两船紧靠时舷侧受力均匀分布；软管轻吊安全适用、不会产生舷侧摩擦损伤；舱气控制便于实施。

二、安全

(一)基本安全原则

（1）风险管理：作业前必须进行风险评估。包括操作风险及管理、控制、消除风险的方法。

（2）应急程序：包括应急消防、应急停止、应急防污、应急分离等。双方船员必须熟悉应急信号、应急岗位、应急操作，有条件时应有选择地进行共同演习。

（3）安全过驳作业检查单：必须严格遵守执行，检查无误。

（4）防火、防爆、防静电、防污染：参照码头装卸作业执行。

（5）货油蒸汽积聚：出现易燃、有毒货油蒸汽在任一船、任何地方积聚，应立即停止作业，直至检测安全后方可恢复。

（6）无线发射天线、雷达、燃油燃气炉灶等不得使用。

（7）通信：过驳作业全程，双方通信必须畅通，一旦失联，必须停止作业。

（8）作业值班与锚泊值班应分开。

(二)货油过驳期间安全

过驳操作的基本安全要求相似于最新版本ISGOTT所含的正常港口货物操作安全。过驳操作需强调以下几点。

1. 吸烟和明火

关于吸烟和使用明火规定应该被严格加强。警告通知应该标示，吸烟室应指定并清楚标示。

2. 配电板接地

当总控制板上接地指示灯显示有故障电路，这种故障应该马上追踪和隔离。这是为了避免电弧风险，尤其在可能存在气体累积危害的甲板区域。

3. 锅炉和柴油机

为了避免货油过驳中热灰掉进船上的甲板，应采取防范措施，例如应在操作开始前进行吹灰。烟囱发生火花，应立即停止过驳操作。

4. 船对船电流

货物软管电流和静电荷的排除：为消除两船间软管连接时激励电弧的潜在危险，应该在每个管汇处（或一艘船的汇管）装备单个绝缘法兰，或者每根软管装备一段电气不连续的软管或者特殊结构软管，防止静电积累或船舶间电流传递。

两船间潜在电势应降至最低。一般在没有绝缘法兰或软管的情况下，断开的外加电流的阴极防护系统通常不能认为是尽可能减小船对船电流的可行方法。如果两艘船都有适当功能的外加电流阴极防护系统，最好让它们保持运行。类似地，如果一艘船是外加电流系统而另一艘是牺牲阳极系统，前者应该保持运行。然而，如果其中一艘没有阴极防护或其外加电流系统已经损坏，应考虑在两船靠在一起前将另一艘的外加电流系统断开。

所有船对船系泊缆应是绝缘的，要么使用天然材料的软系泊绳或者将软尾缆通过眼环连接的每根金属系泊缆。如使用软尾缆应有适当长度，以使它们能够延伸至舷外的另一船以接收缆绳。

应注意避免低电阻船对船在下列区域的电接触：

两船之间的非绝缘金属梯或舷梯——在梯子末端安装橡胶。

吊杆或起重机钢丝及吊钩——小心操作。

碰垫支持网或罐笼区域内的未经保护的裸线和链子——须优质维护。

5. 无线电和卫星通信设备的使用

主无线电设备：从船上主无线电站发送的无线电波会造成船舶某些装置的绝缘部分产

生电子共振，例如桅杆支柱，并且会导致跨越甲板装置的电弧。类似的，电弧还可能发生于船上的无线天线上，特别是当绝缘体表面被盐、污垢或水覆盖。

货油操作期间，使用船上的主无线电设备可能有危险。货物操作期间无线电发射是不允许的。此时，天线周围可能有易燃气体或支柱、吊杆设备及其他装置的接地效果是可疑的。

两船无线发射主天线应接地，两船相靠时，任一船都不应使用该设备。卫星通信设备可用于通信，然而，应考虑下述风险。

卫星通信：卫星通信设备通常工作在 1.6 GHz 频率，所产生能量级别很低，几乎不产生点燃危险。然而，天线附近可能存在易燃性气体，这些设备禁止使用。

甚高频和超高频无线电：系泊和货油操作时使用的任何手持甚高频及超高频无线电设备，本质应是安全的。

自动识别系统：在航或锚泊操作的两船或任一船需要使用自动识别系统时，自动识别系统（AIS）设备应在任何时候保持处于可用状态，包括船对船操作期间。

船对船操作期间，自动识别系统广播使用的甚高频设备不需要设置在低功率输出。然而，船对船操作期间，应考虑自动识别系统信息使用在最佳信息输入区域，来表明在航或锚泊或船舶操纵能力受限，作为指挥过驳操作的结果。为显示该信息，缩短可选的信息内容是必要的。自动识别系统广播不应通过其他方式代替建议的航行警告广播。

便携式电子设备：应注意，便携式蜂窝（移动）电话、呼叫器、使用电池的摄像机、便携式数据助理（PDA）、计算器等，如在危险区域使用可能对船构成危险。应采取预防措施确保参与过驳的所有人员，特别是可能因其他业务访问船的人员（技术人员、调查员等）完全知道使用该类设备的任何危险和限制。

雷达使用：一般原则，雷达的使用涉及非本质安全型电子设备的操作。取决于两艘船的相对大小，货油过驳操作期间，一艘船雷达波束可能掠过另一艘船货油甲板，可能对易燃性气体混合物区域接近足够产生潜在危险电能密度。货油过驳操作期间，雷达使用前，船长间的协商是可取的。以下部分给予进一步的建议。

3 cm 和 10 cm 雷达的使用：高于 9 000 MHz（3 cm）频率的雷达操作，产生的辐射距离在 10 m 以上认为是安全的。这种雷达辐射能量不会点燃危险，只要扫描器正确安置在船舶的上部（只要扫描器正确安置在船舶的上层建筑上，这种雷达辐射产生的能量不会有点火危险）。3 cm 波段雷达操作通常是安全的，但应该谨慎操作。

在低频下，如 10 cm 雷达，在船体结构中引发电弧的可能性到达 10 m。

船用雷达通常以脉冲信号以及旋转扫描器操作，所以人不会被持续暴露在辐射中。因此功率扫描器联锁装置，如没有进行适当风险评估，不应被越控。

6. 油气聚集

如货油蒸汽聚集在任一船的甲板或汇管处对船或人员构成危险，船对船过驳操作应中止，在确认安全前，不可恢复操作。

过驳前，接收船应向卸货船提供以前船舶的货物信息。让卸货船人员采取适当的预防措施，防止以前货油含有毒气体排放到卸货船甲板。应特别注意货油蒸汽潜在高硫化氢水平，及采取必要的个人安全预防措施。

7. 雷暴

过驳区域存在雷电风暴或雷电风暴即将到来，货油过驳操作应中止，确保所有的垂直通气管、货油系统以及IGS系统稳定，直到认为安全才恢复过驳操作。

8. 厨房炉具

船对船操作时，在允许使用厨房炉具以及其他烹饪设备前，船长和船对船操作指挥人（如合适）必须考虑船上厨房的位置、构造和通风情况后，一致确认不存在任何相关危险。不应使用烧油、烧气的火炉或暴露元件的电子设备。

9. 消防设备的准备

两艘船的消防设备应准备随时使用。每艘船的泡沫炮应指向使用的货油汇管，留有适当的操作条件。此外附加泡沫消防设备应随时准备为甲板使用。

10. 生活区开口

所有通向起居处所的门，在货油过驳操作期间，应保持关闭。各船船长应指定哪些通道门用于人员通行。如果可能，只有远离货油区域主甲板门才允许使用。所有门在人员通过后应立即关闭。空调进气口必须确保起居内大气压强始终高于外部大气压。由于卫浴空间和厨房的抽气扇在运行，空调系统不应100%再循环，避免导致内部大气压降至低于外界大气压。

三、作业责任人的要求

1. 负责人

驳油船舶的所有人应该指定负责人，全面负责驳油作业。负责人可以是驳油船舶上的或者是被驳油的船舶的船长或者是指定的驳油船船长。一般由定向船船长担任总负责人。负责人必须至少具备下列条件：

（1）持有现行的船长证书；

（2）有油船装卸货油的经验；

（3）了解驳油锚地和周围地区的全部情况；

（4）具有清除溢油技术的知识，包括熟悉驳油应急计划的运用办法、设备和资源；

（5）具有驳油计划的全部知识。

2. 双方班组负责人应该做到以下几点：

（1）按照规定进行驳油作业；

（2）把驳油作业的关键阶段报告船长，如系泊、解缆和货油转驳；

（3）在发生溢油的情况下，保证执行应急计划里的各项条款；

（4）输油前，检查货油驳油系统；

（5）监督本船驳油作业的所有方面；

（6）按照驳油计划进行驳油操作；

（7）保证检查所有系泊设备、碰垫和安全措施。

四、驳油计划的制订

行动船靠泊定向船之前，双方主要责任人应汇集一起，制订靠泊计划和驳油计划，并以书面形式交两船船长审阅、签字确定。驳油计划一般包含以下内容：

（1）需要过驳的油种、数量。

（2）货油信息，如比重、油温、黏度、闪点、含硫量、集电性、挥发性等。

（3）详细的驳油操作系统、货油泵的数量、最大工作压力。

（4）原油过驳中的原油洗舱程序。

（5）加温或控温程序。

（6）初始速率、期间常速、平舱速率及调速、停止需要的时间间隔。

（7）应急停止程序。

（8）溢油、防污应急程序。

（9）压载水计划协定。

（10）值班安排。

（11）主管机关对过驳作业的相关要求和执行措施。

（12）货物安全技术资料。

（13）货油软管的连接、监控、放残、拆卸工作安排。

五、作业准备（有别于码头作业的工作）

（1）船长与船长及主要负责人之间建立起可靠的通信系统，明确通信故障应急信号，一旦发出，立即中止过驳作业。

（2）检查系缆松紧与主碰垫受力情况，确保系靠牢固，备有副碰垫。

（3）双方共同接管、接线、备线，气压检漏，符合安全要求。

（4）确定应急值班人员，各项应急准备完备。

（5）收听、记录作业区域期间天气预报，做好应对不利气象的准备。

（6）按作业开始前检查单要求进行安全核查。

除上以外，定向船按卸货作业进行准备，行动船按装货作业进行准备。

六、过驳作业中的注意事项

（1）双方分别按装、卸油操作程序全程监控。

（2）开始速度要低，双方的安全复查要仔细。发现问题即通告停止。

（3）甲板值班保持直视，通信畅通，各自负责，兼顾对方。

（4）每小时核对装、卸量一次，如差距过大，停止过驳，查明问题并解决后恢复。

（5）速率调整，先通告，后操作。

（6）调压载控沉浮和纵倾，按计划协定进行，严密监控系泊受力和水面情况。

（7）系泊缆索、碰垫受力情况始终处于双方监控下，绞缆调整受力应暂停过驳作业。

（8）过载集电性油类，做好各项防静电工作，最好有惰气保护。

（9）双方确保封闭作业，甲板有油气积聚，即刻停止作业。

（10）收尾扫线向低舷方扫，便利排空。

（11）双方始终处于备航状态，掌握应急分离程序。

第十一节 ● 货油管理

油船除了负责货油的安全装卸、运输外，还要负责货油在船期间的保管，货油管理是运输全程要做的日常工作。

一、货舱液位检测

从装货港到卸货港的途中，对液货舱中的货油情况不清楚是肯定不行的。每天最少检测一次货油舱、压载舱和污油水舱的液位，检查边隔舱、双层底舱、干隔舱、压载舱、泵舱有无漏进货油，液舱通过测空当比对、空舱通过打底尺、泵舱通过入舱检查，确认一切正常，如有异常，及时通报船长，进一步检查核实，寻找问题，解决问题；大风浪天气航行中，每天最少要检测二次。船舶最好确立早八点、晚八点检测汇报制度，使船舶深舱管理常态化。检查结果记录并保存。没有船东或租船人的指示，不允许在航行中货舱之间相互转驳货油。如果因为特殊原因需要转驳货油，进行操作前，报告船东和/或租船人，做出相应计划并做好记录。

二、货舱压力、含氧量的控制

油船运输期间，货油舱是全封闭的。由于昼夜温度差和长航线，气温变化非常明显。船舶满载时，货舱内的空间很小，货舱压力变化受气温变化影响明显。

为了防止船体结构损坏，设有船舶货舱压力保护系统，如：呼吸阀、单舱P/V阀、透气桅的释放保护系统等。当货舱压力超过保护系统的设定值1 410 mmH$_2$O后，保护系统启动。高压保护系统启动释放出货舱内的油气；低于真空保护系统设定值 – 700 mmH$_2$O后启动，空气吸入货舱。随着空气的进入，货舱内气体中的含氧量升高。有一些船舶为了解决货舱内负压，防止空气进入，专门安装了惰气发生器。

货舱压力保护系统报警设置为：惰气总管线压力报警值为压力/真空切断器启动值的90%；真空报警值为零。各货油舱的压力报警值为各舱呼吸阀启动值的110%；真空报警值为零。整个航行中，保持合适的惰气压力，尽量避免无谓释放惰气，减少货油挥发损失。当压力低到报警点时，使用惰气发生器往货舱内充装惰气，保持货油舱内的氧气含量低于8%。为防止舱压升高、呼吸阀打开，有毒货油蒸气进入上层建筑、机舱等安全处所，有些船舶安装了舱气回收系统，顶出的油气通过制冷煤油吸收液化，空气排出。如没有舱气回收系统，运程中要关闭门窗、注意改变通风吸口方向，防止有毒蒸气伤害船员。

三、货油温度的控制

载货航次开始后船舶要严格遵照航次命令中的加温和保温要求，完货后即进行保温或加温操作。整个载货航程中加温或保温应尽可能按货主要求进行，保证不凝固或满足最低运温，使舱内的货油处于垂直微循环状态（特别是原油），目的是防止货油中的杂质沉淀。货油温度过高或过低都可能造成货物变质或影响装卸货的操作。

货油加温过高对于货物本身及营运的经济性都是不利的，主要体现在如下几个方面：

（1）货油蒸发增加损失。

（2）降低原油洗舱时原油的溶解能力。

（3）加速原油中悬浮的水分和渣滓沉淀。

（4）浪费燃油。

（5）增大卸货过程中货油泵发生汽蚀的可能性，不利于卸货。

（6）使货油泵壳温度迅速变热。为防止壳温过高，货油泵一般都设有保护装置，当达到65～80 ℃时（不同材质泵不一样），该装置即接通，货油泵自动停止运转，从而影响卸货。

有些货油一旦温度过低，货油中的蜡质会析出，并漂浮在货油表面，待扫舱时蜡质就会留在舱底而无法吸入泵内（蜡的流动性极差），即使油温上升，这种情况也不会有大的改观。

因此在载运过程中，应合理计算加温开始时间及加温的步骤，避免货温过高，同时又要满足卸货或租家的要求。根据本船设备和货载情况，应摸索出一套安全、易操作、省时、省燃料的加温规律。

在载运需加温的货物过程中，每天必须测量并记录货温，温度需在每舱的三个不同深度处测量。不能依赖遥测温度记录仪的读数。

四、货物蒸汽之间污染

船舶承运多种货物时，须防止货物气体之间相互污染。由于货物性质的不同，危险程度、对人体的伤害、防护措施都不一样。因此在装卸货和运输过程中，要关闭各舱与惰气总管线的连接阀，并且阀门要被锁固。

锁固各舱与惰气总管线的连接阀的钥匙，必须由大副亲自掌管。

第十二节 ● 油船洗舱

一、洗舱的目的和系统设备

油船洗舱是指将水或洗涤剂通过洗舱设备高速喷射于货舱内，从而清除舱内的油泥、油脚、铁锈、沉积物等物质的操作。

(一)洗舱目的和意义

1. 洗舱的目的

（1）船舶按公司或货主要求更换装载货油的品种；

（2）船舶按要求换装同品种高品质货油；

（3）油舱内设备损坏，需做临时性修理；

（4）进行油舱内部检验；

（5）进厂或进坞修理；

（6）控制油舱内沉积物的堆积。

2. 洗舱的意义

（1）保证舱内作业人员的安全；

（2）减少船体结构的腐蚀；

（3）提高营运效益，保证安全适装。

(二)洗舱系统的主要设备及要求

油船洗舱系统的主要设备包括洗舱泵、洗舱水供给管路、洗舱水加热器、供移动式洗舱机伸入的甲板通孔、洗舱机和扫舱泵等。

1. 洗舱泵

无论是用单独的泵还是用液货泵来对固定式或移动式洗舱机供水，其泵浦的排量必须在任一时刻都大于所用洗舱机的总排量。洗舱机的排水量大小，主要取决于喷射水压力和喷嘴尺寸。当一至两台洗舱机同时洗舱时，洗舱泵的容积余量应在10%左右。为了有效地从舱底和肋板上清除掉残存物，泵浦的输出压力必须稳定在 $0.98 \sim 1.274$ MPa（10 kg/cm²～13 kg/cm²）区间内。

2. 洗舱水供给管路

洗舱水的供给管线，通常是从泵浦间或机舱舱壁到最前面的舱，任何安装在油舱里的固定洗舱机均需要用较小的分支管线供水。安放的水龙管是为了把可移式机械与主供给管联结起来。在需要供给大容量的洗舱水时经常安装并行的两条皮龙管。洗舱水管线必须能在大约 1.47 MPa（15 kg/cm²）压力下工作，且能输送水泵最大排量的水而不引起太大的压力损失，这样可以避免无效的清洗。为了监视运行状况，通常在管线的重要部位安装温度表和压力表。洗舱前进行的管系试压，当压力达到工作压力的 1.25 倍时，不应有漏水现象发生。

3. 洗舱水加热器

洗舱水加热器如图6-22所示，通常安装在泵浦的出口端，且装有一个旁通水阀。为了使化学剂能在最佳工况下发挥作用，且水在管路中的温度降低仍在可接受范围内，加热器的容量必须能保证把洗舱水加热到90℃左右。

图6-22　洗舱水加热器

4. 洗舱机的甲板通孔

这些甲板通孔直径标准是318 mm，且是专为移动式洗舱机放入舱内而开设的，这些通孔有时也叫巴氏孔，如图6-23所示。内河小油船如果没有设置甲板通孔，则无法实施移动洗舱机洗舱。

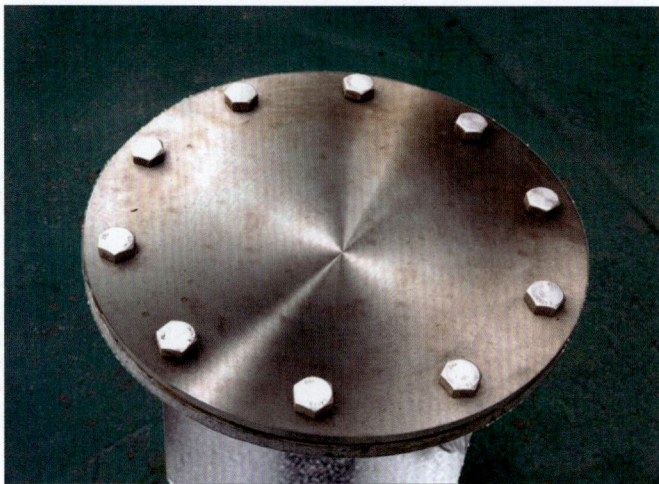

图6-23　巴氏孔

5. 洗舱机

洗舱机主要由固定不动的本体、回转体、喷嘴和回转驱动装置等组成。油船上用的洗舱机一般有两种基本类型：每个转体上安装一个喷嘴的洗舱机称为单喷嘴洗舱机；一个转体上对称安装两个喷嘴的洗舱机称为双喷嘴洗舱机。

洗舱机有一个组合的旋转功能，在这一功能里压力水冲击液压透平，液压透平使洗舱机绕自身的立轴慢慢地旋转而同时喷嘴绕水平轴线旋转（也就是说喷嘴在垂直面旋转而洗舱机本体也可在水平面内转动）。

单喷嘴洗舱机如图6-24所示，一般用作固定式洗舱，其喷嘴的回转速度和角度可以通过齿轮传递机构在上部进行人工调节和观察。

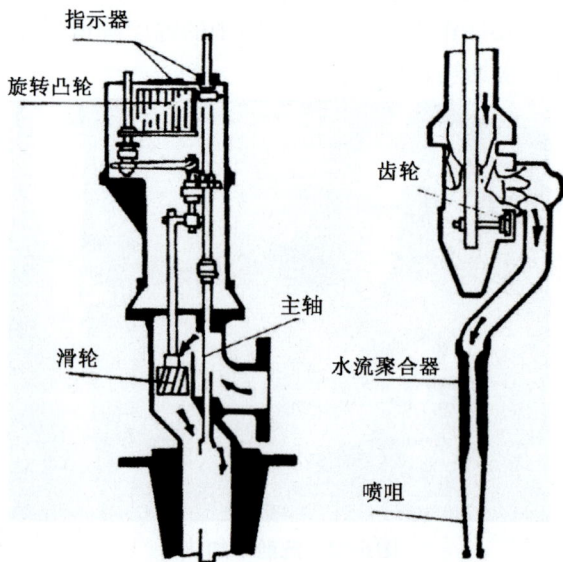

图6-24　单喷嘴式洗舱机

固定式洗舱机的管线和相关设备在甲板的布置和在舱内的动作一般如图6-25所示。

图6-25　固定式洗舱机

　　双喷嘴洗舱机的回转速度和角度无法调节，也不能通过外部设备进行观察，只能凭借水流敲击舱壁的声音来判断设备的运转情况。双喷嘴洗舱机多用在成品油船上作为固定式洗舱机，也常用作移动式洗舱机，作为移动式洗舱机使用时，其管线及附属设备主要包括防静电橡胶软管、接头及支架等，如图6-26所示。

图6-26　双喷嘴洗舱机

6. 扫舱泵或喷射泵

　　为使油船洗舱水能顺利排入岸方或收集入指定货油舱，扫舱泵或喷射泵是必不可少的，缺了它们，正常的洗舱工作将不能进行。在洗舱过程中，必须注意保持系统中的所有滤器清洁。喷射泵是排出洗舱水最有效的工具，因它能允许大块的蜡质固体物质直接从舱内排出舱外，这样就避免了人工清除垃圾的劳累。

二、洗舱程序

(一)洗舱计划

　　在洗舱之前，大副需要根据上航次装载货油特性和下航次装载货油的要求或者其他洗舱目的来制订洗舱计划。制订洗舱计划应考虑和包含的内容：

（1）最后一次装载货油的名称及该货油的相关特性。

（2）下一载货油的相关要求或其他的洗舱要求。

（3）港口规定及其环境因素：港口通常制定有严格的规定来禁止未经批准的洗舱，这些港口通常为船舶洗舱指定了地方。由于不能将货物蒸气有效地驱散到在大气中，港口有可能在环境条件恶劣的时候禁止洗舱。无风的天气条件也可能同样产生问题。

（4）具体的洗舱程序。

（5）洗舱水的处理：洗舱之前必须确定洗舱水的处理办法，是排入岸上接收设备还是排入其他接收船舶，需要落实签署协议，计划中必须明确。

（6）洗舱的安全防范措施。

示例：如下是某船舶的洗舱计划。

×××轮洗舱作业计划

船名：×××　　　航次：2020　　　时间：2020.04.01　　　地点：航行途中

上一票货物：0号柴油　　　　　　　下一票货物：95号汽油

根据公司的航次指令，本航次××港装95号汽油4 000吨，按洗舱指南对所有货舱、管线、泵浦进行清洗，确保货舱适货,结合本船设备，制订洗舱计划如下：

一、洗舱前的检查准备工作

1. 根据洗舱指令对洗舱设备进行效用检查；

2. 塞紧主甲板和艉楼甲板的落水孔；

3. 所有锚机、绞缆机、甲板机械设备的集油槽旋塞保持塞紧；

4. 准备好泡沫炮和消防器材和设备；

5. 在喉管处准备消防水龙和手提式灭火器；

6. 在喉管处备妥防污设备；

7. 关闭所有水密门、窗,空调转为内循环；

8. 落实洗舱作业的防静电措施；

9. 检查并校正测氧仪、测爆仪、测毒仪,做好记录；

10. 检查并试验高位/高高位报警；

11. 检查并试验高速透气阀(呼吸阀)；

12. 检查并试验泵舱可燃气体报警；

13. 检查并试验泵舱污水井高位报警；

14. 舱内保持正压,惰气含氧量低于8%；

15. 泵舱进行足够的通风(进入需遵守"进入封闭场所规定")；

16. 检查并确认货舱液位监控状态良好；

17. 检查对讲机并试验便携式对讲机；

18. 检查洗舱泵、压载泵、扫舱泵的状态是否保持良好；

19. 根据货控室货油管路图正确布置洗舱管线。

二、洗舱步骤

洗舱时间：0800至1200。洗舱管线压力：1.0 MPa。洗舱水来源：泵舱海底门。洗舱水温度：18 ℃（常温）。

1. 通知机舱备妥压载泵及扫舱泵。

2. 水手长将调整船舶吃水差为3米左右，并保持船舶有0.5°的左倾，大副校核船舶稳性及应力情况满足要求。

3. 水手按大副指示检查本船泵舱的相关阀门，包括海底门、洗舱泵、扫舱泵进出口阀门。

4. 甲板值班人员打开扫舱泵出口管线与污油舱的连通阀、洗舱管总阀及洗舱机进水支管蝶阀，并确认无关阀门关闭。

5. 通知机舱充惰气，大副对货舱进行测氧，确认货舱含氧量小于8%且处于正压。

6. 泵匠按大副要求开启洗舱泵，然后打开海底门，洗舱水压力不得低于1.0 MPA，甲板值班人员检查管线压力表与货控室内仪表相比对，同时检查洗舱管线是否有泄漏，如有异常，立即报告货控室。

7. 洗舱顺序：PS1-PS2-PS3-PS4。

8. 通知甲板值班人员按要求缓慢打开洗舱机（每台洗舱机球阀打开时间不得低于20秒），听到洗舱水敲击舱壁的声音后，报告货控洗舱机运转正常。每个货舱每次只开一台洗舱机，每台洗舱机运转约5分钟，操作中做到先开后关。

9. 洗舱同时开启扫舱泵排水，做到洗舱机与扫舱泵的排量几乎相等，洗舱水排至污油舱。

10. 货舱清洗完毕后，打开喉管排空阀、货油泵及滤器放残阀，用扫舱泵将舱内管线残水排至污油舱。

11. 洗舱结束后，停充惰气，大副对舱室进行检查。

12. 按要求将相关内容记入"油类记录簿"。

三、人员职责

1. 大副职责

大副编制"洗舱作业计划"，船长审核后报公司批准。并将洗舱信息通报全船船员，亲自监督所有油舱的清洗操作。

2. 值班驾驶员职责

值班驾驶员在驾驶台值班期间，应保持甚高频约定频道守听，并对甲板洗舱操作进行监视，并将相关情况记入"航行日志"。

3. 水手长职责

负责洗舱作业的准备工作，开始洗舱后，在货控室内操作相关阀门，将洗舱水及时排入污油舱。

4. 水手职责

洗舱开始后，两名水手在甲板值班，执行货控室的指令，检查洗舱机工况、洗舱管线情况及水温控制等，并将现场情况及时通报给货控室和大副。洗完舱后及时清理甲板。协助水手长做好洗舱期间的各项工作。另外一名水手根据大副指令对货舱含氧量及舱压进行测量并记录，同时对甲板进行巡回检查，发现异常情况，及时报告货控室。

四、应急情况

1. 遇下列情况时应停止洗舱作业

a. 船舶舱内含氧量超过8%；

b. 舱内气压不再是正压；

c. 惰性气体装置发生故障；

d. 遇雷雨天气时；

e. 发现其他可能危及洗舱安全的情况时。

2. 应急程序按船舶应变部署进行

计划制订人：大副　　　　　　　　计划审批人：船长

(二)洗舱程序

1. 预清洗

为了把油和其他含蜡的残余物从舱内肋板、舱壁、舱顶、舱底和任何工作管路或其他部位清除，通常用清洁水作为清洗介质，使用固定式或移动式洗舱机来预清洗油舱（或货舱）。如果在刚卸完货后及在各种残余物还没有聚合、氧化和固化前马上洗舱，则会很容易地将舱内剩余的货油残余物清除。所以，预清洗作业应该是在卸货结束后，越早越好。预洗作业的时间长短取决于被清洗货物的种类及其特性，而舱容的大小对预洗时间的长短没有多大影响。

2. 清洗剂清洗

这一过程需要使用稀释的化学清洗剂溶液。通常把这种溶液加热到40℃～90℃（温度越高越有效），并贮存（如果使用重复循环方法）在一个专门的舱柜内。洗舱泵有一吸入管与贮液柜连接，而从被清洗舱还有一返回管连接清洗柜。化学液的喷洗是靠移动式和固定式（如果可行）洗舱机来完成。在着手用化学溶液清洗油舱前，必须做好充分的准备工作，因为一旦清洗工作开始再想进入舱内是绝对不可能的。

为了获得满意的清洗效果，需要有规律地升降移动式洗舱机。化学清洗通常持续1～4 h。所需的清洗时间取决于上一载货的残余物的状态、性质以及下一载货的性质和要求，还有清洗液的温度以及实际的清洗效果好坏。如果检查发现没洗干净，则要继续清洗，特别是对隐蔽部位的检查极为重要。任何不清洁的隐蔽部位最终必须靠人用纯的或高浓缩的化学剂局部清洗，然后用水冲掉。

3. (蒸汽)加温清洗

如果需要用蒸汽加温来清洗货油舱中的任何沉积残余物，就必须把一种溶剂型货油舱化学清洗剂——甲苯或无氯水喷在舱内表面，然后将蒸汽皮龙插入该舱内，所有舱口的舱口盖都必须关上，但为了在舱内不产生高压，舱内通风孔要保持开启。蒸汽通过蒸汽皮龙喷入舱内，并凝结在舱的四周、顶部和底部，且把沉积的残余物从附着处清离。为了把涂层细孔上的所有货物残迹清除，蒸汽必须与该舱涂层相容的清洗化学剂一起使用。

4. 漂洗

在清洗操作完成之后，应马上将残余物和污油全部清除，然后通过洗舱机用冷（或热）的清洁水进行漂洗。通常漂洗工作需要1.5～2 h，直到看不见清洗剂的痕迹为止。

5. 冲洗

用清洁的淡水进行冲洗，让其通过带有特殊喷嘴的皮龙喷在舱壁、舱顶、桁材等地方。

6. 排污

水洗结束后必须将舱内、管路和泵中的污油水全部排净，打开其中的所有旋塞并用压缩空气将管路吹干净。

7. 通风干燥

货舱清洗后必须经过彻底的通风和干燥，然后检查有无残渣遗留，若有必要应用抹布将其擦干净，然后将所有垃圾清除。为了安全考虑，只有在确认可以安全地进舱时才可以进入舱内。

有关阀和旋塞要保持在开启状态直到检查人员完成检查为止。对舱内彻底地通风也是为了除去异味。

总之，为了清洁和去除不同货物的残物，就需要把上述过程做不同的组合。

(三) 货油舱检验

货舱清洗后，应根据不同的洗舱目的进行验舱，有时候验舱是由外部人员来完成的，比如商检、船检等。验舱合格的，签发合格证明；验舱不合格的，船方要针对原因再次进行清洗。所以，洗舱时一次清洗到位，是极其重要的。

一般来说，油船验舱不合格可能是以下几种原因造成的：

（1）洗舱时水压力不够，舱壁上残渣未冲洗干净；

（2）洗舱水温度不够，高凝点的油品残渣未能清除；

（3）干油膜黏附在舱面上未冲洗到位，从干油膜后面或裂开的焊缝处渗油；

（4）货舱通风不够，水汽凝结造成舱底、舱壁、舱顶潮湿；

（5）在舱底、设备、横梁、加热管、肋板等下面存有干的或硬的残渣；

（6）因使用强力清洁剂或碱性液体清洁漂洗带来的异味。

三、洗舱作业的安全防范措施

(一) 各种舱气类型洗舱时的安全对策

1. 在不受控制的舱气中洗舱

除一些装有惰性气体系统的现代油船外，在一些较老旧的或小型的油船上，在这种不受控的舱气中洗舱是最为常见的。不管在洗舱开始时舱内处于哪种舱气状态，但在洗舱作业的任何时候，舱气成分随时都可能发生变化，从任何一种状态变到另一种状态，甚至有可能又变回到原来的状态。这是一种最危险的状态，为了防止事故的发生，就必须相应地采取一些预防措施。内河油船应尽可能不在此状态下洗舱。

（1）限制使用的洗舱机台数。同时投入使用的洗舱机台数，在一个区域至多使用低容量型（流量小于 35 m³/h）2 台，或高容量型（流量大于 35 m³/h，小于 60 m³/h）3 台。

（2）从油舱取出洗舱机之前，不得拆开任何接头。为了排净软管中的水，可以打开其中某一个接头，但在将洗舱机取出油舱之前，应重新将其接好。

（3）禁止使用循环水洗舱。

（4）禁止使用洗涤剂。

（5）洗舱水不得超过 60 ℃，如必须使用 60 ℃以上热水，则应使用其他方法洗舱。

（6）禁止向油舱内注入蒸汽。

（7）洗舱时要连续扫舱，避免舱内积水现象的发生。

另外，测深应通过测深管进行。如果该油舱没有专门的测深管可用或将其他物体引入舱内时，则应推迟到洗舱完毕5h后进行（油船的静电荷在洗舱之后可能要维持5h之久才会逐渐衰减掉）。该舱如继续保持机械通风，则可由5h缩短到1h，但仍应保证将要入舱的物体接地良好。在油舱吊放器具时，禁止使用合成聚合物的绳索，测气取样管也不应加挂上金属锤子。

2. 在过贫舱气中洗舱

烃气浓度从1%～10%（体积）为爆炸范围。如果能保证烃气浓度始终在1%以下，则不会存在爆燃的危险。然而，在通常情况下，尤其是在卸掉挥发性的货油后，留在油舱中的烃气浓度将随所卸货油的油气压力以及当时的环境温度和卸油速度而变化。因此，必须将烃气浓度降到相当低的水平，才能进行洗舱，与此同时，为谨慎起见，还要采取其他一些预防措施。

（1）在洗舱之前，首先将舱内底部的污油水排净，必要时用水冲洗底部，然后用水冲洗管路系统。结束时，把冲洗用过的水排到污油水舱中去。

（2）在洗舱之前，如果通风系统是同其他油舱相通，应将本舱与其他舱隔绝，防止油气由其他舱侵入。

（3）在洗舱开始之前，油舱要先进行通风除气，使舱内烃气浓度下降至爆燃下限的10%或更低水平。应对舱内空间多层探测，防止局部存有可燃气体。在整个洗舱过程中，应保持机械通风（风机排量应尽量大）和不断进行气体检测，如果发现烃气浓度回升至可燃下限的50%，应暂停洗舱，并继续保持通风，直到烃气浓度降至爆燃下限的20%或更低的水平，才可恢复洗舱。

（4）在把洗舱机从油舱取出之前，不得拆开软管。为了排净软管中的水可单独打开其中某一个接头，并在将洗舱机取出之前，重新将其接好。

（5）洗舱时，应连续进行扫舱。

（6）禁止使用循环水洗舱。

（7）禁止向油舱通入蒸汽。

（8）如要测深或将其他物体引入舱内，应通过专门的测深管道进行。若该舱没有专门的测深管道可用，则应推迟到洗舱完毕5h后进行。若该舱继续保持机械通风，则可由5h缩短到1h。此外，在吊放器具时，禁止使用聚合物的绳索。

（9）可以使用洗涤剂。

（10）洗舱水可加热至60℃以上。但必须注意舱内烃气浓度会因此而上升。尤其在加入洗涤剂时，洗舱水以在60℃以下为宜，除非严格控制了烃气浓度的上升。一般要求当洗舱水的温度达到或接近60℃但烃气浓度已达到爆燃下限的35%时，应停止洗舱，当洗舱水温度在60℃以上时，也应停止洗舱。

3. 在惰化舱气中洗舱

通过惰性气体装置来控制舱内的含氧量低于8%，使舱内的可燃气体无法燃烧，是目前控制燃烧和爆炸的最为理想的方式。在这种舱气中洗舱，其优越性在于对使用的洗舱机的数目不需加以限制，允许使用循环水洗舱，并可以使用洗涤剂。但需注意以下几个问题：

（1）在洗舱开始前，确认IGS中的含氧量低于5%。在洗舱期间要连续检测。发现舱内含氧量高于8%时，要停止洗舱。

（2）始终保持舱内正压，避免外界空气侵入舱内，尤其是当使用移动式洗舱机时，洗舱孔周围可能封闭不严，致使空气侵入，应特别引起注意。

（3）惰气系统发生故障时，要停止洗舱。

(二)洗舱其他注意事项

1.移动式洗舱机及其软管的要求

（1）移动式洗舱机的外壳材质应符合要求，确保与油舱内部结构接触时不致引起火花。

（2）软管上应印有标记显示电气连接的检测日期。使用之前仍须检测软管在干燥状态下的导电性并满足电阻都不超过 $6\ \Omega/m$；洗舱前进行的管系试压，当压力达到工作压力的 1.25 倍时，不应有泄漏现象发生。

（3）应用适当的对接方式或外部接线的方法实现洗舱机与供水软管之间的电气连接。在软管对接时，应保证使洗舱机、软管以及固定的供水管系之间也达到有效的电气连接。

（4）当洗舱机伸入舱内时，应用绳索撑挂。不应使软管受力。

2.水及污油水的自由下落

除非舱内已充入惰气，否则必须避免水或污油水自由下落到污油水舱内。污水舱中的液位应高出污油水舱喇叭口至少 1 m 的位置，以免发生泼溅。

3.喷溅

在向装有一定数量的静电蓄积性油的油舱喷水时，油液表层会产生静电，这是因为被搅动或者是因为水滴在油舱内沉降。因此在拟用水洗该类油舱之前，应将该类货油扫净，除非该油舱内充有惰性气体。

4.充注蒸汽

为防止静电危险，向油舱充注蒸汽的作业必须在经过洗舱和除气作业以后才能进行。

5.联络装置

要备有对讲机等联络装置。联系设备必须是取得许可的防爆型。

6.测氧仪

应备有两套手提式测氧仪，以便能对舱内的氧气浓度进行检测。

第七章

防止内河油船造成环境污染

第一节 ● 防止内河油船污染的相关法律和规定

了解关于内河油船污染的相关法律和规定。包括《中华人民共和国水污染防治法》《防治船舶造成内河水域污染管理规定》《船舶载运危险货物监督管理规定》《船舶水污染物排放控制标准》等。

一、中华人民共和国水污染防治法

为了保护和改善环境，防治水污染，保护水生态，保障饮用水安全，维护公众健康，推进生态文明建设，促进经济社会可持续发展，特制定《中华人民共和国水污染防治法》。该法由第十届全国人民代表大会常务委员会第三十二次会议于2008年2月28日修订通过，自2008年6月1日起施行，现行版本为2017年6月27日第十二届全国人民代表大会常务委员会第二十八次会议修正，自2018年1月1日起施行。

本法适用于中华人民共和国领域内的江河、湖泊、运河、渠道、水库等地表水体以及地下水体的污染防治。水污染防治应当坚持预防为主、防治结合、综合治理的原则，优先保护饮用水水源，严格控制工业污染、城镇生活污染，防治农业水源污染，积极推进生态治理工程建设，预防、控制和减少水环境污染和生态破坏。

县级以上人民政府环境保护主管部门对水污染防治实施统一监督管理，交通主管部门的海事管理机构对船舶污染水域的防治实施监督管理。排放水污染物，不得超过国家或者地方规定的水污染物排放标准和重点水污染物排放总量控制指标。任何单位和个人都有义务保护水环境，并有权对污染损害水环境的行为进行检举。船舶排放含油污水、生活污水，应当符合船舶污染物排放标准。从事海洋航运的船舶进入内河和港口的，应当遵守内河的船舶污染物排放标准。船舶的残油、废油应当回收，禁止排入水体。禁止向水体倾倒船舶垃圾。船舶装载运输油类或者有毒货物，应当采取防止溢流和渗漏的措施，防止货物落水造成水污染。船舶应当按照国家有关规定配置相应的防污设备和器材，并持有合法有效的防止水域环境污染的证书与文书。船舶进行涉及污染物排放的作业，应当严格遵守操作规程，并在相应的记录簿上如实记载。港口、码头、装卸站和船舶修造厂应当备有足够的船舶污染物、废弃物的接收设施。从事船舶污染物、废弃物接收作业，或者从事装载油类、污染危害性货物船舱清洗作业的单位，应当具备与其运营规模相适应的接收处理能力。

船舶进行散装液体污染危害性货物的过驳作业，应当编制作业方案，采取有效的安全和污染防治措施，并报作业地海事管理机构批准。禁止采取冲滩方式进行船舶拆解作业。

船舶未配置相应的防污染设备和器材，或者未持有合法有效的防止水域环境污染的证书与文书的，由海事管理机构、渔业主管部门按照职责分工责令限期改正，处二千元以上二万元以下的罚款；逾期不改正的，责令船舶临时停航。

船舶进行涉及污染物排放的作业，未遵守操作规程或者未在相应的记录簿上如实记载的，由海事管理机构、渔业主管部门按照职责分工责令改正，处二千元以上二万元以下的罚款。

违反本法规定，有下列行为之一的，由海事管理机构、渔业主管部门按照职责分工责令停止违法行为，处一万元以上十万元以下的罚款；造成水污染的，责令限期采取治理措施，消除污染，处二万元以上二十万元以下的罚款；逾期不采取治理措施的，海事管理机构、渔业主管部门按照职责分工可以指定有治理能力的单位代为治理，所需费用由船舶承担：

（一）向水体倾倒船舶垃圾或者排放船舶的残油、废油的；

（二）未经作业地海事管理机构批准，船舶进行散装液体污染危害性货物的过驳作业的；

（三）船舶及有关作业单位从事有污染风险的作业活动，未按照规定采取污染防治措施的；

（四）以冲滩方式进行船舶拆解的。

二、防治船舶污染内河水域环境管理规定

为防治船舶及其作业活动污染内河水域环境，保护内河水域环境，根据《中华人民共和国水污染防治法》《危险化学品安全管理条例》等法律、行政法规，制定本规定，该规定自2016年5月1日开始实施。防治船舶及其作业活动污染中华人民共和国内河水域环境，适用本规定。

交通运输部主管全国防治船舶及其作业活动污染内河水域环境的管理。国家海事管理机构统一负责全国防治船舶及其作业活动污染内河水域环境的监督管理工作。各级海事管理机构依照各自的职责权限，具体负责管辖区域内防治船舶及其作业活动污染内河水域环

境的监督管理工作。

船舶防治污染的结构、设备、器材，应当符合国家有关规范、标准，经船舶检验机构检验、认可，并保持良好的技术状态。船舶必须按照有关规定，持有有效的防污染证书、文书。

船舶进行涉及污染物的作业，应当按照规定在相应的记录簿上如实记录并规范填写。

船员应当具有相应的防治船舶污染内河水域环境的专业知识和技能，熟悉船舶防污染的程序和要求，经过相应的专业培训，持有有效的适任证书和合格证明。

150总吨及以上的油船、油驳和400总吨及以上的非油船、非油驳的拖驳船队应当制订《船上油污应急计划》。150总吨以下油船应当制定油污应急程序。150总吨及以上载运散装有毒液体物质的船舶应当按照交通运输部的规定制订《船上有毒液体物质污染应急计划》和货物资料文书，明确应急管理程序与布置要求。400总吨及以上载运散装有毒液体物质的船舶可以制订《船上污染应急计划》，代替《船上有毒液体物质污染应急计划》和《船上油污应急计划》。

船舶或者有关作业单位造成水域环境污染损害的，应当依法承担污染损害赔偿责任。通过内河运输危险化学品的船舶，其所有人或者经营人应当投保船舶污染损害责任保险或者取得财务担保。船舶污染损害责任保险单证或者财务担保证明的副本应当随船携带。

在内河水域航行、停泊和作业的船舶，不得违反法律、行政法规、规范、标准和交通运输部的规定向内河水域排放污染物。不符合排放规定的船舶污染物应当交由港口、码头、装卸站或者有资质的单位接收处理。禁止船舶向内河水体排放有毒液体物质及其残余物或者含有此类物质的压载水、洗舱水或者其他混合物。禁止船舶在内河水域使用焚烧炉。禁止在内河水域使用溢油分散剂。

150总吨及以上的油船和400总吨及以上的非油船，应当将油类作业情况记载在由海事管理机构签发的油类记录簿中。载运散装有毒液体物质的船舶应当将有关作业情况记载在由海事管理机构签发的货物记录簿中。油类记录簿、货物记录簿应当随时可供检查，用完后在船上保存3年。

船长12 m及以上的船舶应当设置符合格式要求的垃圾告示牌，告知船员和旅客关于垃圾管理的要求。100总吨及以上的船舶以及经核准载运15名及以上人员且单次航程超过2 km或者航行时间超过15 min的船舶，应当持有《船舶垃圾管理计划》和海事管理机构签注的船舶垃圾记录簿，并将有关垃圾收集处理情况如实、规范地记录于船舶垃圾记录簿中。船舶垃圾记录簿应当随时可供检查，使用完毕后在船上保留2年。

禁止向内河水域排放船舶垃圾。船舶应当配备有盖、不渗漏、不外溢的垃圾储存容器或者实行袋装，按照"船舶垃圾管理计划"对所产生的垃圾进行分类、收集、存放。船舶将含有有毒有害物质或者其他危险成分的垃圾排入港口接收设施或者委托船舶污染物接收单位接收的，应当提前向对方提供此类垃圾所含物质的名称、性质和数量等信息。

船舶污染物接收单位在污染物接收作业完毕后，应当向船舶出具污染物接收处理单证，并将接收的船舶污染物交由岸上相关单位按规定处理。船舶污染物接收单证上应当注明作业双方名称、作业开始和结束的时间、地点，以及污染物种类、数量等内容，并由船方签字确认。船舶应当将船舶污染物接收单证与相关记录簿一并保存备查。

船舶运输散发有毒有害气体或者粉尘物质等货物的，应当采取封闭或者其他防护措施。从事前款货物的装卸和过驳作业，作业双方应当在作业过程中采取措施回收有毒有害气体。

从事水上船舶清舱、洗舱、污染物接收、燃料供受、修造、打捞、拆解、污染清除作业以及利用船舶进行其他水上水下活动的，应当遵守相关操作规程，采取必要的防治污染措施。船舶在港从事前款所列相关作业的，在开始作业时，应当通过甚高频、电话或者信息系统等向海事管理机构报告作业时间、作业内容等信息。

从事散装液体污染危害性货物装卸作业的，作业双方应当在作业前对相关防污染措施进行确认，按照规定填写防污染检查表，并在作业过程中严格落实防污染措施。

船舶从事散装液体污染危害性货物水上过驳作业时，应当遵守有关作业规程，会同作业单位确定操作方案，合理配置和使用装卸管系及设备，按照规定填写防污染检查表，针对货物特性和作业方式制定并落实防污染措施。

船舶进行下列作业，在长江、珠江、黑龙江水系干线作业量超过300吨和其他内河水域超过150吨的，港口、码头、装卸站应当采取包括布设围油栏在内的防污染措施，其中过驳作业由过驳作业经营人负责：

（1）散装持久性油类的装卸和过驳作业，但船舶燃油供应作业除外。

（2）比重小于1（相对于水）、溶解度小于0.1%的散装有毒液体物质的装卸和过驳作业。

（3）其他可能造成水域严重污染的作业。因自然条件等原因，不适合布设围油拦的，应当采取有效的替代措施。

三、中华人民共和国船舶载运危险货物监督管理规定

本规定自2012年3月14日起施行，注意事项有以下：

（一）船舶载运危险货物，必须符合国家安全生产、水上交通安全、防治船舶污染的规定，保证船舶人员和财产的安全，防止对环境、资源以及其他船舶和设施造成损害。禁止在普通货物中夹带危险货物，不得将危险货物匿报或者报为普通货物。禁止未取得危险货物适装证书的船舶以及超过交通运输部规定船龄的船舶载运危险货物。

（二）载运危险货物的船舶应当选择符合安全要求的通航环境航行、停泊、作业，并顾及在附近航行、停泊、作业的其他船舶以及港口和近岸设施的安全，防止污染环境。海事管理机构规定危险货物船舶专用航道、航路的，载运危险货物的船舶应当遵守规定航行。

载运危险货物的船舶通过狭窄或者拥挤的航道、航路，或者在气候、风浪比较恶劣的条件下航行、停泊、作业，应当加强瞭望，谨慎操作，采取相应的安全、防污措施。必要时，还应当落实辅助船舶待命防护等应急预防措施，或者向海事管理机构请求导航或者护航。

（三）载运危险货物的船舶从事水上过驳作业，应当符合国家水上交通安全和防止船舶污染环境的管理规定和技术规范，选择缓流、避风、水深、底质等条件较好的水域，尽量远离人口密集区、船舶通航密集区、航道、重要的民用目标或者设施、军用水域，制定安全和防治污染的措施和应急计划并保证有效实施。

载运危险货物的船舶在港口水域内从事危险货物过驳作业，应当根据交通运输部有关规定向港口行政管理部门提出申请。港口行政管理部门在审批时，应当就船舶过驳作业的

水域征得海事管理机构的同意。

（四）船舶进行洗（清）舱、驱气或者置换，应当选择安全水域，远离通航密集区、船舶定线制区、禁航区、航道、渡口、客轮码头、危险货物码头、军用码头、船闸、大型桥梁、水下通道以及重要的沿岸保护目标，并在作业之前报海事管理机构核准，核准程序和手续应按危险货物过驳作业的规定执行。

载运危险货物的船舶排放压载水、洗舱水，排放其他残余物或者残余物与水的混合物，应当按照国家有关规定进行排放。

禁止船舶在海事管理机构依法设定并公告的禁止排放水域内，向水体排放任何禁排物品。

（五）船舶载运危险货物进、出港口，或者在港口过境停留，应当在进、出港口之前提前24小时，直接或者通过代理人向海事管理机构办理申报手续，经海事管理机构批准后，方可进、出港口。定船舶、定航线、定货种的船舶可以办理定期申报手续。定期申报期限不超过一个月。载运危险货物的船舶办理进、出港口申报手续，申报内容应至少包括：船名，预计进出港口的时间以及所载危险货物的正确名称、编号、类别、数量、特性、包装、装载位置等，并提供船舶持有安全适航、适装、适运、防污染证书或者文书的情况。

（六）从事危险货物运输的船舶所有人或者其经营人或者管理人，应当根据国家水上交通安全和防治船舶污染环境的管理规定，建立和实施船舶安全营运和防污染管理体系。

四、船舶水污染物排放控制标准

《船舶水污染物排放控制标准》（GB 3552—2018）（以下简称《标准》），由环境保护部与国家质量监督检验检疫总局于2018年1月16日发布，2018年7月1日实施，GB 3552—2018代替了GB 3552—83。

该《标准》是我国目前唯一的水上移动污染源水污染物排放控制标准，适用于各种船舶，几乎涵盖除军事船舶之外的所有船舶，包括各种规模和船龄的客船、渔船、油船、化学品船、集装箱船、散货船和特种船舶等，船舶结构、用途各异，航行水域横跨地表水、近岸海域和远海，既有国内船舶，也有外国籍船舶。因此标准既对标国际，又符合我国的发展阶段特征。

《标准》管控的船舶水污染物主要包括船舶含油污水、生活污水、含有毒液体物质的污水和船舶垃圾。其中，船舶含油污水包括机器处所油污水和含货油残余物的油污水；船舶生活污水是指船舶上主要由人员生活产生的污水，包括任何形式便器的排出物和其他废物，医务室（药房、病房等）的洗手池、洗澡盆，以及这些处所排水孔的排出物，装有活的动物处所的排出物，混有上述排出物或废物的其他污水。

标准规定了上述船舶水污染物的排放控制要求和监测要求，以及标准的实施与监督等内容。

1. 含油污水排放控制要求

船舶含油污水的排放控制要求按表7-1规定执行。

表7-1　船舶含油污水排放控制要求

污水类别	水域类别	船舶类别	排放控制要求
机器处所油污水	内河	2021年1月1日之前建造的船舶	自2018年7月1日起,按本标准4.2(见下表)执行或收集并排入接收设施
		2021年1月1日及以后建造的船舶	收集并排入接收设施
含货油残余物的油污水	内河	全部油船	自2018年7月1日起,收集并排入接收设施

机器处所油污水污染物排放控制按表7-2规定执行,排放应在船舶航行中进行。

表7-2　船舶机器处所油污水污染物排放限值

污染物项目	限值	污染物排放监控位置
石油类(mg/L)	15	油污水处理装置出水口

2. 生活污水排放控制要求

自2018年7月1日起,400总吨及以上的船舶,以及400总吨以下且经核定可载运15人及以上的船舶在内河水域,船舶生活污水应采用下列方式之一进行处理:

（1）利用船载收集装置收集,排入接收设施。

（2）利用船载生活污水处理装置处理。

3. 船舶垃圾排放控制要求

内河禁止倾倒船舶垃圾。

第二节 ● 内河油船操作性溢油和事故性溢油

一、操作性溢油

操作性溢油,就是人为失误或有意行为引发的溢油,比如船员不遵守有关规定,违章排放舱底水、污油、废油等,或因装卸油时的工作失误,错开阀门或法兰盘接头脱落,加油时满舱外溢或输油管破裂等原因造成的溢油等。

(一)因人员操作失误而引起的操作性溢油

（1）装卸油过程中,海底阀未关或未关紧,造成货油从海底阀处漏入水域;

（2）货舱阀门操作错误,加错油舱,致使油舱漫溢跑油;

（3）装卸油过程中,未与码头装卸负责人确认,随便开、闭阀门,引起油管破裂而漏油;

（4）值班人员失职或工作疏忽,未及时对货油舱液位进行监控测量,油舱满溢,导致冒油;

（5）甲板落水孔未堵妥，致使在发生跑油时直接从甲板落水孔排入水中，未及时采取措施；

（6）另一舷装油管阀门（盲盖）未关（紧）造成跑油；

（7）管线连接部位没有上紧，开始装卸货后，管线内压力升高造成法兰处渗漏；

（8）装油完毕后，未将货油舱盖上紧，在航行途中船舶摇晃时，油从盖子缝隙中漏出。

(二)由船岸联系不当而引发操作性溢油

（1）未将本船的允许加装燃油压力（允许加装燃油速度）告诉码头负责人，致使输油速度太快而引起从空气管冒油；

（2）船岸联系不畅通，岸方未能及时执行船方的停泵需求，从而导致油舱漫溢。

(三)其他原因引发的操作性溢油

（1）气象原因：突发的恶劣天气，如剧烈降温导致货物凝固等。

（2）油品本身原因：有些油品黏度太大，凝点较高，特别是一些燃料油，如果油温不满足相应的要求，可能就会在装卸过程中导致管路堵塞而发生操作性溢油风险。

(四)操作性溢油的特点

（1）发生时间的不确定性。操作性溢油往往带有突发性，船员在装卸货值班期间，处理含油污水、打排机舱舱底水等作业时，由于业务素质、技术熟练程度以及注意力等主观因素的影响，都可能会将污染物质排入水域；另外，设备的技术状况也会影响操作的安全性。当正在执行合理排放操作时，设备出现故障会造成排放污染，比如卸货时管线的爆裂、张口的损坏等引起的溢油。

（2）发生环节的多样性。不管船舶是在航行中、锚泊时还是靠泊后，船舶都会从事可能产生溢油的作业，比如排放舱底水、加装燃油、装卸货油等，所以船舶在其营运的多个环节均有可能因为操作人员的疏忽和故意以及设备故障而发生溢油。

（3）发生性质的隐蔽性。对于船员无意地不正当排放，由于发生时是随意的和突然的，不管是操作人员还是外部监管部门都难以立即发现；而对于船舶的故意排放，一般会选择不易被发现的地点和时间进行比较隐蔽的操作，以逃避监管和打击，很难对造成污染事故的船舶进行目标锁定。

（4）溢油规模偏小性。相比于事故造成的溢油，操作性溢油一般规模较小，只要能及时发现溢油源，溢油趋势是比较容易控制的。

(五)发生操作性溢油时采取应急行动的程序

当船舶在装卸货时发生操作性溢油，应该按照如下程序展开应急行动：

（1）立即停止装卸货作业，通知相关方，避免事故扩大。装货时，船方应立即通知供油方停止装货，关闭相关阀门；卸货时，船方可以通过紧急停泵装置进行停泵，同时关闭相关阀门并立即通知受油方。

（2）发出溢油警报，启动应急程序。利用各种方式（警铃、喇叭、人员呼叫等）发出溢油警报（一短两长一短），确保全体船员都获知了警报，并携带相关器材到各自岗位进行应急。

（3）人员按要求开展应急工作。根据船舶溢油应变部署表的要求，分工协作。

（4）采取措施，避免溢油范围扩大。如采取围挡、引流等措施，船舶有截止阀的，应关闭相关阀门，使溢油量尽量减少。

（5）控制溢油不要流入江河。相关人员要及时检查甲板落水孔塞，并确认堵妥，防止溢油通过落水孔流入江河造成水域污染。

（6）人员使用船舶清污器材（如破布、锯屑、扫把等）进行清理，将油污垃圾收集分类存放。如果溢油流入江河，在保证安全的前提下，放艇下水回收溢油。

（7）向主管机关报告，必要时请求外援。发生溢油后，应及时向主管机关报告情况，如果溢油得不到有效控制或者流入江河面积较大，船方感觉清污效率不高时，应毫不犹豫地请求外援，避免油污扩大而造成更大的损失。

（8）清污完毕后，应查明溢油原因，修复造成溢油的设备，恢复正常货油作业。

二、事故性溢油

事故性溢油的定义：船舶因发生碰撞、搁浅、触礁、失火爆炸等意外事故，造成货油或燃油大量泄漏导致的突发性溢油事故。

如果船舶发生碰撞，产生了溢油，则应采取下列措施：

（1）发出全船警报，实施应急反应程序。

（2）探明本船和他船的受损情况（在未查明破口对船体稳性和强度影响前，应采取措施使尚未脱离的两船碰撞部位保持不分离）。

（3）测定碰撞部位附近的油舱、淡水舱、压载水舱的液位和水深变化情况，确定船体破损情况。

（4）如发现船体破漏，应迅速查明船壳的破损情况，测定破口位置附近的油舱、淡水舱、压载水舱的液位和水深变化情况，观察船舶周围海面是否有油花产生，实施最初的溢油应急反应程序。

（5）船长采取措施，包括操纵船舶在内，首先确保船舶和人员的安全，避免人员受到伤害。

（6）按《船上油污应急计划》的格式向相关单位进行报告。

（7）派人员查清船壳的破口部位和破损程度，计算大量进水所产生的自由液面对稳性的影响，如条件许可，应迅速采取排水、堵漏等抢救措施，尽最大的努力保持船舶的浮力。

（8）评估船舶的破舱稳性和受损的纵向强度，根据船舶的稳性情况，通过适当调整船舶的压载，保持船舶的正浮和静水平衡。

（9）如果船上无法评估破舱稳性和受损的纵向强度，应向船公司、有关船舶检验部门或船级社请求支援。

（10）如发现破口部位有油泄漏，应迅速查明泄漏源，采取船内转驳等措施控制溢油事态升级，并通过当地海事主管机关或代理联系当地的清污队伍予以协助，避免油污扩大；同时，严格控制火源，防止发生火灾、爆炸等次生灾害。

总之，碰撞之后如果引起溢油，应避重就轻，先保证船舶和人员的安全，及早寻求外援，如船舶有沉没危险不得已弃船，应按"船舶应急部署表"中的要求做好各项工作。

第三节 ● 内河油船防污染设备与器材

围油栏、吸附材料、木糠、黄沙、破布等物质是常用的防油污器材，污油水舱（柜）是内河油船常见的防污染设备，应了解这些防油污设备和器材的种类和特点。

一、围油栏

围油栏如图7-1所示，是限制溢油扩散的主要器材，它可以将散落在内河水域中的溢油围挡起来，避免污染范围扩大，便于收集，另外还能起到溢油导流和防止潜在溢油的作用。发生溢油事故后，溢油在潮流、风和其他外界因素的影响下，会迅速扩散、漂移，形成较大的污染面积。在开阔水域、近岸水域或港口发生溢油时，及时布放围油栏，能将扩散中的溢油及时围控，通过围油栏拖带或缩小围拢范围，可以将油膜集结到较小的范围内进行回收，这样既可以防止溢油扩散，也可以增加油膜厚度，便于回收或进行其他处理。溢油导流：溢油事故发生后，在外界因素的作用下，溢油会任意漂流和扩散，为了便于回收作业或为了疏导溢油流向指定地点，特别是在河流或近岸水流湍急的区域里，为了有效控制溢油的流向便于回收或为防止溢油进入敏感区，通常利用围油栏按照设定的角度，进行设外防。防止潜在溢油：防止潜在溢油通常指在有可能发生溢油或存在溢油风险的地方，根据当地水域情况，提前布放围油栏进行溢油防控。这样可以在真正出现溢油时，防止溢油扩散，采取回收措施，将围控中的溢油及时回收。船舶在码头进行油类装卸作业时或在锚地进行油类过驳，通常都要按照规定要求提前布放围油栏进行设控；有时，对搁浅、沉没的船舶在尚未打捞之前，也要根据实际情况进行适当的围控。

图7-1 围油栏

围油栏的使用时间：油船靠泊后，装卸、洗舱作业之前，需要船舶或码头将围油栏设置好。

围油栏按包补材料可分为橡胶围油栏、PVC围油栏、PU围油栏、网式围油栏和金属围油栏等，船舶要正确选择围油栏，使围油栏在该水域具有良好的波浪追随性。

围油栏的结构：一般由浮体（浮子）、屏体（中间的裙体）、配重（底部的重物）三部分组成。

二、吸附材料

吸附材料大多亲油疏水，主要有天然吸油材料和人工合成吸油材料两大类。

天然吸附材料包括锯末、稻糠、草席、木质纤维和天然海绵等。人工合成吸油材料包括纤维型、泡沫型有机高分子材料。

内河油船通常配备的吸附材料有吸油毡、吸油棉条、锯木屑、黄沙等。

吸油毡如图7-2所示，由聚丙烯材料制作而成，它能有效吸附液体并将之留住，比重小，能漂浮于水，有强烈的亲油疏水性，耐酸、耐碱、抗腐蚀、可燃烧。吸油后不变形、不松散、易打捞、可反复使用。外层布极其坚韧耐用，具有强大的毛细管吸收力，并带来极强的吸附性，使泄漏液体流向吸油棉，有效阻止了泄漏的扩散。水面溢油应急处理工作中，使用机械装置将大部分溢油回收后，吸油毡被用来吸收收油机无法吸收的水面残余溢油。也可用于船舶泄漏油或化学品的吸附回收，以及甲板和船舶舱底油污的擦拭或清理。

吸油棉条经过脱水及脱油处理后，只吸油，不吸水，专业适用于吸收石油烃类、碳氢化合物等（如石油、汽油、润滑油、油漆等）。此类产品用于水面上时因不吸收水，吸附饱和以后，漂浮在水上。可吸附本身自重10～20倍的油。通常为白色。可用于机械油污、排水沟油污、仓库码头油污及河流油污等的处理。

图7-2　吸油毡

锯木屑也可以吸附船舶甲板或机舱表面的溢油，但应该做好使用后的收集存放工作，防止造成二次污染。

黄沙也是内河船舶常见的吸附材料，对其存放地点，会有一些具体的要求，同时要求应处于随时可用状态。

三、污油水舱（柜）

污油水舱（柜）的定义：系指留存含油舱底水和油船的货油舱污压载水、洗舱水及其他含油污水的舱（柜）。

根据内河船舶法定检验规则，对船舶污油水舱（柜）的要求如下：污油水（污油）舱与用于装载饮用水或锅炉水的清水舱之间应设有隔离空舱。即污油水舱与饮用水舱不能直接相连；污油水（污油）管不应通过清水舱。如不可避免，应设有水密管隧或水密管套，且在清水舱内不应有可拆卸的接头。这样做的目的是避免污油水污染清水舱。污油水（污油）舱均应装设空气管和测量管，污油水（污油）柜均应装设空气管和液位计。空气管、测量管和液位计应符合《钢质内河船舶建造规范》的有关规定。

污油舱（柜）的设计和布置应便于清洗。污油水舱（柜）的容积应满足规范的要求，其与船舶主、辅柴油机总功率和船舶计划排放污油水的时间间隔有关，平常甲板上产生的污油水、机舱产生的舱底污水、油泥等均可以放在污油水柜里收集，防止随意倾倒污染水域环境。

四、其他防污染器材

木糠、破布等材料也是常用的防油污材料，在内河油船上，这些材料都有一定数量要求和存放位置要求，还要求这些材料保持随时可用状态。

第四节 油类记录簿

一、油类记录簿的定义和配备要求

油类记录簿是记录船上机器处所内油、水处理及排放和油船货油及压载水处理作业状况的专用文本。凡150总吨及以上的油船和400总吨及以上的非油船船舶，均应备有油类记录簿第Ⅰ部分，以记录有关机器处所的作业。150总吨及以上的油船，还应备有油类记录簿第Ⅱ部分，以记录有关货油/压载的作业。油类记录簿应存放在随时可取来检查的地方，在完成最后一项记录后在船上保留3年。

二、油类记录簿示例

第1部分——机器处所的作业

（所有船舶）

船名：

船舶编号或呼号：

总吨位：

使用期自＿＿＿＿至＿＿＿＿

> 注：凡150总吨及以上的油船和400总吨及以上的非油船船舶，均应备有油类记录簿第Ⅰ部分，以记录有关机器处所的作业。对于油船，还应备有油类记录簿第Ⅱ部分，以记录有关货油/压载的作业。

引言

在本引言之后，是机器处所作业的项目综合一览表。如适用，机器处所的作业情况应按照《经1978年议定书修订的1973年国际防止船舶造成污染公约》（《73/78防污公约》）附则Ⅰ第20条的规定，相应地记入油类记录簿。这些项目按作业项目分组，每项作业由一个字母来表示。

填写油类记录簿时，日期、作业代号字母和项目数码，应记入相应的表格内，所要求的细节，应按时间顺序记入空栏。

每记完一项作业，应由主管高级船员签署姓名和日期，每记完一页，应由船长签字。

油类记录簿包括许多油量参考数。油舱测量装置的精度、温度变化和残油皆可影响到这些读数的精确度。在填写油类记录簿时，应予相应的考虑。

应记录的项目清单

（A）燃油舱的压载或清洗

1.压载燃油舱的编号。

2.从上次装油后是否已清洗，如未清洗，说明上次所装的油类。

3.清洗过程：

（1）清洗开始和结束的船舶位置和时间。

（2）对具体油舱已采用的一种或其他种方法的清洗（用化学品冲洗、蒸洗、清洗；使用的化学品种类和数量）。

（3）驳入清洗水的油舱的编号。

4.压载：

（1）压载开始和结束的船舶位置和时间。

（2）如油舱未清洗时的压载量。

（B）从（A）部分所述燃油舱排放污压载水或洗舱水

5.燃油舱的编号。

6.开始排放时的船舶位置。

7.完成排放时的船舶位置。

8.排放期间的船舶速度。

9.排放方法：

（1）通过15 ppm设备；

（2）排往接收设备。

10.排放量。

（C）残油（油渣）的收集和处理

11.残油的收集

在一航程结束时，留存在船上的残油（油渣）量，每星期不得超过一次。当船舶短程航行时，残油量应每周记录一次 。

（1）分离的油渣（燃油和润滑油净化所产生的油渣）以及其他残油（如适用）

油舱的编号＿＿＿＿＿＿＿＿＿＿＿＿＿＿＿＿＿＿＿＿＿＿＿＿＿＿

油舱的舱容＿＿＿＿＿＿＿＿＿＿＿＿＿＿＿＿＿＿＿＿＿＿＿＿m³

留存总量＿＿＿＿＿＿＿＿＿＿＿＿＿＿＿＿＿＿＿＿＿＿＿＿＿m³

（2）此外，由于油舱布置造成的其他残油（如机器处所内的泄漏、渗漏、排气油等产生的残油）（如适用）：

油舱的编号＿＿＿＿＿＿＿＿＿＿＿＿＿＿＿＿＿＿＿＿＿＿＿＿＿

油舱的舱容＿＿＿＿＿＿＿＿＿＿＿＿＿＿＿＿＿＿＿＿m³

留存总量＿＿＿＿＿＿＿＿＿＿＿＿＿＿＿＿＿＿＿＿m³

①仅指在IOPP证书附件格式A和格式B中第3项所列的油舱。

12.残油的处理方法

说明处理的残油数量，排空的油舱及留存的油量：

（1）排至接收设备（注明港口）；

（2）驳入另一（或其他）油舱（注明油舱及油舱总容量）；

（3）已焚烧（注明焚烧作业的总时间）；

（4）其他方法（予以说明）。

（D）机器处所积存的舱底水非自动排放舷外或其他方法的处理

13.排放或处理的数量。

14.排放或处理的时间（开始和结束）。

15.排放或处理的方法：

（1）通过15ppm设备（说明开始和结束时的船舶位置）；

（2）排至接收设备（注明港口）；

（3）驳入污油水舱或收集舱（注明油舱；注明驳入量及留存在油舱内的总量）。

（E）机器处所积存的舱底水自动排放舷外或其他方法的处理

16.将该系统定为自动向舷外排放的作业方式时的时间和船舶位置。

17.将该系统定为自动将舱底水驳入收集舱的作业方式时的时间和船舶位置。

18.将该系统定为手动作业方式时的时间。

19.向舷外排放的方法：通过15 ppm设备。

（F）排油监控系统的情况

20.系统失效时间。

21.系统已修复运转时间。

22.故障原因。

（G）意外或其他异常的排油

23.发生的时间。

24.发生时船舶所在地点或船位。

25.油的大概数量和种类。

26.排放或逸漏的情况、原因和一般说明。

（H）燃油或散装润滑油的灌装

27.灌装：

（1）灌装的地点；

（2）灌装的时间；

①船长应从包括油驳和油槽车在内的接收设备的操作人员处得到1份收据或证明，详细记录驳运的油舱冲洗水、污压载水、残油或含油混合物的数量，连同驳运的时间和日期。该收据或证明，如附于油类记录簿时，可有助于船长证明其船舶未涉嫌油污染事故。该收据或证明应与油类记录簿一同保存。

（3）燃油的品种和数量并注明油舱编号（说明补充的数量和油舱的总容量）；

（4）润滑油的品种和数量并注明油舱编号（说明补充的数量和油舱的总容量）。

（Ⅰ）附加的操作程序及一般说明

船名_____

船舶编号或呼号_____

货油/压载水作业（油船）/机器处所作业（所有船舶）

日期	代号(字母)	项目(编号)	作业记录/主管高级船员签字

船长签字_____

第五节 ● 内河油船油污应急计划

150总吨及以上油船必须制订油污应急计划。油船人员应了解油污染应急处理方法和措施，制订相应的应急计划，以便一旦产生油污染事故时能从容应对。

一、油污应急处理方法

在油船运输中，必须始终贯彻"预防为主"的安全方针，杜绝事故。一旦发生油污事故，我们也应做到有条不紊地处理。

油船发生油污事件，所造成的溢油一般可采用回收法、吸收法、化学处理法、燃烧法等方法进行处理。

(一)回收法

回收法在实际操作时分两步进行，即防止溢油扩散和溢油回收。

1.防止溢油扩散

溢油受风浪潮流的影响可能会很快扩散，给溢油回收工作带来很大的困难。因此，一旦出现溢油，首先要用围油栏来遏制浮油，防止溢油扩散，以便最后回收或将它从危险区域转移出去。使用围油栏时，应充分考虑风、潮流等因素的影响。

2. 溢油的回收

将控制住的溢油迅速回收，可以预防溢油扩大污染其他区域，回收作业可以使用撇油器、泵、吸油材料和其他机械设备，如真空罐车，也可组织人工进行捞油。

撇油器也叫作除油机，利用撇油器回收溢油，主要有吸式和粘式两种方法，吸式是通过泵式空吸系统直接从溢油水面或通过围油堰吸油；粘式撇油器由亲油材料做成的带、桶、盘或由合成纤维绳组成。

(二)吸收法

吸收法是把吸油材料抛在水面上，吸收散失在水面上的油层，然后把吸油材料回收。除去所吸收油后，部分材料可重复使用。

吸收法是物理处理法，吸油量有限，因此，只能用于小范围溢油、漏油的回收。

(三)化学处理法

化学处理法是指向水面溢油施放溢油分散剂（消油剂），适用于油膜较薄的情况。

《溢油分散剂国家标准》（GB18188.1—2000）将溢油分散剂分为常规型（也称普通型）和浓缩型。

普通型溢油分散剂的表面活性剂含量一般只有10%～20%；其溶剂比例高达80%～90%，溶解溢油能力强，处理高黏度油的效果好。使用时应直接喷洒，但喷洒后要搅拌。该类分散剂使用前不能用水稀释，使用比率（分散剂/油）在1：1至1：3为宜。

浓缩型溢油分散剂的表面活性剂多数是从天然油脂中提取的脂肪酸，从糖、玉米及甜菜中提取的梨醣醇，基本上无毒。浓缩型溢油分散剂的表面活性剂含量较高，一般为40%～50%，因此能迅速地分散溢油。相对于普通型而言，浓缩型溢油分散剂的溶剂含量较低，为50%～60%。浓缩型溢油分散剂多为水溶性，分散溢油效率高，但处理高黏度油效果差。使用时可直接喷洒，也可以与海水混合喷洒，但前者效果更好。该类分散剂喷洒后不需搅拌，使用比率（分散剂/油）在1：10至1：30为宜。

由于消油剂污染水体，所以现在内河水域禁止船舶使用消油剂。

(四)燃烧法

如果水面上的油污面积较大，清除难度高，在得到主管部门的批准后，也可采用直接燃烧的方式清除油污，但使用燃烧法，会引起大气污染，还可能造成火灾，因此非万不得已，不得采用此种清污方式。

二、船上油污应急计划

船上油污应急计划是以文字和表格形式编写的，是在遇到油污染时的应急行动计划。它的作用是在船舶发生或可能发生溢油事故时，指导船长和船员迅速采取措施，控制或减少污染造成的危害，并将其降低至最小程度。

一般油污应急计划主要包括以下几方面内容。

1. 前言

指出本计划的责任范围、目的和方法。

2. 溢油应急组织机构

在紧急情况下，为了迅速有效地采取应急措施，必须建立一个分工明确的组织机构。

船长应作为总负责人或总指挥，大副和轮机长为其中成员。船长除作为总指挥外，还应承担向有关方面报告油污事故的工作。大副将作为具体执行应急计划的现场指挥。轮机长主要负责协调反应行动的工作。其他船员根据职务分别承担其应尽的职责，实施油污时的应急部署。

3. 船员培训和资历情况

凡是列入应急计划中的反应人员，均应写明其职务、资历情况以及受过油污应急反应培训或训练的情况。

4. 演习程序

应根据反应组织机构编制的应急反应部署，定期进行演习程序，如演习的间隔时间，演习警报信号，假设的位置等。

5. 清除油污的设备与用品清单和使用方法

在应急计划中，应说明船上所有的用于清除油污的设备和用品。如围油栏、吸油材料、铁桶、铁铲、锯末、拖把等，并注明其数量、型号、性能和使用方法。

6. 油污的探测方法

在应急计划中，应说明尽早探知溢油的手段和措施，包括：

（1）拟订的监视计划（巡回检查，应列明检查的路线和项目及方法）；

（2）渗漏检查（对管系的专门检查，包括阀门、法兰等）；

（3）监视系统；

（4）溢油检测仪表。

7. 油污的评估方法

在应急计划中，应说明如何进行评估溢油事故的方法和措施，包括：

（1）如何确定溢油污染类型，溢出的数量以及污染的排放率等；

（2）如何评估溢油范围和可能的后果，包括依据平面图或舱容来确定自某特定油舱可能排油类的方法；

（3）如何评估溢油漂移态势，包括观测盛行风和水流的程序；

（4）如何确定将要影响到的水域、岸上管路、结构和任何预期的环境损害。

8. 油污应急反应行动

（1）船用燃料油加装时溢油反应应急程序；

（2）船舶间转载时溢油反应应急程序；

（3）码头装卸时溢油反应应急程序；

（4）报告的内容，分为最初报告和补充报告。

9. 必备的材料和文件

在应急计划中应附加下述资料：

（1）船名、登记号码等船舶信息；

（2）海事主管机关的联系方式；

（3）船东、租船人和经营人及船东代理人的名称和地址；

（4）总布置图、舱容图、货油管系图、压载管系图等图纸；

（5）处理船舶溢油的简明流程图；

（6）关于将油留在船上和处理残油及污油水的方法的说明；

（7）船舶溢油最初报告的范例。

第八章
内河油船安全管理

第一节 ● 安全管理常识和安全管理体系简介

船员除了需要了解内河油船货品的特性之外，还需要熟悉相关的安全管理常识，以及如何运用安全管理体系来保证船舶的安全营运。

一、船舶安全管理

要保证油船水上运输的安全，首先船舶本身应具备一定的安全、防污染技术条件。船舶必须通过检验，取得相应的证书如适装证书后，才能载运经营。

内河油船在航行、停泊和作业过程中，应当遵守有关安全生产方面的规定，主要包括以下几方面内容：

（一）具备一定的技术条件，处于适航和适装状态；

（二）按规定显示危险品信号，遵守有关危险品船舶航行、停泊、作业的有关规定；

（三）船上操作必须严格遵守有关安全生产操作规程，采取有效措施，防止火灾、爆炸、中毒等事故的发生；

（四）按规范配备消防和防污染设施，并处于随时可用状态，以应付可能发生的紧急情况；

（五）做好人员防护工作，防止发生人员伤亡事故。

二、船员安全管理

船舶的技术条件固然重要，但如果配备的船员不具备一定的油船安全知识和安全操作技能，不熟悉船舶的情况，仍然无法保障船舶的安全。

根据我国船员管理的要求和内河油船的特点，我国的船舶管理法规对内河油船船员的任职、培训、考试发证和再有效审验等方面做出了规定。

根据规定，内河油船的船员在从事油船工作前，除了需要掌握一般船舶船员需要掌握的知识外，还应了解船舶载运货物的基本性质，了解船舶的构造与设备，熟悉消防、防污染及人员防护等方面的应急反应程序，学习油船的基本安全知识、船舶消防、防污染、测量设备、安全防护设备及急救、安全管理法规和安全操作等方面的内容，经培训考试发证后才能在油船工作。

由于每艘船的设备并不完全相同，任何持证船员在油船服务时，应尽快熟悉该船情况，包括该船的船型；船舶可以载运的货物种类及适载的液货舱；液货舱的结构、材料、种类及保养要求；货物系统包括货泵的种类、卸货能力、管路系统，尤其连通管路有无可拆卸短管，或者盲板等；消防系统及灭火剂的种类及相关的控制系统；船上防污染设备和器材的情况，各种人身保护装置，可燃气体、氧气等测量设备；洗舱系统等资料。

船员在实际工作中，应有高度的责任感，严格遵守船舶和港口、码头的安全管理规定，遵守船舶制定的安全操作规程。

三、货物安全管理

由于内河油船载运的货物中，有些具备比较特殊的危险性，因此，除了船舶、船员具备一定的安全条件外，也要考虑到货物的具体情况，采取相应的安全管理措施。

掌握船舶载运货物的性质，有利于在装卸、运输过程中，采取相应的措施，防止发生危险反应，造成环境和人体健康的危害，或者降低货物的商业价值。

四、其他安全管理

1. 气候条件
船方要及时收听、收集天气预报，获知可能需要停止作业或降低装卸速率的不利天气情况，以利于控制风险；有大风时，船舶的生活区或甲板建筑的下风处会产生涡流，造成局部货物气体浓度高，如果持续存在，应采取相应的预防措施，必要时停止装载；船舶附近发生雷暴天气时，应立即停止装卸货、洗舱等工作。

2. 人员安全
个人防护器具，包括呼吸器、防毒面具等，应处于随时可用状态；应特别注意在工作区和人行道配备防滑层，在极易滑倒的地方，用不同的油漆醒目地标示出来，船员最好穿合格的防滑鞋工作。

3. 通风系统
通风系统必须符合法定检验规则的要求，它们是保证油船安全的必要系统，对它们的操作必须遵守相应规程，且系统应得到适当的维护；通风系统可将货物蒸汽通过高于甲板的垂直通气管低速排放或由靠近甲板的高速透气阀排放；通风系统位置应合理选定以防止可燃气体在货舱甲板上、生活区或机舱周围积聚。

4. 上层建筑开口
当本船或邻近油船正在进行装卸货、洗舱等操作时，应将生活区舱门、舷窗等外部开口关闭，同时也要保证出现危险情况时舱内人员能安全外逃；中央空调设备，应防止外面的油气吸入，保持生活区舱室正压状态。

5. 防止向外溢油和泄漏

必须在装载、卸载、压载和洗舱作业时，把通舷外排出阀关闭好，并在整个作业过程中定时进行监控；货油装卸作业前，所有的甲板排水孔必须堵塞严密；在货油管汇接头的下方应安装固定的备有适当的排放设施的接油槽；船上所有的货油管路和燃油管路在不使用时，都必须在管汇处用盲板牢固地封住；船舶的消防装置处于随时可用状态；在船舶的舷门通道处贴上警示公告，内容包括请勿使用明火、请勿吸烟、未经许可不得登船等。

五、船舶安全管理体系简介

2001年7月12日，交通部发布了《中华人民共和国船舶安全营运和防止污染管理规则》，该规则要求负有船舶安全营运和防止污染管理责任的公司建立并在岸上和船上实施结构化、文件化的安全管理体系，从而为船舶营运提供安全做法和安全工作环境，针对已认定的所有风险制定防范措施，并不断提高岸上及船上人员的安全管理技能，促进船舶切实履行强制性技术标准，最终实现保证海上安全，防止人员伤亡。对于跨省航行的500总吨以上的油船，要求于2004年7月1日开始实施安全管理体系。因此，实施《国内安全管理规则》是主管机关为从根本上改善水上安全形势所采取的一个重大举措，也是为搞好水上交通安全的一个强制要求。规则实施若干年来，为提高船舶管理水平，降低船舶事故率，做出了极大贡献。

建立起船舶安全管理体系的公司，要经过主管机关的审核，才能取得相应的证书。主管机关认为公司符合相应条件的，可签发相应的安全与防污染能力符合证明（简称符合证明或DOC证书）或者临时符合证明，对符合条件的船舶签发相应的安全管理证书（SMC）或者临时安全管理证书。

一般情况下，船舶安全管理体系主要由以下几部分组成：①安全管理手册；②程序手册；③船舶管理手册；④甲板和轮机操作手册；⑤应急手册；⑥文件总清单和外部文件。这只是个基本的结构，并不是每个航运公司的体系文件都采用这样的结构，各个公司根据自己的情况不同，可能形式上会有所差别。

第二节 ● 安全操作相关法规

内河船舶油类运输是一种带有很大危险的特殊行业，国家和水上交通主管部门制定了一系列法律、规章、指导性文件，以规范此类作业行为，因此，船舶人员必须熟悉和了解相关国家法律、法规，并自觉遵守法规。

一、中华人民共和国内河交通安全管理条例

在中华人民共和国内河通航水域从事航行、停泊和作业以及与内河交通安全有关的活动，必须遵守本条例。内河交通安全管理遵循安全第一、预防为主、方便群众、依法管理

的原则，保障内河交通安全、有序、畅通。

国务院交通主管部门主管全国内河交通安全管理工作。国家海事管理机构在国务院交通主管部门的领导下，负责全国内河交通安全监督管理工作。国务院交通主管部门在中央管理水域设立的海事管理机构和省、自治区、直辖市人民政府在中央管理水域以外的其他水域设立的海事管理机构依据各自的职责权限，对所辖内河通航水域实施水上交通安全监督管理。县级以上地方各级人民政府应当加强本行政区域内的内河交通安全管理工作，建立、健全内河交通安全管理责任制。

船员经水上交通安全专业培训，其中客船和载运危险货物船舶的船员还应当进行相应的特殊培训，并经海事管理机构考试合格，取得相应的适任证书或者其他适任证件，方可担任船员职务。严禁未取得适任证书或者其他适任证件的船员上岗。船员应当遵守职业道德，提高业务素质，严格依法履行职责。

船舶、浮动设施的所有人或者经营人，应当加强对船舶、浮动设施的安全管理，建立、健全相应的交通安全管理制度，并对船舶、浮动设施的交通安全负责；不得聘用无适任证书或者其他适任证件的人员担任船员；不得指使、强令船员违章操作。

船舶装卸、过驳危险货物或者载运危险货物进出港口，应当将危险货物的名称、特性、包装、装卸或者过驳的时间、地点以及进出港时间等事项，事先报告海事管理机构和港口管理机构，经其同意后，方可进行装卸、过驳作业或者进出港口；但是，定船、定线、定货的船舶可以定期报告。

载运危险货物的船舶，在航行、装卸或者停泊时，应当按照规定显示信号；其他船舶应当避让。

本条例自2002年8月1日起施行。

二、中华人民共和国海事局船舶载运散装油类安全与防污染监督管理办法

本办法适用于在中华人民共和国管辖水域内从事散装油类运输、储存、装卸和其他相关作业的油船、油码头和装卸设施及其所有人、经营人和有关人员。油船及船公司应按规定建立安全和防污染管理体系，并保证其有效地运行。油船、油码头和装卸设施及其所有人、经营人均应配备《国际油轮和油码头安全指南》（以下简称《指南》），所有有关人员均应熟悉和掌握《指南》的全部内容。在油船、油码头和装卸设施所有生产、运输的各个环节中均应遵守《指南》和有关规定中所提出的安全技术要求。油码头和装卸设施的所有人或经营人应编制油污应急计划，并报主管机关备案。载运散装油类货物船舶进出港口或在港口过境停留，应按规定办理危险货物申报手续，经主管机关批准后，方可进出港或在港停泊。油船在港口进行驱气、除气或明火作业应向主管机关提出书面申请，并采取必要的安全和防污染措施，经批准后方可进行。对违反本规则规定的船舶、单位和当事人，主管机关将依据有关水上安全和防污染管理法律、行政法规予以处罚。本办法自1999年7月1日起生效。

三、内河船舶船员特殊培训合格证签发管理办法

中华人民共和国海事局是实施本办法的主管机关。各级海事管理机构按照职责具体负责内河船舶船员特殊培训合格证签发的管理工作。

（一）总吨1000以上内河油船船员特殊培训合格证。适用于在内河油船、内河油驳及拖（推）内河油驳拖轮上任职的船员，合格证适用项目签注为"内河油船船员特殊培训合格证"。

（二）总吨1000以下内河油船船员特殊培训合格证。适用于在总吨1000以下内河油船、内河油驳及拖（推）合计总吨1000以下内河油驳拖轮上任职的船员，合格证适用项目签注为"总吨1000以下内河油船船员特殊培训合格证"。

（三）完成内河船舶船员特殊培训者，可凭船员培训证明申请参加相应项目的合格证考试。

合格证考试分为理论考试和实际操作考试。理论考试成绩满分为100分，60分以上为及格；实际操作考试成绩分为及格和不及格两种。理论考试和实际操作考试均及格者为考试合格。

理论考试或实际操作考试不及格者，可自考试成绩公布之日起1年内完成补考。两次补考仍不及格者，须重新参加培训和考试。

考试合格者，可办理相应的合格证，合格证有效期最长不超过5年。

（四）凡申请参加内河船舶船员特殊培训考试和发证的船员应向考试发证机关提交以下资料：

（1）内河船舶船员特殊培训考试、发证办理表；

（2）本人近期免冠白底彩色证件照片1张（可提交电子照片）；

（3）船员培训证明。

其中第2项规定的照片，船员管理系统已有电子照片的，船员可免于提交；第3项规定的船员培训证明无须船员提供。

（五）合格证持有人应在合格证有效期届满前一年内，按规定完成合格证再有效培训，通过考核后，可办理合格证的再有效，合格证持有人符合下列情形之一的，办理合格证再有效可免于相应再有效培训和考核：

（1）最近5年内具有累计不少于18个月相应船舶类别的水上服务资历；

（2）合格证有效期届满前1年内具有相应船舶类别连续9个月的水上服务资历；

（3）合格证有效期届满前9个月内具有相应船舶类别连续6个月的水上服务资历。

（六）合格证失效者，须重新参加相应的内河船舶船员特殊培训和考试。被吊销合格证者，如需重新办理合格证，应于合格证吊销之日起2年后重新参加相应内河船舶船员特殊培训和考试。

（七）本办法自2020年2月1日起施行，有效期5年。

第三节 ● 船舶安全检查指南

为确保内河油船满足安全营运条件，船舶必须加强管理，定期进行安全检查，以保障船体、机电设备、消防救生设备、货物装卸设备、防污染设备、人员保护设备等处于有效状态，并配备足够的合格船员，确保船舶处于适航、适装状态，符合有关公约和国家规范的有关要求。

一、安全检查概述

为确保内河油船满足安全营运条件，船舶必须定期进行检查，内河油船的检查分为内部检查和外部检查，内部检查是由船公司自行开展的，对船舶的安全营运状况进行的管理检查，以不断提高船舶管理水平，避免发生事故。外部检查是由主管机关安排人员进行的，对船舶的船体、机电设备、消防救生设备、货物装卸设备、防污染设备、人员保护设备等进行检查，确认其处于有效状态，同时核查船舶是否配备足够的合格船员，保证船舶处于适航、适装状态，符合国际公约和国家规范的有关要求。通过这种监督检查，达到确保船舶航行安全和保护水域环境的目的。

随着市场竞争越来越激烈，很多石油公司也建立了船舶准入机制，开启了由石油公司主导的油公司检查，船舶只有通过某个油公司的检查，才能承揽该公司的货源，石油公司的检查标准往往要高于法定规范的要求。

二、安全检查的内容

(一)船舶和船员证书文书

1. 船舶证书

船舶证书包括船舶国籍证书、船舶最低安全配员证书、安全管理证书、船舶检验证书簿（其中包括相关的证书）。

船舶国籍证书是船舶取得国籍的证明，一般有效期为5年。

船舶最低安全配员证书是由主管机关签发的，用以表明船舶最低配员的证书。确定船舶最低安全配员标准应综合考虑船舶的种类、吨位、技术状况、主推进动力装置功率、航区、航程、航行时间、通航环境和船员值班、休息制度等因素。船舶在航行期间，应配备不低于最低配员的人员构成和数量。船舶最低安全配员证书的有效期一般为5年。

安全管理证书是指签发给船舶，表明其航运公司和船上管理已经按照安全管理体系运作的证明文件，其有效期一般为5年，安全管理证书需要通过中间审核。

船舶检验证书簿是船舶通过船舶检验部门检验取得的证书，主要包括内河船舶适航证书、内河船舶吨位证书、内河船舶载重线证书、内河船舶防止油污证书、内河船舶防止生活污水污染证书等。

船舶吨位证书一般是长期有效的，而船舶适航证书是船舶检验部门对船舶检验后签发的证书，有一定的有效期。

如果是拖轮和驳船，还应分别具有内河船舶装运危险货物适装推／拖证书。

检查船舶的证书应注意几个问题：

（1）证书是否齐全，证书是否具有所需的附件；

（2）证书是否在有效期内，船舶的各种证书有效期可能是不一致的，应注意是否所有证书均在有效期内，是否按规定进行定期检验并签注。

2. 船员证书

船舶应按规定配备合格的、足以确保船舶航行、停泊、作业安全的持证船员，在内河油船上服务的船员，应持有船员服务簿、适任证书、特殊培训证书等。船员所持的"职务适任证书"应与所服务船舶的等级、种类、航区、主推进动力装置功率等相一致。

适任证书是证明船员通过海事部门的考试，具备在一定船舶任职的资格证明，根据从事工作的不同，分成驾驶员、轮机员等种类。证书记载了船员能够任职船舶的种类、吨位和限制条件等，有一定的有效期。

船员服务簿上记载了船员在船上服务的资历，包括船员服务船舶的船名、船舶吨位和功率、所任职务、服务起止日期等个人情况。

船员参加规定的特殊培训，通过有关部门组织的考试后，应持有相应的证书和培训证明。

3. 船舶文书

船舶文书是船舶重要的证明文件，是保证船舶安全航行、作业所不可缺少的资料，主要包括航行日志、轮机日志、船上油污应急计划、船舶垃圾管理计划、油类记录簿、垃圾记录簿、装载和稳性资料手册等。

对内河油船来说，装载和稳性资料手册、船上油污应急计划、油类记录簿是其从事油品水上运输特有的船舶文书。对规定的文书，应当经过有关部门的审核或批准，如果是船舶装卸作业自行填写的文书，必须按规定如实记载。

(二)船舶构造、设备

1. 货物系统

油船在营运过程中，货油舱的温度、液位或压力报警系统等货物检测装置、其他有关设备或装置应处于有效状态；货物管系应得到及时保养、标识正确，作业中，无关的管系和阀门应关闭；货物区域的电器设备应符合规范要求；装卸货物所用的软管，应经过检测，其额定压力和工况应满足船舶货物作业的环境要求，软管外观不存在可能影响作业安全的破损等。

2. 货物透气系统

顶部防火网罩应无破损，不能生锈或黏附了大量货物残余而发生堵塞，不能影响气体的顺利通过；船员应熟练进行呼吸阀手动／自动转换，熟悉呼吸阀的作用以及其工作的压力范围，呼吸阀的外观良好，用于排放积水的泄放阀处于关闭状态。

3. 惰性气体系统

对油船而言，惰性气体系统不仅是重要的防火防爆设施之一，有关人员应熟悉该系统的结构及各部分的作用，设备外观良好，各种构件、阀件无锈蚀、泄漏等现象，含氧量、风机出口处压力等报警装置状况良好。

4. 消防系统

内河油船的固定式灭火系统有水灭火系统、压力水雾系统、二氧化碳灭火系统、固定式甲板泡沫系统，其设置必须符合规范要求。水灭火系统的消防泵的台数、压力、排量、射程、消防管的布置、消防水带长度和水枪的数量等应与证书内容一致，并处于随时可用状态。固定式二氧化碳灭火系统应连接正确，操作规程与实际相符，主管人员熟悉操作流程，二氧化碳间内不要堆放杂物等。

消防员装备的数量应达到规范要求，每套装备应配齐所需的配备，如个人装备、认可型的呼吸器和救生绳等，并储存在易于到达即刻可用之处。

船员应掌握消防系统的操作，并定期举行消防演习，提高应急反应的能力。

5. 防污染设施

为了防止内河油船的含油污水污染水域，对船舶结构和设备提出下列要求：装设机舱油水分离设备和排放控制系统，装设污油水舱和污油舱，装设标准接头及油分报警装置。这些设备在生产作业过程中必须运转且使用正常。

对油船的特别要求是不得在货油舱中装载压载水，特殊情况下装进油舱的压载水、洗舱水，应排到接收设备，严禁排入水域。如洗舱水不能立即排到接收设备，则应设有足够容积的污油水舱或指定一个货油舱作为污油水舱，以便留存所有洗舱水。这些作业应如实记录在油类记录簿上，以备检查。

第四节 ● 事故案例分析

案例一

(一)事故经过及概况

2004年7月8日下午2点，广东佛山汾江河段海源油库码头，一艘装载450吨燃油的油船在卸货过程中发生爆炸燃烧事故，事故造成直接经济损失百万元，幸无人员伤亡。

事故发生后，当地消防部门共出动27辆消防车、139名官兵参加灭火，医护人员也到现场待命。由于救援及时，无人员伤亡，大火未蔓延上岸。佛山市海事局组织清污队调动清污船舶10艘，并在出事地上下游各布设了3道围油栏，防止溢油扩散。

(二)事故技术评析

1. 事故原因

油品质量差、码头和油船存在违章操作、静电起火是造成该起爆炸事故的主要原因。

首先当时该油船上装载的燃油属于质量很差的混合油，经化验发现该油品的闪点低于13 ℃，在常温下已达到闪点，很容易发生火灾和爆炸事故。

其次是码头和油船存在违章操作问题。事发时油船和码头的值班人员擅离职守，作业现场无人监管，另外该油库码头批准装卸的油品为闪点60 ℃以上油品，但实际上装的是闪点低于13 ℃的油品，严重违规。

第三是静电引发起火。油船在泵油速度高达100 t/h左右，会产生大量的静电。油船与码头的静电联线没有静电自动报警功能，静电联线的连接可靠性没有保证，加上静电联线的电线中8股电线已断了4股，并且静电夹有生锈现象，导致静电大量积聚在船内，遇到船舱内的可燃油气，引发火灾和爆炸。

2. 防止发生同类事故的措施

（1）加强对成品油生产和经营单位的安全管理与监督，严格控制成品油产品的质量，不符合质量要求的成品油，不得进入流通渠道。对知法犯法的生产、经营单位严厉处罚，令其整改，以保障人民群众的生命和财产安全。

（2）加强危险品码头的安全管理，装卸成品油时应落实安全措施，装卸人员应持证上岗，码头应派专人监控，禁止违章装卸。

（3）船舶人员应熟悉油品特性，装卸过程中应做好防静电措施。

（4）公司及船舶要建立完善的安全管理制度，对船员进行专业知识培训和职业道德培训，装卸过程中紧守岗位，不断增强安全意识。

案例二

(一)事故经过及概况

1991年7月7日，广东省某私营油船从广州新造油库充装重油70 t，准备运往佛山交货，因数量不够，需再加装。7月10号该油船靠泊龙涌口燃料油码头待加油，7月15号，从岸上油码头充加250号燃料油约20 t（该油已加热到50 ℃~60 ℃）。

岸上装油完毕后，码头作业人员下班离开。7月15号21时许，该油船发出一声巨响，并有火球飞起10多米高，落于江心，接着有物体落水声响，油船上火光四射，该事故导致前舱甲板上的4人死亡。

(二)事故技术评析

1. 事故原因

事故现场调查发现，爆炸部位在船前部油舱，甲板沿两侧与船体连接处焊缝撕裂，油舱中隔板呈波浪变形倾斜向江心侧。

从事故现场情况和知情人处调查分析，这次事故是因为当事者岑某等违反燃油储运规定，违章在油船前舱上烧焊动火，焊接热能和明火引爆油舱内的油蒸气与空气的混合物，造成爆炸惨剧。

油船名义上加的是250号重油，但因其闪点为83 ℃~92 ℃，比规定值偏低很多（国标规定250 #燃料油的闪点不低于130 ℃），容易蒸发出油气，加上岸上已将油升温至50 ℃~60 ℃，是生成相当数量油气的条件。舱内空间存有油蒸气与空气混合物，这是爆炸的物质基础，作为引爆能源的电焊则是事故的直接原因。

油船和油码头上都有禁止烟火的规定和标志，在输油码头和油船上动火，按规定应办理一级动火手续，清除可燃物，进行气体检测，做好防范措施，然后才可进行。该油船4名非持焊工证船员，擅自在油船上焊接作业，是造成事故的主要原因。

2. 防止发生同类事故的措施

我们应从这起事故中吸取教训，加强对私营个体船只的管理。

（1）加强油品的管理，生产单位应严格控制产品质量，质检部门加强产品质量监督，把好产品进出厂关，同时加强流动环节的产品质量检查。

（2）危险油品动火作业，应办理动火证，作业人员应持特种作业证，持证上岗。

（3）动火作业前，应对可能产生爆炸性气体场所进行检测分析，如果在爆炸极限范围内，应通风或用惰性气体进行置换。动火前应落实安全防范措施和监护人员，否则不得动火。

案例三

(一)事故经过及概述

某船50航次,7月29日至7月31日在某锚地卸油期间,发现甲板阀液压系统漏油严重。7月31日10:30开航后,大管轮与轮机长商量,对货油舱蝶阀和压载舱蝶阀进行检查,货舱采取切断各舱液压油路后逐舱检查。7月31日20:00,大副和大管轮检查货舱液压系统,发现启阀液压泵油压仍稳不住。于是,决定第二天戴呼吸器下货舱检查。

8月1日大管轮通知大副下班后检查货舱内液压驱动头,甲板部和轮机部都派人参加,08:10大管轮带领大家到泵舱现场讲解检查要点,事先已开泵舱风机通风,大家到甲板时从后向前分别打开货舱大舱盖检查。因为油舱内进行过充惰,船舶共准备好4套呼吸器和2个备用瓶。当检查到No.2油舱,大管轮叫一名机匠下舱检查,机匠甲系好呼吸器,带好对讲机、手电筒下舱,下到一半时机匠感到呼吸困难,立即返回甲板,脱下呼吸器,大管轮进行调试检查,机匠甲穿上调试正常后又下舱,下到一半仍感呼吸困难,立即返回甲板,脱下丢在一边。大管轮又重新换了一个呼吸器,压力30 MPa,机匠甲下舱检查,发现左边两只阀门漏油严重,右边少量漏油,用对讲机报告大管轮后叫他上来。机匠乙穿上机匠甲用过的呼吸器。压力约20 MPa,机匠乙下舱检查,左边阀门正常,又到右边检查也正常。报告大管轮,大管轮叫他上来。机匠乙从右边向左边梯口走,走到一半时感到呼吸困难,眼发花,向大管轮报告呼吸困难,这时甲板人员从对讲机里听出机匠乙的呼吸不正常,此时大管轮立刻叫舵工到前面去拿绳子,自己穿上呼吸器下舱营救机匠乙,大管轮下到中间平台碰到机匠乙,叫他赶快上去。机匠乙在前、大管轮在后,机匠乙安全爬出舱口,大管轮爬到舱口,手抓到上面一根横档,头已歪到在一边,呼吸器面罩脱落。舱口人员立即抓住大管轮衣服,大家一齐用力拉出舱口,将大管轮平放在甲板阴凉处,立即采取心脏按压、人工呼吸。抢救一直未停止,直到抢救至拖轮医生和直升机到来,医生上船后立即输氧输液,马上吊上直升机去上海抢救。大管轮于8月1日13:00在某医院经抢救无效死亡。

(二)事故原因分析

(1)缺乏油船风险防范意识,没有充分有效识别风险。油船所载石油产品具有毒性,油船的封闭舱室有缺氧窒息致人死亡的风险。对货舱阀门进行检查时,必须在洗舱、通风、测氧、测爆后,符合要求才能下舱作业;而不能在未洗舱、未清除惰性气体、未测氧、未测爆情况下进行舱内作业,否则就有使人中毒死亡的可能。

(2)没有按要求进行风险防范。进入封闭舱室之前,下列各种情况的预防措施没有考虑和遵守:

①进舱要取得船长的允许,即签发"进入封闭场所许可证";

②检查舱室里的空气,以确保没有有毒气体或有毒气体的浓度在允许范围内;

③检查舱室里的空气,以确保有足够的氧气;

④在舱室外面安排人员守望,以便在必要时提供援助;

⑤当有人在舱室内作业时,要开启通风设备,保持持续通风。

⑥入舱人员应事先定好联络信号,戴好救生索,舱外守望人员应准备好救生索、吊带

和呼吸器，以便进舱救助时随时可用。

（3）安全操作措施不当。检查货舱液压阀泄漏方法不正确：

①在装有货油的情况下，可以通过检查启阀液压泵液压油柜的油位是否下降来判断。

②如确认阀门有泄漏，可以通过关闭甲板上各货舱液压油阀门，然后再逐舱打开，检查是否有泄漏；确实需要下舱检查时，应严格执行进入封闭场所的管理规定。

（4）应急措施落实不到位。对应急设备的使用不当、缺乏有效的训练，应急设备的使用前检查不到位。呼吸器在使用前应进行严格的检查，包括外观、面罩气密性、空气瓶的压力等，损坏的或不能正常使用的呼吸器应撤离现场和标识。一般呼吸器有效使用时间不超过30 min，机匠乙使用机匠甲使用过的呼吸器可能超过30 min，走到一半时感到呼吸困难，眼发花是空气瓶压力严重不足的结果。大管轮使用的恰恰是一个损坏的呼吸器，导致了悲剧的发生。

（三）事故教训

（1）进一步强化劳动安全意识、提高识别油船风险的能力。

①加强油船安全知识和安全操作的学习，识别油船可能存在的风险，针对可能存在的风险采取相应的防范措施，降低或控制风险。

②强化劳动安全意识。劳动安全不仅是航运企业的事，更是每一个船员自己的事。如果航运企业发生安全事故还可以挽回或补救的话，对于当事人个人而言是没有挽回或补救的机会的，对当事人及其家庭将是永久的伤害。

③树立"三不作业"的思想，即安全规定没有落实不作业；劳动保护措施没有落实不作业；必需的作业程序没有落实不作业。

（2）船公司应定期进行劳动安全工作专项检查，对照检查劳动安全是否符合SMS关于劳动保护规定和相关法律、法规的要求。

（3）加强劳动安全的培训，提高防范风险能力。

①船舶必须切实按SOLAS要求、SMS的要求组织培训和训练。通过训练提高人员对应急设备使用的熟练程度，同时检验设备的使用性能。

②船舶要将消防员装备的维护使用和登高作业安全须知、进入封闭场所许可作为重点进行培训。

参考文献

[1] 钱闵，油船安全知识与安全操作. 3版. 大连：大连海事大学出版社，2006.

[2] 刘敏文. 危险货物运输管理教程. 北京：人民交通出版社，2008.

[3] 罗思殿. 船舶维修技术实用手册. 吉林：吉林科学技术出版社，2005.

[4] 陆远志，刘斌，陆士新. 散化船安全知识与操作. 上海：上海港务监督局，1999.

[5] 周立波，姚昌栋，油船和化学品船货物操作. 大连：大连海事大学出版社，2012.

[6] 李玉平. 油船货物操作. 大连：大连海事大学出版社，2012.